한국대표서정산문선6 2024

한국대표서정산문선 6 2024

초판 1쇄 발행일 | 2024년 3월 20일

저　　자 | 백시종 외 14인 공저
펴 낸 이 | 차영미

편　　집 | 디자인그룹 여우비
펴 낸 곳 | 도서출판 서정문학

주　　소 | 서울시 성안로31길 57-10
전　　화 | 02-720-3266　FAX | 02-6442-7202
홈페이지 | http://cafe.daum.net/seojungmunhak
이 메 일 | sjmh11@hanmail.net
등　　록 | 2008. 3. 10 제324-2014-000060호

ISBN 979-11-91155-45-7 04810
ISBN 978-89-94807-75-1(세트)
정가 12,000원

*이 책 내용의 전부 또는 일부를 재사용하려면 반드시 저작권자와
　서정문학 양측의 동의를 받아야 합니다.
* 잘못된 책은 구입처에서 교환해 드립니다.

2024

한국대표서정산문선 6

백시종 외 14인 공저

서정문학

CONTENTS

| 한국대표서정수필선 |

김 종 호   010   늦깎이의 도전과 행복
              014   사랑의 열매와 영우

김 지 성   020   다산 생가를 찾아서
              026   자산어보의 발자취를 찾아서

소 재 수   034   어느 노스님 이야기
              039   소박하고 작은 양심선언(레몬에이드 이야기)

안 영 호   046   채움과 비움의 미학
              049   가을 풍경화 같은 내 인생

안 옥 희   054   배알도 가는 길
              058   토지의 산실을 찾아서

유 임 순   064   나의 정년 버킷리스트
              073   나의 문학 등단기

윤   강   084   변화하는 정신과병원
              089   성꼬리 할배

윤송석 094 상주 곶감 이야기
         099 상주의 명물 자전거박물관

정원영 106 꽃보다 고운 단풍
         111 연리지목

최대락 118 아버지의 여린 마음은 늘 그 자리에
         127 황순원 소나기 문학기행

| 한국대표서정소설선 |

방안나 136 안전지대

백시종 164 카페 다마스쿠스

송하춘 214 청량리역

이병렬 242 교수와 두목

이상길 292 설평선

한국대표서정수필선

늦깎이의 도전과 행복
사랑의 열매와 영우

김 종 호

· 서정문학 제94기 신인상(수필 등단)
· 한국문인협회여수지부 회원, 동부수필문학회 회원
· 한국문인협회여수지부 주관 제31회 시민백일장 장원(2022년, 산문 부문)
· 저서: 『작은 나루 이야기』, 『숲을 품은 아이들』, 『인권과 복지』(공저)
· poulokim@hanmail.net

늦깎이의 도전과 행복

나는 여사친 덕에 74세 나이에 늦깎이 문인이 된 대단한 행운을 얻었다.
"제72회 학생백일장 및 제31회 시민백일장 공모"
한국문인협회 여수지부가 주관하여 오랜 역사와 권위가 있는 공모이니 응모해 보라는 권유였다. 2022년 10월 초, 내게 이 역사적인 포스터를 카톡으로 보낸 분은 15년 전부터 지역사회 중견 작가로 활동하고 있는 지성과 열정을 겸비한 분이다.

그간 나는 한 번도 백일장이나 문예 공모전에 응모해 본 적이 없었다. 평소에도 시인이나 작가들은 범접할 수 없는 다른 세계 사람이라고 생각하고 살았기에 실소하며 가볍게 넘겼다. 그런데 며칠 후 여사친이 찾아왔다. 나더러 가끔 신문 칼럼도 쓰고 연구 사례도 많이 한 걸 봤으니 한번 도전해 보라는 것이다.
내 버킷리스트에 언젠가는 회고록을 쓰겠다는 항목이 있고 '권하는 장사 밑지지 않는다.'는 속담도 생각나서 응모해 보겠다고 덜컥 약속을 하고 말았다. 한데 문제는 그 뒤다. '등대'라는 주제가 있어서 어떻게 주제에 맞는 글을 써야 할지, 무슨 얘기를 주 내용으로 뼈대를 잡아야 할지, 고민으로 한 주간 뇌가 멈춘 것 같았다.
우여곡절 끝에 '나의 등대'라는 제목으로 내 일생의 전환점을 만들어 준 사람들을 산문으로 써서 제출했다. 보름이 지나 지방신문에 입상자 발표는 꿈에도 기대하지 못한 내 글이 '장원'이었다. 나보다 더 기뻐한 사람은 나를 강권한 여사친이었다. 나도 환호라도 지르고 싶은 기쁨을 내색하지 않으려니 힘들었다. 창작지원금과 한국문인협회장 상장도 받고 문인협회 여수지부 회원이 되는 특전도 얻었다.

그 후, 나는 주변 지인들로부터 격려와 찬사를 받았는데, 칭찬을 받고 보니 나이와는 상관없이 너무나 뿌듯하고 행복했다. 그러나 한편으로 생각하면 내 글이 너무 미약하고 사유와 사색이 크게 부족했기에 누구에게 내어놓을 수 있는 글이 못 된다는 부끄러움도 가시지 않았다. 오죽하면 노인이라서, 장애인이라서 특별히 선정된 게 아닐지 하는 의구심까지 품었다. 이 모든 것을 털어내기 위해서는 내가 글을 제대로 쓰는 사람이 되는 길뿐이라는 생각을 하게 되었다. 그러자 마음이 급해졌다. 여사친의 도움과 인터넷 검색을 통해 '글쓰기 공부의 첫걸음', '수필 쓰기 지도와 나침판' 등 여러 권의 책을 주문하고 자료들을 모아 공부하기 시작했다.

내 인생에 새로운 영역, 문학을 공부하는 것이 너무 즐거워 책을 손에 들면 시간 간 줄 모른다. 늦게 배운 도둑이 밤새는 줄 모른다는 속담이 적절한 비유다.

'삶의 철학이 스며있지 않은 글은 잡문에서 벗어나지 못한다.'는 글 앞에서는 내 삶의 철학이 무엇인가를 깊이 묻지 않을 수 없었다. '문학은 삶의 체험적 요소가 미적 과정을 거쳐 언어로 형상화된 예술이다. 문학이란 상상력이 날개를 펴서 사회의 가치관에 도전하는 것이다.'는 대목에선 내 삶의 가치관을 얘기할 수 있다는 희망을 찾았다. '수필은 서사보다 사색이 본질이다. 서사는 사색과 인식을 드러내기 위해 차용한 장치일 뿐이다.'라는 글은 커다란 울림이었고, 서사가 대부분인 내 글에서 주저리를 없애고 사색을 더 크게 하라는 가르침이었다.

공부하면 할수록 글을 쓴다는 게 더욱 어려운 과제처럼 느껴졌지만, 새로운 도전과제를 마주했을 때 경험할 수 있는 활력을 주고 이로운 감정을 주는 좋은 스트레스$_{eustress}$가 되었다.

나는 매일 조금씩이라도 글을 쓰기 위해서 지난해 봄부터 '전일前日 일기 쓰기'를 하고 있다. 전날의 삶을 하루가 지난 다음 날, 객관적으로 바라보면서 다섯 줄 정도 일기를 요약해서 작성하는 작업이다. 1년 정도 실천해 보니 내 삶을 바라보는 관점과 태도가 더 깊어 지고 어느 정도 내면의 속살을 들여다보는 기쁨을 갖기 시작했다.

사유와 창조는 책 읽기에서 시작된다는 믿음으로 다양한 분야의 책들을 읽기 시작했다. 수십년 동안 업무와 관련된 전문분야 서적만 읽다가 시와 수필 문학, 인문학은 물론, 사회과학, 생태학, 종교와 환경 분야, 미래 사회 등 각각 다른 분야다. "나는 깊게 파기 위해서 넓게 파기 시작했다."는 철학자 스피노자의 얘기를 뒤늦게 알았기 때문이다. 한편, 동기가 부여되는 글짓기와 신인상 공모, 수필 문학지에 부족하면 부족한 대로 참여하기로 했다. 작년엔 두 군데에 응모했다가 보기 좋게 낙방한 전력도 생겼지만, 지역사회 동인지에 글을 올리는 영예도 얻었다. 페이스북을 활용하여 나의 소소한 삶과 느낌을 올려 공유하면서 많은 분과 연결되어 함께하고 있다.

이 모든 것들이 시민백일장 '장원' 이후에 늦깎이에게 생긴 큰 변화다.

나는 글을 쓰기 시작하면서 새로운 습관이 생겼다. 무심히 지나치던 사건이나 주변 사람이나 일들을 다르게 대하게 된 것이다. 무언가 그 안에 담긴 내용들이 달리 보여 나와의 관계를 맺게 되고 의미를 부여하면서 내적인 사색으로 이끈다. 마치 바둑을 배울 때, 당구를 배울 때 천정이 온통 바둑판이 되고 당구대가 되었듯이 내 머릿속에선 많은 것이 글의 재료로 느껴진다. 영감이 떠올랐을 때, 얼른 메모장에 주제나 느낌을 옮겨 적는다. 그 순간이 지나면 영영 내 것이 아니기 때문이다.

나이 70대는 자신의 삶을 정리하고 모든 것은 내려놓고 소일거리나 하면서 건강하게 살면 좋은 삶이라고 한다. 나는 동의하지 않는다. 자신들이 가진 많은 것들을 이웃과 나누고 사회 변화에 기여하는 삶이어야 한다. 내 인생의 삶과 기본원칙은 '죽을 때까지 진리를 배우고, 배움을 실천하고, 더 나은 사회를 만드는 데 일조한다'이기 때문이다.

이 좋은 나이에 문학이라는 새로운 영역을 만났으니, 나의 철학과 사유를 시와 수필을 통해 더 많은 이들과 나누려 한다.

늦깎이 문인의 도전과 행복! 이보다 더 좋을 수 없다.

사랑의 열매와 영우

매년 우리나라는 연말연시가 되면 사회복지공동모금회에서 '사랑의 열매' 모금 행사를 전국적으로 실시한다. 수많은 국민과 기업, 기관, 단체들이 불우이웃돕기 정신으로 캠페인에 참여하여 지역별 사랑의 온도탑 100℃ 달성을 위해 십시일반의 기부를 하고 있다.

그러나, 나는 연말연시가 되면 6년의 짧은 생애에 마침표를 찍는 한 장애아동의 안타까운 죽음을 매년 기억한다. 2004년 12월 26일의 일이다.

우리 장애어린이집을 이용하는 영우(가명)는 저성장증 발달지체 장애아로 신체 능력은 이제 막 돌이 지난 정도의 키에 겨우 뒤뚱거리며 걷는 정도다. 지능이나 인지 영역은 거의 정상 수준이어서 가요는 물론, 어려운 크리스마스 캐럴도 잘 부르는 간판스타였다. 영우는 자기에게 닥친 모든 사건과 환경 앞에서 언제나 긍정적이며 적극적이었다. 늘 밝게 웃으며 항상 최선을 다하는 아이였다.

계단 한 개를 올라가기 위해서도 다른 아이들보다 몇 배로 힘들 수밖에 없는 장애, 그래서 계단 몇 개를 올라가면 땀 범벅이 되는 상황에서도 그 한 계단 올라간 것에 몹시 기뻐하며 감격했다. 자폐나 뇌병변장애 친구들에게는 언제나 먼저 다가가 그들을 도우려고 애를 쓰던 아이. 그야말로 인기 있는 천사다.

그런 영우가 감기 증상이 있어 이틀간 결석을 했는데, 급성 폐렴이 되어 그만 회복하지 못하고 죽었다는 기별을 받은 것이다. 모든 교직원이 한동안 넋이 나간 채, 하루 만에 치러지는 장례에도 함께하며 영우의 죽음을 슬퍼하였다.

　영우의 죽음이 나에게 많은 것을 생각하게 했고 소중한 정신을 새로 각인시켜 주었다. 나는 당시 55년을 살아오면서 우리에게 주어진 환경과 삶에 대해 얼마나 기뻐하며 감격하고 살았는지, 얼마나 최선을 다하고 고마워하며 긍정적인 사고로 살아가는지… 또한, 얼마나 이타적인 삶을 실천하면서 자신의 이익보다 남을 도우려고 먼저 다가갔는지… 영우의 죽음은 장애아동들을 위해 좋은 일 한다고 자만에 빠져 사는 나에게 주는 경종이었고 울림이었다. 영우는 나를 가르친 적이 없지만 내 스승이었다. 영우보다 10배를 더 산 자신을 되돌아보면 더 잘 산 게 별로 없으니, 남은 시간이라도 정신 똑바로 차리고, 눈 똑바로 뜨고 살라는 묵시가 소중하기만 했다.

　영우의 장례를 치른 이틀 후에 영우 엄마, 아빠가 찾아왔다. 전년 크리스마스에 선물로 받은 돼지 저금통에 꼬박꼬박 모은 후원금과 아이의 죽음을 애도했던 분들의 조의금, 그리고 당신들이 더 보탠 큰 기부금을 가지고 온 것이다.

　영우가 가장 좋아했던 어린이집에서 선생님들과 가족처럼 살았는데, 아들이 원하고 바라는 것만 같아 찾아오지 않을 수 없었다면서 영우 엄마는 눈물을 훔쳤다. 영우는 우리 곁에 없지만, 우리의 기억 속에서 영원히 살아갈 것이라고 그분들을 위로했다. 영우는 '사랑의 열매'가 되었고 그 부모는 기부 천사가 되셨다. 영우는 마지막 가는 길에도 가진 것 모두를 내어놓으며, 자기와 같은 수많은 장애아동을 위해서 한치의 소홀함이 없이 최선을 다해 달라는 무언의 웅변을 하고 있었다.

  당시, 어린이집 입소를 기다리는 100여 명 장애아동을 위해 우리 사회복지법인에서는 나눔관을 신축하고 있었다. 나는 건축을 위해 적립해 둔 돈이 한 푼 없었으나, 300평 규모는 되어야 한다고 고집을 부려 예상 건축비가 10억 원이 넘었다. 일면식도 없는 김정태님의 기부금 3억 8천만 원과 영우의 기부금은 나눔관을 짓는 기촛돌이 되었고 마중물이 되었다. 정부의 보조금 지원도 없이 무모한 도전이었으나, 기한 없이 입소를 기다리는 장애아동만 생각했다. 꿈은 용기를 만들고 용기는 꿈을 만든다고 했다. 식구 수만큼 천사가 되어 주신 분, 직장과 회사에서 천사를 모아 주신 분, 물품으로 후원해 준 은인들은 몇이나 되는지 잘 모를 정도였다. 이런 관심과 후원이 「장애아동지원센터와 생활관」으로 열매를 맺어 2005년에 완공되었다. '오병이어'의 기적은 지금도 계속되고 있다.
  내가 설립한 사회복지법인이 25주년을 맞아 '천사의 벽'을 설치하여 은인들의 뜻을 영구히 새기려고 후원자들의 명단을 정리하다가 '김영우'를 발견하고 올해는 더욱 감회가 새로워 20년 전으로 시간 여행을 해 보는 글이 되었다.

  연말연시, 빨간 열매 3개로 상징되는 '사랑의 열매'를 가슴에 단 인사들이 TV 채널마다 가득하다. 뉴스 끝부분에는 성금을 낸 분들의 명단이 줄을 잇는다.
  2022년, 사회복지공동모금회는 전국에서 7,925억을 모금하여 다양한 계층을 대상으로 기초생계 지원부터 교육, 주거, 보건 등 많은 지원사업을 수행했단다.

그런데, 안타까운 현실은 기업이 모금액의 70%, 일반 국민의 기부는 30% 정도에 불과하고, 모금 기간도 3개월에 치우쳐 있다는 점이다. 미국이나 유럽 등 소위 선진국은 국민의 기부문화가 생활화되어 1년 내내 연중 기부하고 있고, 일반 국민이 70%, 기업들이 30% 정도로 우리나라와는 정반대다.

나는 우리나라 모금 문화 발전을 위해 국민이 삶의 일부로 기부할 수 있는 연중 기부 운동이 필요하다고 생각한다. 아이가 출생했을 때, 돌잔치, 학교 입학 때, 결혼기념일에, 승진했을 때, 부모 칠순 잔치 때, 새집을 마련했을 때, 사랑하는 이가 죽었을 때, 명목이 있을 때마다 기부하는 선진국 기부 문화! 그리고, 주위에 내 도움이 필요한 기관에 매월 적은 금액으로 정기 후원하는 문화가 널리 확산하면 좋겠다.

기부자는 한 분 한 분이 위기가정이나 어려운 분들, 도움이 필요한 시설에 연대하여 함께하는 것이다. '사랑의 열매'가 되어 나와 세상을 가치있게 하는 것이 아닌가!

라이온스클럽 창시자 멜빈은 "인생의 진정한 성공은 얼마나 남을 도왔는가에 달려 있다."라고 했다.

평소에 가지고 있던 생각을 오랜만에 '영우'를 만나 용기를 내 본다.

나는 올해도 '사랑의 열매'가 되어 영우의 소원을 이어 가야 한다.

다산 생가를 찾아서
자산어보의 발자취를 찾아서

김 지 성

· 전남 영광 출생
· 초고속컴퓨터 대표(주연테크컴퓨터 상대원점)
· 문학의 만남 운영자
· 2019년 『문학세계』 수필 등단
· 문학세계 정회원
· 2020년 『서정문학』 시부문 등단
· uhspeed@daum.net

다산 생가를 찾아서

늦가을 햇살을 받은 드넓은 팔당호의 물낯에는 다산 선생의 오랜 이야기가 묻어나듯 쉼 없이 윤슬이 반짝이고 있었다. 팔당댐 삼거리에서 공도교를 건넌 후 오른쪽으로 차 한 잔 마실 정도의 시간을 걷자, 갈림길이 나왔다. 갈림길에서 다시 오른쪽 길로 들어서자 양옆으로 때죽나무, 산벚나무, 꾸지뽕나무, 느릅나무와 칡덩굴, 머루덩굴이 우거진 좁은 길의 마재고개가 나타났다. 마재고개에 잠시 다리쉼을 하며 다산 선생이 한평생 얼마나 많은 생각을 하며, 이 길을 거쳐 한양 도성을 오갔을까 떠올려 봤다. 다시 걸음을 재촉하여 내리막길을 걸어 내려가니, 금강산에서 발원한 북한강과 삼척시 대덕산에서 발원한 남한강이 정답게 어우러져 두물머리 나루터를 지나서 휘돌아 흐르는 곳에 강변 마재마을이 보였다.

마을 초입 길섶에는 들국화가 소담하게 피어 수줍은 처자처럼 가녀린 허리를 바람에 내맡긴 채 하늘거렸다. 들국화를 바라보자니, 문득 다산 선생이 남인계 선비들과 조직한 친목 모임인 죽란시사가 떠오른다. '살구꽃이 피면 한 번 모이고, 복숭아꽃이 처음 피면 한 번 모이고, 한여름에 참외가 익으면 한 번 모이고, 초가을 날씨가 서늘할 때 서쪽 연못에서 연꽃 구경을 위해 한 번 모이고, 국화가 피면 한 번 모이는데, 모일 때마다 술과 안주, 붓과 벼루 등을 준비하여 술을 마시며 시를 읊었다.' 라고 적은 죽란시사첩이 생각났다.

많은 사람들이 다산 정약용은 수원화성을 주도적으로 건설하고, 500여권에 달하는 저서를 남긴 강직한 인물로만 알고 있는데, 이렇게 계절마다 시와 풍류를 즐길 줄 아는 멋스러운 사람이었다는 사실을 얼마나 알기나 할까?

평평하고 아늑한 마재마을에 들어서서 왼쪽으로 다산로를 조금 걷자, 다산 선생의 생가가 보인다. 묘를 찾아 예를 올리고, 다산 선생의 생가 여유당을 찾았다. 여유당은 정약용 선생의 별호이자, 생가의 명칭이다. 여유당 앞에는 아름드리의 늙은 느릅나무가 주인을 기다린 듯 가을볕을 쬐며 묵상에 잠겨있었다. 집 둘레에는 나지막하게 쌓은 정갈한 돌담에 기와를 얹은 모양새가 고풍스럽다. 열려진 대문으로 생가에 들어섰다. 여유당은 소박한 모습으로 화려하지 않으면서도 단정한 느낌을 주는 건물이었다. ㄱ자 형 안채와 대문, 행랑채가 붙어 있는 ㄱ자형 사랑채로 구성되어 있으며 전체적으로 ㅁ자형을 이루었다. 안채와 사랑채가 떨어져 있는 구조로 안마당을 넓게 쓸 수 있도록 설계된 모습이다. 사랑채 앞에는 겨울 냇물을 건너듯 신중하고, 사방의 이웃을 두려워하듯 경계하라는 뜻을 담고 있는. 여유당의 현판이 걸려 있다. 늘 든든한 방패가 되어주었던 정조 임금이 세상을 떠났을 때 다산 선생이 매사에 근신하는 모습을 보여주는 듯하다. 잠시 여유당의 툇마루에 홀로 앉아 오랜 세월을 거슬러 다산 선생이 해배되어 돌아 온 날의 광경을 떠올려 보며 묵상에 잠겨 봤다.

1818년 9월 15일 18년의 긴 귀양살이를 마치고 낡은 도포 차림에 명아줏대를 짚고, 형형한 눈빛으로 여유당에 들어서는 다산 선생의 환영이 아른거린다. 정갈하게 비질하고 부정 타는 것을 막기 위해 고운 황토가 뿌려진 마당에 가솔들이 숨죽인 채 조용히 다산 선생을 맞이했다. 다산은 여유당에 들어서는 순간에서야 비로소 해배를 실감했다. 큰 아들 학연이 1810년 9월 격쟁징이나 꽹과리를 침해서 임금에게 아버지의 사면을 요청 약속을 받았었다. 하지만 노론의 집요한 공작으로 막상 석방 명령서가 집행된 것은 그로부터 무려 8년이 지난 1818년 8월의 일이었다. 왕이 석방 명령을 내렸어도 노론의 반대로 집행하지 않았던 것이다. 다산은 마흔에 내려가 쉰일곱의 늙은이가 되어 올라왔다. 강산이 두 번 바뀐 세월이었다. 다산이 큰사랑의 보료에 좌정하자, 부인 홍 씨가 손수 노독에 지친 지아비에게 백자 사발에 조심스럽게 밀수꿀물을 올렸다. 가솔들이 마당에 깔아 놓은 부들자리에 꿇어 앉아 오랜만에 순서대로 공손하게 절을 올렸다. 아들과 며느리 손자들의 절이 끝나자, 회한에 젖은 듯 다산은 가슴에 담고 있던 말을 잠시 짧게 말 했다. "모두 곤궁한 나날이었을 텐데 상한 몸 없이 무탈하니 다행이구나. 내가 벼슬하여 너희들에게 마땅히 물려줄 밭뙈기조차도 장만하지 못했으니 너희들은 이 아비를 너무 야박하다 하지 마라. 가난을 벗어나려면, 너희들은 오직 정신적인 부적 두 글자를 마음에 지니고 살아라. 한 글자는 근勤이고, 한 글자는 검儉이다. 이 두 글자는 좋은 밭이나 기름진 땅보다도 나은 것이니 일생 동안 써도 다 닳지 않을 것이다." 가솔들을 바라보는 다산은 모든 게 낯설게만 느껴졌다. 토담 위에 무심하게 늘어진 늙은 감나무가 생소하고, 머리에 서리가 내린 어진 아내 홍 씨가 서먹했다. 수염을 기른 아들과 얼굴에

잔주름 생긴 며느리들이 마냥 낯설기만 했다. 세월의 더께처럼 내려앉은 퇴색한 툇마루를 바라보다가 흑산에서 생을 마감한 인자한 약전 형님이 떠올라 다산은 머루 빛 같은 속울음을 삼켰다."

 문갑 위에는 하피첩이 눈에 띄었다. 『하피첩』은 1810년, 다산이 강진康津 유배지에 있을 적에 병든 아내 홍씨가 시집올 때 입었던 빛이 바래고 해진 낡은 다섯 폭 치마를 보내왔고, 다산은 치마로 작은 서첩書帖을 만들어 살아가는데 필요한 당부의 말을 적어 두 아들에게 보냈었다. 다산은 다시는 가족들을 못 볼 줄 알고 비장한 마음으로 아내의 치마에 글을 써서 보낸 하피첩을 8년 만에 다시 바라보니, 동짓날 솥 안에 거세게 끓어오르는 팥죽처럼 새삼 가슴이 뭉클해졌다. 또한 시집간 딸에게 다복한 가정을 꾸미고 풍성한 열매를 맺어 집안이 번창하라고, 하얗게 핀 매화가지 위에 두 마리 새가 앉아 한 곳을 바라보는 모습을 그려준 〈매화병제도〉가 생각났다. 다산은 모진 유배보다 해배의 허망함에 방안에서 더운 마음을 삭히기 위해 미투리를 꿰어 신고 마당을 거닐었다.

 마당 한쪽에 있는 외양간에 여물을 되새김질하고 있는 우걱뿔이 농우를 바라보노라니, 십여 년 전 강진에서 있었던 기구한 여인의 사연이 뇌리를 스쳐지나갔다. 1803년 순조 3년 가을. 강진 관아에 행색이 초라한 한 여인이 피로 물든 삼베 천을 들고 왔다. 그 여인은 관아 정문에 들어서자마자 미친 듯 소리치며 피로 물든 삼베 천을 마당에 던졌다. 그 순간 작은 살점 하나가 튀어나왔다. 그것은 그녀 남편의 양물陽物이었다. 그녀는 얼마 전 시아버지가 돌아가신 상중에 공교롭게도 3일 전에 아들을 낳게 됐다. 그런데 고을 관리가 남편과 돌아가신 시아버지 그리고 갓 태어난 아들에게도 세금인 군포軍布를 부과했다. 당시 군적에 오른 사람은 병역을 대신해 군포를 내야 했는데, 관리들이 세금을 많이 거둬들이기 위해 이미 죽은 사람과 갓난아이의 이름까지 군적에 올린 것이다. 이에 대해 그녀의 남편은 거칠게 항의했지만 관리들은 들은 체도 안 하며 오히려 세금 대신 마구간의 소를 끌고 가버렸다. 그러자 남편은 자신의 양물을 바라보고는 아내에게 "내가 이것 때문에 곤욕을 치르는 것 같소. 이제 나는 더 이상 남자가 아니니, 나에게 군포를 부과하지 말라고 전하시오"라며 칼을 들고 자신의 양물을 잘라 버렸다. 그리고 여인은 이것을 수습해 관아로 찾아가 "출정 나간 지아비가 돌아오지 못하는 일은 있다 해도 사내가 세금 때문에 자기 양물을 잘랐단 소리를 들어본 적 없다"며 목 놓아 울었다. 다산은 강진 유배 기간 중 여인의 슬픈 이야기를 전해 듣고 손수 지었던 애절양哀絕陽이란 시가 떠올라 눈가에 물안개가 어렸다. "부호들은 일 년 내내 풍류나 즐기면서 쌀 한 톨, 비단 한 치 바치는 일은 없는데 똑같은 백성들에 대해 왜 그리도 차별일까?"라고 외치는 사자후 같은 다산 선생의 목소리가 들리는 듯 하여 깨어보니, 깊은 생각에 빠진 나 혼자만의 환영이었다.

툇마루에 일어나 여유당의 마당을 거닐다 보니, 다산이 장기에서 첫 귀양살이 할 때의 일화가 떠올랐다. 다산은 장기에서 시와 저술 활동만 한 게 아니다. 실학자답게 어부들이 칡넝쿨을 쪼개 만든 그물로 고기를 놓쳐 버리는 것을 보고 무명과 명주실로 그물을 만들

것을 권고하고 부식을 방지하기 위해 소나무를 삶은 물에 그물을 담갔다가 사용할 것을 가르치기도 했다고 전해진다. 목민심서 서문에 '군자의 학學은 수신이 그 반이요 나머지 반은 목민인 것이다.'라고 말했듯이 백성을 사랑했던 애민 정신이 오롯이 느껴진다.

동편 화단에 서 있는 목련나무의 가지 너머로 연 밭이 보이고 빼곡하게 자란 푸른 연잎이 다산 선생의 기개처럼 싱그러웠다. 우물 옆 장독대는 금방 닦아놓은 듯 깨끗한 항아리가 다정한 일가처럼 옹기종기 모여 있고, 가을 햇살이 적막처럼 소리 없이 한 움큼씩 쌓여만 갔다. 뒤뜰에 서 있는 모과나무에는 가을볕을 한껏 받은 모과가 가지가 휘어지도록 매달려있다. 하늘은 과일의 예쁜 모양새 대신에 모과에게 향기를 주었고, 다산에게는 꺼지지 않는 향학열을 주었던 것 같다. 다산은 한 인간이 평생 베껴 쓰기에도 불가능한 분량인 500여 권이라는 저작을 남겼다. 동아시아 한자 문화권의 유사 이래 처음 있는 일이며, 방대하면서도 조리정연하고 예리하기까지 하다. 이러한 성과는 복숭아뼈가 세 번이나 구멍이 뚫리는 고통을 이겨낸 결과였다. 묵향은 세월에 달아났지만, 목민심서, 경세유표, 흠흠신서, 아언각비, 악서고존, 이담속찬 등 수많은 서책의 글 향기는 오롯이 남아 있다.

큰 학자이자, 따뜻한 아버지이며, 정 많은 지아비였던 다산 선생의 생가를 나오면서 걸음을 잠시 멈추고 뒤를 돌아보니, 환영처럼 다산 선생의 목소리가 들려오는 듯하다.

자산어보의 발자취를 찾아서

 목민심서를 읽다가 불현듯 홀로 흑산도를 향해 떠났다. 이른 아침 목포 여객터미널에서 흑산도행 배를 탔다. 쾌속선을 타고 2시간쯤 지나자 저 멀리서 흑산도가 흐릿하게 보이기 시작했다. 배를 타고 먼바다에서 바라보는 흑산도는 가까이 다가갈수록 푸른빛을 더해갔다. 흑산도에는 소나무, 동백나무 그리고 약재로 쓰이는 후박나무가 주로 군락을 이루고 있었다. 먼바다에서 섬을 보면 상록수림이 짙푸르다 못해 검게 보인다고 해서 흑산도라고 일컬어졌던 것 같다.
 배에서 내려 길섶에서 우슬 뿌리를 캐고 있는 노옹에게 길을 물어 사리마을을 향했다.

 사리마을은 모래미라고도 불리는 남쪽의 바닷가 마을이다. 사리마을이 한눈에 들어오는 산비탈의 나지막한 돌담길을 따라 걷다 보면 양지바른 곳에 사촌서실沙村書室이 나타난다. 사촌서실은 정약전 선생이 후학을 양성하던 서당이다.
 정약용이 쓴 글 한 구절이 문득 떠오른다.
 "나의 형님 손암 선생巽菴先生께서 흑산도黑山島에서 귀양살이한 지 7년이다. 어린아이들 대여섯 명이 형님을 따라 서사書史를 배웠는데, 얼마 후 초가집 두어 칸을 짓고 사촌서실沙村書室이라고 방榜

을 써서 달았다.

 새로 복원된 복성재 마루에 앉으니 사리마을이 한눈에 내려다보인다. 사촌서실을 오랫동안 응시하고 있자니 오랜 세월을 거슬러 올라가 정약전 선생의 환영이 아른거린다.

 파도 소리만이 문틈으로 스며드는 이른 새벽 약전은 약용이 강진에서 인편으로 보낸 편지를 다시 읽으며, 기름종이에 싸서 보낸 한지를 무심히 손으로 쓰다듬고 쓰다듬었다. 약전은 아우 약용이 강진 유배지로 떠나면서 마지막으로 헤어졌던, 나주羅州 북쪽으로 5리 거리에 있는 율정 주점에서 서로 작별하면서 피눈물을 흘렸던 슬픔이 어제인 듯 떠올랐다. 멀리서 들려오는 흑산의 바닷가 파도는 해안가 절벽에 먹을 갈듯 울었다. 약전은 아우 약용이 그리워 초당을 나와 초당 앞 채마밭을 서성였다. 밖에는 소리 없이 잘금잘금 이슬비가 내리고 있었다. 약전은 초당에서 대롱과 모지랑붓을 들고 나왔다. 채마밭에는 실팍하게 자란 토란잎이 이슬비에 흠뻑 젖은 채 고개를 숙이고 아직도 깊은 잠이 들어 있었다. 약전은 강진 하늘을 일별하며, 한 하늘 아래 사는 아우를 반기듯 채마밭을 돌며 모지랑붓으로 토란잎에 엉긴 빗방울을 대롱에 그러모았다. 먼바다에 아침을 여는 동살이 흐릿하게 서서히 잡혀 왔다. 약전은 대롱에 담긴 빗방울을 벼루에 붓고 서서히 먹을 갈았다. 방안에 묵향이 가득 피어올랐다. 빗방울과 먹이 섞인 먹물에 희미하게 약용의 얼굴이 아른거렸다. 긴 호흡을 참고 먹을 듬뿍 묻힌 붓으로 한지에 힘껏 붓을 놀렸다. 잠시 후에 한지에는 '자산어보'의 글자가 선연히 드러났다. 약전은 깊은 물속에서 이제 막 떠오른 것처럼 이제야 숨을

실 수 있었다. 천주학쟁이로 몰려 유배온 뒤 처음으로 억눌렸던 마음이 되살아나는 듯했다.

삶의 등불이 환하게 켜졌다.

검은가슴물떼새 소리에 놀라 환영에 깨어보니 포구 안쪽의 바다에 고깃배들이 오롱조롱 떠 있다. 고깃배가 어우러진 조용한 바닷가 풍경이 그림처럼 아름답다. 고요한 사리 포구에서 헌털뱅이 부들자리를 펴고 앉아 너털웃음 속에 바닷사람들과 수인사를 나누며, 어부들이 잡아 온 새로운 어류 표본을 곁칼로 해부하고 세심하게 관찰하며 세필로 기록하는 정약전 선생의 모습이 아른거린다.

책명을 『자산어보兹山魚譜』라고 명명한 데 대하여 정약전은 자서의 서두에서 말하기를, '자兹'는 흑이라는 뜻도 지니고 있으므로 자산은 곧 흑산과 같은 말이나, 흑산이라는 이름은 음침하고 어두워 두려운 데다가 가족에게 편지를 보낼 때마다 흑산 대신에 자산이라고 일컬었기 때문에 자산이라는 말을 제명에 사용하게 되었다고 해명하고 있다.

정약전에게 『자산어보兹山魚譜』집필은 바다가 고립감과 창작의 성취감을 안겨줬다. 혼자 있는 시간을 통해 내면의 자신을 만나고 주체적으로 삶을 살아갈 수 있는 의지를 얻었다. 이후 정약전은 흑산도의 상스러운 어부들이나 천한 신분의 사람들과 친하게 지내면서 사대부가 가졌던 교만한 마음을 버렸고, 흑산도 사람들도 그를 좋아하고 따르면서 존경하게 되었다. 그리고 문명의 혜택에서 멀리 떨어져 생활하는 이곳 섬사람들은 당대 최고의 학문과 식견을 갖춘 정약전이 섬사람 자식들에게 글과 학문을 가르치는 배움의 전당이 되었다.

자산어보 서문에는 "흑산도 해 중에는 어족이 극히 많으나 이름이 알려져 있는 것은 적어 박물자博物者가 마땅히 살펴야 할 바이다. 내가 섬사람들을 널리 만나보았다. 그 목적은 어보를 만들고 싶어서였다. 그러나 사람마다 그 말이 다르므로 어느 말을 믿어야 할지 알 수 없었다. 섬 안에 장덕순(張德順, 창대)이라는 사람이 있는데, 두문사객杜門謝客하고 고서를 탐독하나 집안이 가난하여 서적이 많지 않은 탓으로 식견이 넓지 못하였다. 그러나 성품이 차분하고 정밀하여 초목과 조어鳥魚를 이목에 접하는 대로 모두 세찰細察하고 침사沈思하여 그 성리性理를 터득하고 있었으므로 그의 말은 믿을 만하였다. 그리하여 나는 드디어 그를 맞아들여 연구하고 서차序次를 강구하여 책을 완성하였는데, 이름 지어 『자산어보茲山魚譜』라고 하였다. 곁들여 해금海禽과 해채海菜도 다루어 후인의 고험考驗에 도움이 되게 하였다."라고 적고 있다.

자산어보는 총 3권으로 구성되었으며, 제1권 인류鱗類, 제2권 무인류無鱗類 및 개류介類, 제3권 잡류雜類로 되어 있다.

자산어보는 문헌에만 의존한 것은 아니고, 실제로 견문한 것을 토대로 하여 내용의 충실을 기하려고 노력한 흔적이 역력히 드러나 있다. 현재 동해와 서해에 회유하는 청어와 고등어의 실태를 그 당시와 비교하는 데 유일한 자료이다. 둘째로 각종 수산동식물의 방언方言을 조사하여 기록한 것이며, 셋째는 의약상醫藥上의 성능性能을 기록하여 이 분야의 연구에 많은 참고가 되고 있다. 유배 생활

중 저술한 『자산어보』는 우리나라 최초의 어류도감으로 생태보고서이자 수산물 사전으로서 오늘날까지 기여한 바가 큰 책이다. 15년에 걸쳐 조사하고 정리한 자산어보에는 쏙미와 홍어를 비롯한 8종의 흑산도 특산 어류와 155종의 어류를 포함한 총 227종의 바다생물들에 대한 내용을 담고 있다. 정약전은 물고기의 이름과 생김새는 물론 특징과 습성 그리고 쓰임새까지 자세하게 기술했으며 더불어 상어에 대한 상세한 내용을 담은 것이 놀랍기만 하다.

그리고 흑산도 해 중에 서식하는 다양한 어종과 해초의 이름을 밝히고 이들의 생태와 습성을 연구한 『자산어보茲山魚譜』는 흑산도 근해에 자생하는 수산생물을 어류, 패류, 조류藻類, 해금海禽, 충수류蟲獸類 등으로 분류하여 손수 관찰 조사한 내용을 상세히 기록한 수산물 관련 저서로, 조선 실학자의 명저로 꼽힌다.

사촌서실沙村書室을 다시 둘러보고 내려왔다. 세월을 거슬러 올라가 금방이라도 어린 학동들의 천자문과 소학을 읽는 소리가 낭랑히 들려올 것만 같다. 사리마을의 돌담은 섬마을 담장의 원형적인 모습이 잘 간직되어 있다. 마치 작은 성처럼 견고한 느낌을 주며 작은 호박돌과 같은 평평한 돌을 교차시켜 쌓아 올려 구조적으로 안정감이 느껴졌다. 검은 이끼가 듬성듬성 피어나는 나지막한 고샅길 돌담에 두 명의 아낙이 허름한 옷차림에 쪽파를 다듬고 있었다. 가까이 다가가서 아낙네들에게 점심밥을 부탁했다. 잔부끄러움을 타는지 두 사람이 쭈뼛거리며 한동안 말이 없었다. 밥값을 드린다고 하며 재촉하자, 얼굴이 해풍에 검게 그을리고 나이 든 아낙이 자기를 따라오라고 했다. 흙으로 지은 협소하고 나지막한 오두막집에 들어섰다. 식은 밥이지만 국을 데워올 테니 잠시 기다려달라고 했다. 무료해서 바라보는 안방 벽 사면에는 빛바랜 흑백 사진이 여기 저기 무수히 걸려있었다. 사진을 바라보면서, 세월이 삶을 이겨내는지, 삶이 세월을 이어 나가는지 한동안 생각에 잠겨있는데, 발걸음 소리가 났다. 개다리소반에 보리와 쌀이 반반 섞인 식은 밥 한 그릇과 아욱국 그리고 김치 한 보시기와 깍두기가 놓여있었고, 간장 종지에는 검게 익은 까마중처럼 검은 젓갈이 한가득 담겨있었다. 아낙은 갈치속젓이라고 하면서 맛나니, 드셔보라고 했다. 아낙의 말소리가 희미해져 갈 무렵, 문득 세월을 거슬러 올라가 정약전이 흑산도에 유배 와서 갈치속젓을 처음 먹어보면서 나직이 읊조리는 소리가 들리는 듯하다.

"하늘 아래 만물의 영장이라던 인간은 임금과 유교를 내세워 인간을 핍박했지만,

말 못하는 갈치는 죽어서도 먹물 같은 갈치속젓이 되어 인간을 이롭게 하는구나."

유배 생활 16년 만에 59세의 나이로 한 많은 생을 마감한 정약전 선생을 생각하면 마음이 무겁기만 하다. 참다운 삶이란 무엇일까?

심중에 많은 생각이 바다의 부표처럼 떠돈다. 똑같은 물이지만, 젖소가 마신 물은 우유가 되고, 독사가 마신 물은 독이 된다. 그는 유배 생활로 세상과 단절되었지만, 바다를 향한 꿈은 늘 열려있었다. 절도안치의 유배 형벌에서도 백성들을 이롭게 하기 위해 편찬했던 『자산어보兹山魚譜』, 정약전 선생의 날지 못한 꿈을 펼치듯 사리마을의 무수한 솟대가 하늘을 향해 일제히 비상하는 듯하다.

어느 노스님 이야기
소박하고 작은 양심선언(레몬에이드 이야기)

소 재 수

· 서울상대 경제학과 졸
· 대학신문 편집, 제작
· 2012년 미소문학 시부문 등단
· 2015년 서정문학 수필부문 등단
· 한국문인협회 시분과회원
· 동인시집: 『세발자전거로 가보는 사람세상』
  『서정산문선』 2.3.4.5호 참가
· soxxsu@hanmail.net

어느 노스님 이야기

 근래에 들어서 전에 없던 습관이 내게 생겼다. 신문 읽기와 TV의 뉴스 보기가 전과는 달리 집중이 되지 않고 흥미가 없어졌다. 나는 올봄에 건강검진 차원에서 3년여에 걸쳐서 한 번씩 해오던 위내시경 검진 도중에 우연히 신장에 암이라는 괴물이 들어와 자리 잡고 있음이 발견되어 각종 검사 끝에 의사들의 도움으로 제거하는 대수술을 받은 바 있다. 그 이후 수술이 대충 마무리되어서도 전과는 달리 후유증인 양 정서적인 피로감 같은 것이 나를 감싸고 있어 정신적으로 어떤 일에 대한 집중과 사고가 분산되어 나를 괴롭히고 있는 것 같다.
 더구나 요즈음 신문의 경우는 정치한다는 패거리들이 국민들의 복지와 걱정은 아랑곳하지 않고 저희 지역구의 경조사나 꼽아가며 다음 선거에만 관심이 있고, 썩은 고기 주변에 모여들어 연신 코를 벌름거리며 으르렁거리는 승냥이 같은 꼴은 누가 독백처럼 말했듯이 "우리가 저 꼴 보려고 저 사람들 뽑아 줬나" 하던 말이 생각나게 하는 가관인 소식만 가득하니 신문이 배달되면 아예 통째로 뒤집어 놓고 뒤에서부터 넘기며 사설이나, 칼럼, 스포츠 기사들이나 대충 훑어보고 휴지통으로 직행하는 경우가 늘어나고 못 본 내용이 아쉽지도 않게 되었다. 특히 TV의 경우는 즐겨보는 프로라고 해 봐야 스포츠, 우리가 젊었던 시절에 즐기던 소위 트로트 정도인데 그것도 요사이는 젊은이들의 알아듣기 어려움 속도 빠른 가락과 율동이나 반복되는 가사의 난해성이나, 괴성 때문에 외면하게 되고 가끔 그래도 세상 소식이 궁금하여 보는 뉴스도 요즈음은 시간만 되면 쏟아지는 살인 소식과 사건 수사 소식, 그리고는 잔인한 살인 경위를 늘어놓는 바람에 소름이 끼쳐 얼른 채널을 돌려 버리는 경우가 대부분이다.

 그리고 보면 우스갯소리로 나에게 TV는 '가요무대'와 '스포츠 중계. 빼고는 별로 볼게 없는 우스꽝스러운 바보상자가 되고 말았다. 특히 예전에는 가난한 사람들이 강도가 되어 모르는 부유한 사람이나 잘사는 집에 들어가 강도로 돌변하여 일면식—面識도 없는 사람을 상해하는 경우가 대부분이었는데 최근에는 그 양상이 바뀌어 이혼한 전 남편을 살해하여 잔인하게 시체를 훼손한다든가 어린 딸의 친구를 유괴하여 잔인한 범행을 저지른다든가, 인간적인 동정을 할 수 없는 면식범面識犯에 의한 잔인한 살인이 주류를 이루어 소름 끼치게 하여 동방 예의 지국이니, 살생유택殺生有擇 같은 인성과는 너무나 거리가 먼 악마들의 경지에까지 올라, 인간이기를 포기한 잔인함에 그저 아연하여 한숨만 나오는 살벌한 세상이 되었다. 종교적인 관점을 떠나서라도 한 생명이 잉태되어 세상에 태어나기까지 많은 이들의 축복과 사랑 속에 태어나는 이 성스러운 생명을 해하는 행위야말로 인간이 도저히 해서는 안 될 뿐 아니라 각각의 생명이 누구의 소유도 아니건만 어떤 핑계로도 해할수 있는 권한은 아무에게도 없는 고귀한 것이 아닌가. 이제는 나라마다 흉악범에 대한 사형제도도 점점 사라지는 추세가 아닌가? 그저 소름이 끼치고 한탄스럽기만 할 따름이다.

여기서 나는 피란 시절에 알게 된 어느 노스님에 관한 이야기를 하나 전하고 싶어진다. 육이오 때 서울에 남아 있다가 곤욕을 치른 경험이 있어 일사 후퇴에는 재빨리 피란민 수송 배편에 올라 남해안의 진해를 거쳐 충청도 어느 고을로 피란을 하여 4년여를 지내면서 겪은 이야기 중의 하나다. 마을 지세는 태백산맥에서 갈라진 차령산맥이 험하게 뻗어오다가 지친 듯 엎드려 차분하게 만들어진 서너 개의 등성이를 사이에 두고 거의 100여 호 남짓 되는 아담한 마을을 이룬 양반네 집성촌이었다.

여느 집성촌 마냥 이 마을도 종갓집이 동네 높은 곳에 자리 잡고 그 아래로 같은 성씨들이 분가하여 꽤 아늑하게 보이는 평화스럽게 보이는 마을이다. 종갓집에는 사랑채 끝쪽에 대문 옆에 큼지막한 방 하나가 외양간과 함께 언제나 저녁이면 집에서 잠자리가 마땅치 않은 일꾼들과 동네 어른들과 젊은이를 구별 않고 모여서 농사 이야기며 동네 여러 집의 소식이 교환되는 자리가 된다. 나도 저녁을 먹고 나면 지금처럼 입시와 학습에 큰 부담이 없었기에 습관처럼 거의 매일 저녁에 한쪽 구석을 차지하고 앉아서 비록 말 상대는 없어도 서로 오고 가는 이야기를 들으며 시간을 보내곤 했다. 그러던 어느 가을날 마을 회관을 새로 짓는데 필요한 부지를 기부하는 문제로 의견이 서로 갈려 왈가왈부하던 중 한 사람이 "이럴 때 노스님이 계셨으면 해답이 나올 텐데" 하며 몹시 아쉬운 표정을 지으니 모두가 "그러게나 말이네" 하며 머리를 끄덕이며 동감이라는 표시를 하는 것이었다. 나는 처음 듣는 이야기여서 다음 날 나보다 연장인 이웃 형님뻘 되는 이에게 그 연유를 물었다.

그 이야기는 이랬다. 마을을 감싸고 있는 야산을 넘어가면 산세가 험한 산들이 이어지는데 그 골짜기엔 이름은 안 알려졌어도 여러 개의 절이 있어 이 마을이 스님들이 오고 가는 길목이 되어서 탁발이나 연락차 외지 출입하는 길에 날이 어둡거나 일기가 사나우면 가끔 사랑에 들려서 하룻밤 신세를 지고 가는 일이 많았는데 그중에 나이가 많으신 어느 절에 계신지도, 법명法名도 모르는 노스님 한 분이 가끔 들리는 날에는 모두 모여서 좋은 설법도 듣고 동네 어려운 일이 있으면 명쾌하게 방법을 알려주는 판관 노릇도 하시고 새로 태어난 애들의 이름을 지어 준다든가 병자가 있는 집에서 부탁하면 밤중에라도 가서 염불을 해주는 등 해서 동네의 대접이 융숭했고 인기가 높았단다. 그런데 그 스님에게 한 가지 특별한 게 있었으니 일 년 사철 늘 다 떨어진 엉성한 짚신을 신거나 맨발로 다니시는 것이었다. 그래서 물어보면 "엉성한 짚신을 신고 다니면 총총한 새 짚신보다 그 벌어진 사이에 밟히는 개미나 미물 벌레들은 죽지 않고 살아날 수 있지 않겠는가?" 하며 껄껄 웃고 만다는 것이다. 그래서 한 번은 장난기 있고 솜씨 좋은 젊은이 몇이 짜고서 촘촘히 짚신 몇 켤레를 맵시 나게 만들어 두었다가 드디어 어느 춥고 눈 오는 날 마침 들른 노스님의 다 떨어져 너덜거리는 짚신을 깊이 감추고 새로 만든 짚신을 몇 켤레를 마루 한구석에 벗어놓은 스님의 탁발托鉢 바랑 위에 올려놓았단다. 아침에 눈을 뜬 청년들이 나가 보고는 아연실색을 했다. 스님은 새벽에 일찍 일어나 가신 듯 탁발 바랑과 스님은 없고 마루 한구석에 새 짚신만 내동댕이쳐져 있지 않은가? 젊은이들이 살펴보니 마당에는 스님의 발자국인 양 맨발 자국만 대문 쪽으로 이어져 있었다. 아차 싶어 발자국을 따라가니 뒷산 넘어가신 듯 발자국이 눈에 덮여서 그냥 돌아오고 말았다. 나중에야 자초지종을 들은 노인들에게 큰 꾸지람을 듣고 다음에 또 오시면 엎드려 사죄하기로 하고 끝났으나,

다시는 노스님이 오신 것을 못 보았다는 이야기다. 한데 지금 사랑방에 모이는 사람들 중 노스님을 직접 보았다는 사람은 하나도 없었다. 물론 입심 좋은 누가 꾸며낸 이야기인지도 모른다. 어쩌면 어린아이들 교육용으로 만들어진 설화의 한 토막일지도 모르지만 요즈음 매일같이 일어나는 살인 사건을 보면서 설화라도 좋으니 솜씨 좋은 만화가가 그림으로라도 그려서 이기심과 경쟁심만 경험하고 자라나는 어린아이들에게 머릿속 깊이 기억될 수 있는 동화 이야기가 되었으면 좋겠다는 바람이다. 나는 가끔 이 이야기를 생각하면 지금도 아마 스님은 발이 시린 줄도 모르고 맨발이 시리기는 해도 개미 한 놈이라도 덜 밟는다고 흐뭇해서 어허 웃으시며 양팔을 휘이- 휘이-휘저으며 가셨지 않았을까 하며 나 혼자 생각하며 웃어 보곤 한다. 언제 생각해도 생명은 아름답고, 귀한 것을.

소박하고 작은 양심선언(레몬에이드 이야기)

우리는 친구들 몇이 수유리 근처에서 식사를 하고 나면 약속이나 한 것처럼 언제나 4.19공원 묘지 입구에 있는 조그만 찻집에 들러 이야기를 나누고 헤어진다. '이층 위에 삼층'이라는 재미있는 이름을 쓰는 이 찻집은 몇 년 전 수유리 근처에 사는 한 친구와 점심을 하기 위해 모였다가 공원을 한 바퀴 돌고 나서 적당한 찻집을 찾던 중 우연히 발견한 곳이다. 이층과 삼층이 대형 유리벽으로 되어 있어 북한산도 보이고, 사계절 아무 때나 시원한 산수화를 볼 수 있게 해주는 탁 트이고 편안한 곳이라서 친구들 사이에 이심전심으로 단골이 되었다.

처음 찻집에 간 어느 여름날 차를 주문할 때 옆자리 손님의 테이블 위에 놓여진 레몬에이드가 하도 시원해 보이길래 나도 무심코 레몬에이드를 주문했다. 그런데 배달된 시원한 얼음 덩어리, 달콤한 노란 물, 시원하고 노란 레몬에이드 한 모금을 마시던 중 뜬금없이 옛날 일 하나가 생각났다. 왜 그때 그 일이 갑자기 생각났을까?

양심선언이라고 하면 흔히 불발탄의 뇌관을 건드려 우리가 살고 있는 사회에 숨어있는 부조리나 부정을 터트리는 폭발성 있는 행위를 연상하지만, 나의 양심선언은 그런 엄청난 것은 아니다. 어쩌면 세상 사람 누구나 크든 작든 털어놓고 반성해야 할 일이 어디 한두 개 없을까만은 때로는 참회도 하고 고해도 하고 후회도 하면서 천연덕스럽게 살아가고 있는 것이 아닐까? 인생은 다 그런 거지 뭐. 하면서. 이쯤되니 내게도 꼭 한 가지는 고백하고 싶은 게 있다. 양심선언이라고 이름 붙이기에는 좀 민망하지만.

60여 년 전, 그러니까 6.25 전쟁이 터지던 해에 나는 서울에 있는 교동국민학교(지금은 초등학교지만) 6학년이었다. 학교는 인민군에게 징발되어 갈 수도 없고 특별히 시간 보낼 꺼리도 없어 지루하던 차에 문득 시간을 보낼 수 있는 재미있는 생각 하나가 떠올랐다.

"냉차장수" 그래, 냉차장수. 초등학교 6학년짜리 머리에서 어떻게 그 순간에 그런 생각이 났었는지 지금 생각해도 신기한 생각이 든다. 나는 궁리 끝에 한동네 사는 또래 친구에게 이야기했더니 그 친구도 대찬성이다. 그야말로 죽이 맞은 우리는 머리를 맞대고 궁리를 했다. 요새 말로 동업인 셈이다. 준비래야 동네 자전거포에 가서 빌린 리어카 한 대와 적당한 중 항아리 하나면 충분했다.

당시 우리들의 집이 청계천 근처였는데, 그때는 판잣집이라고 부르는 엉성한 점포가 위태위태하게 개천가에 서 있고, 그나마도 차지 못한 뜨내기들은 팔뚝에 옷가지를 걸치고 땡볕 아래서 밀짚모자 하나에 의지하여 온종일 "싸구려요 싸구려, 거저요 거저" 하며 사람들 사이를 헤집고 다니는 것이 장사의 전부였다.

그저 집에 있던 옷가지 중에 성하다 싶으면 들고나오는 그야말로 생계형 구걸이라고 해야겠지만. 운이 좋아 한 두벌이라도 팔려서 보리쌀 한 됫박이라도 구할 수 있으면 운수대통한 날인데, 온종일 뙤약볕 아래 필요한 거라고는 갈증을 덜어줄 시원한 물 한 대접과 쓴 담배뿐이었으리라. 그야말로 원가도 없고, 판매가도 없는 엿장수 마음대로 장사였다.

준비는 하루 만에 끝이 났다. 재료라야 수돗물과 사카린, 그리고 잘 말린 치자 열매(노란색을 낼 때 쓰는 천연 열매)만 있으면 되었으니까. 새벽에 방산 시장에 가서 얼음 한 덩이 사고 항아리에 수돗물 채워 사카린 타서 단맛 내고, 밤새 우려낸 치자 물을 체에 걸러 노란색 물을 만들어 놓으면 준비 완료다.

아침밥을 먹고 둘이서 리어카 끌고 나가면 해는 벌써 머리 위로 떠올라 열기를 뿜기 시작하고. 오늘도 밀짚모자 눌러 쓴 지친 우리의 고객들이 웅성웅성 장을 이루면 우리의 냉차 장사는 시작되는 것이다.

"냉차요 냉챠 달고 시원한 냉차요"

"어이 냉차——"

"야 여기 냉차 두 대접"

어디서 부르는 소리가 나면 우리 둘은 신나서 열심히 뛰고 또 뛰었다. 장사는 의외로 잘 되었다. 지금 생각하면 그 시절 어느 집에 들어가 시원한 물 한 대접 구걸할 수도 없는 삭막한 인심이었으니까.

그런데 오후가 되면 문제가 생겼다. 새벽에 넣어 둔 얼음이 오후가 되면 다 녹아 버리는 것이었다. 냉차는 아직도 시원한데 땡볕에 짜증이 잔뜩 난 우리의 고객들은 "야 인마— 얼음 있어?" 하면서 다그치는 것이다. 오후에는 얼음도 구할 수 없는데 난감한 일이 아닐 수 없었다. 어쩌지 하면서 우리 둘은 궁리궁리 끝에 또 한 번 기발한 아이디어를 생각해 내게 된다. 그렇다. 가짜 얼음. 우리는 우선 개골참외 등처럼 줄기줄기 올록볼록한 모양을 한 코카콜라 병을 몇 개 구해서 뜨거운 물에 소독하고 깨끗이 씻어서 말린 후 코르크 마개로 단단히 막아서 두어 개를 냉차 항아리에 띄우는 것이다. 컴컴한 항아리 속에서 올록볼록한 등어리만 살짝 보이는 것이 대접으로 한번 휘저으면 덜거덕 덜거덕 얼음 소리까지 근사하게 내주며 감쪽같이 얼음 대용품이 되어 주는 것이다.

그러구러 두어 달이 지나고 9월 중순이 되어 무더위도 가시고 냉차의 수요도 줄어들던 어느 날, 느지막이 단골손님 하나가 가까이 왔다. 밀짚모자를 눌러쓴 까만 그 아저씨의 팔에는 옷가지들이 아직도 잔뜩 들려 있는 것이 오늘은 개시도 못 한 모양이었다.

"아저씨 오늘 개시도 못 하셨네요"

"그렇다, 개시도 못 했다 이놈들아. 이거 너희나 하나씩 입어라"

하며 팔에 무겁게 걸쳐 있던 옷을 하나씩 던져 주었다.

"아저씨 이제 장사 안 하세요?"

"그래, 이제 이 짓도 시마이 할란다. 너희도 이제 공부들을 해야지"

우리는 서로 마주 보다가 얼른 냉차 한 그릇을 퍼서 내밀었다.

"이거 한잔 들고 가세요. 돈은 안 받아요. 우리도 오늘 장사는 시마이 하려구요"

"그래? 고맙구나!"

햇볕에 까맣게 탄 목을 물 먹는 학처럼 치켜들고 마치 폭포가 내려치듯 목젖을 벌렁거리며 단숨에 시원하게 마시고 돌아서서 가던 그 아저씨의 모습이 아직도 눈에 선하다. 이렇게 그 해 두 달 간의 냉차 장사는 마무리가 되었다.

오랜 시간이 흐른 지금 그 시절 우리들의 냉차 팔아주신 아저씨들에게 적으나마 양심선언을 하고 싶어지는 것은 세월이 나를 철들게 해주었기 때문인가 보다.

"그때 냉차 팔아주시던 아저씨들께 가짜 얼음으로 속여서 미안해요. 그래도 냉차는 시원했잖아요. 물도 수돗물만 썼구요, 싸구려 노랑 물감 대신 천연색소인 치자만 썼구요, 어쩔 수 없이 쓴 사카린도 요새 보니까 인체에 해로운 것은 아니었대요. 이제는 저세상으로 가서 편안하게 쉬고 계신 분들이 많으시겠지만, 저의 고백을 애교있게 들으시고 허- 허- 용서해주세요. 네?"

이렇게 혼자서 소박한 나만의 양심선언을 해보며 레몬에이드 한 모금을 마셔본다. 속이 시원해지고 입이 개운해진다.

오늘도 먼저 온 친구들은 내게 묻지도 않고 내 몫으로는 레몬에이드를 시켜놨다. 그래도 친구들은 아직 내가 꼭 얼음 가득 채운 레몬 에이드를 찾는 이유를 모르고 있을 거다. 아무에게도 말한 적 없는 나만의 미안한 추억이니까.

앞에 있는 큰 레몬에이드 잔에는 얼음만 반컵이나 남았다. 냉수라도 한잔 달래서 부어 마시면 속이 한층 더 후련해질까?

밖을 보니 북한산 중턱에 걸친 구름이 오늘따라 한 폭의 동양화처럼 한결 운치 있어 보인다.

채움과 비움의 미학
가을 풍경화 같은 내 인생

안 영 호

· 에세이문예작가협회 회원
· 강진문인협회 회원
· 시집 :『머물고 싶은 세월』,『세상살이 엿듣기』,『우리 꽃 야생화 잔치』
· 수필집 :『가르치며 배우고 배우면서 가르치고』
· 자서전 :『CEO 시작해서 마무리까지』
· anyoung119@hanmail.net

채움과 비움의 미학

물건이나 재산과 권력은 본래부터 내가 가진 것이 아니라 어떤 인연으로 해서 내 곁에 와 잠시 머물러 있다가 인연이 다하면 떠나가기 마련이다.

그런데도 사람들은 너나 할 것 없이 재산과 권력에 대한 강한 집착과 명품인 생활필수품이나 귀금속 등을 볼 때면 다른 사람들보다 먼저 더 많이 소유하여 지니는 걸 행복이라고 생각하며 살다가 새로운 상품이 출시될 때마다 타인보다 앞서서 소유하고파 하는 게 인지상정인 것 같다.

난 어려서는 다른 아이들과 달리 좋은 옷과 가방이나 장난감보다는 만화책을 유별나게 좋아하며 어머니와 함께 만화방 앞을 지나갈 때면 가게에 진열된 만화책을 손으로 가리키면서 사달라고 울며 성화를 부리다 혼이 나기도 했다.

나이가 들면서 잡지에 소개되거나 TV에서 방영된 유명인사의 집이나 사무실에 마련된 아름다운 서가를 볼 때마다 나도 언젠가는 아름다운 서가를 꼭 마련하고픈 꿈을 지니며 성장하였다.

43년간 교직에 근무하다 정년 후 늦깎이로 「서정문학」 시에 「에세이 문예」 수필로 신인상을 받아 늦깎이로 등단하면서부터 아파트를 순회하면서 재활용품에 내놓은 도서 중 필요한 도서를 수집하고, 나의 시집과 수필집을 발간해준 출판사와 「서정문학」과 「에

세이 문예」의 협찬에다 작가회 회원들로부터 기증받은 도서 약 5,000권으로 아담한 서가를 마련해 놓고, 흡족해하며 지낸 것도 잠시 세월이 갈수록 버리지는 않고, 날로 늘어난 도서들이 서가에 수북이 쌓여 먼지를 뒤집어쓴 채 방치돼 애물단지가 되었다.

도덕경에 의하면 '채우는 것만큼 어려운 것이 비우는 일로 비우고 버리는 것이 채우고 쌓는 것보다 더 어려우니 매일매일 버리는 것이 도를 행하는 방법이라고 하였다.' 도를 행하려면 버리거나 비우기 위해서는 먼저 버릴 것을 가려야 하는데 막상 버리려고 하면 필요하지 않은데도 '언젠가 읽을지 몰라서', '애착이 가서' 버리지 못하는 등 온갖 핑계들로 버리지 못하고 망설이니 버리기에도 과감한 결단과 용기가 필요하다는 걸 느꼈다.

'넘침은 모자람보다 못하다,'는 옛말이 있듯 가득 차 있는 그릇은 어디에도 쓸 수가 없어 반드시 비워두어야 새로운 것을 담을 수 있는 것처럼 서가에도 도서들이 꽉 차 있으면 새로운 도서들이 들어올 수 있는 공간이 없다. 그러기에 서가에는 좀 모자란 듯한 공간이 있어야 새로운 도서가 들어올 수 있게 낡고 잃지 않은 도서는 하나씩 처분해야 한다는 것을 깨닫게 되었다.

한동안 나의 체온과 손때가 묻어 누렇게 변색 된 서가에 있는 도서들이 내가 관심이 적어지면서부터 쌓이고 쌓여 짓눌려서 숨이 막힐 지경이라고 호소하는 것 같아 버리는 것보다 타인들과 공유하고 싶어 내가 아파트 입주자 대표 때 만든 「작은 도서관」에 기증할 것 등을 선별하느라 들었다 놓기를 반복해 정리하고 난 후 답답했던 서가의 쾌적한 공간을 보는 순간 내 마음속의 답답함이 펑 뚫린 듯 환해졌다.

사람들은 애초에 채우지 않으면 버릴 필요도 없는데도 불구하고, 새로운 것을 보면 마냥 구매해서 지니려고만 하지 버리기를 망설이며 생활하는 것 같다.

돌이켜보면 내가 현직에 있을 때 나의 욕심만 채우려고 많은 것을 소유하려고만 하였고, 나만의 승진과 출세를 위해 주위를 살피지 않으면서 앞만 보며 살아온 지난 세월이 부끄러워진다.

도서뿐만 아니라 명품인 생활필수품이나 귀금속 등을 보면 다른 사람보다 먼저 구매하여 지니는 것을 행복으로 느끼고 살다가 세월이 지날수록 지닌 것에 대한 애착이 가지 않고, 새로운 생활필수품이나 명품이 출시되면 구매한 후에도 물건을 사용하지 않으면서 처분하지 않고 방치된 채 자리만 차지하기 때문에 생활에 불편을 느끼며 사는 사람들을 주변에서 종종 보아왔다.

이처럼 사용하지 않는 물건이나 버리기에 핑계가 있는 물건들을 과감히 처분해서 비워두면 새로운 것이 들어올 때마다 다시 채워가기 때문에 '인생은 빈 그릇을 채워가는 여정'이라고 말하는 것 같다.

세상의 모든 것은 영원할 수 없다.

법정 스님의 말씀처럼 사람들은 빈손으로 와 빈손으로 돌아가기 때문에 살면서 소유하려 아등바등하지 말고, 평소에 자질구레한 옷가지나 신발 등을 선별해서 비워두면 빈 곳은 다시 채워지는 것처럼 우리네 인생도 채우기도 어렵지만 비움은 새로운 미래에 대한 기대이기에 내 인생의 후반부는 채움은 좀 줄이면서 더디게 하고, 필요 없는 물건은 미련 없이 과감하게 정리하여 쾌적한 환경 속에서 생활하고 싶다.

가을 풍경화 같은 내 인생

 가을이 되면 멀리 가지 않아도 눈을 돌리는 곳마다 아궁이 하나 없는 활엽수의 나뭇가지 잎에 햇볕이 다가와 불을 지펴 숙성시켜 불타오르는 노란색과 아픔을 달래주는 자주색, 그리고 부드러운 감촉을 느끼게 한 오렌지 색 등으로 화장을 끝낸 만추의 나뭇가지 끝 잎새들은 악보가 되고, 계곡을 흐른 여울물 소리의 연주에 맞춰 산들바람의 안단테 노래가 울려 퍼지는 숲속의 작은 음악회가 열린다.
 가을의 대명사인 붉은 단풍나무 가지 끝에 매달린 푸른 잎들을 온통 붉은색으로 물들이려고 빠르게 색을 덧칠에 가면서 붉게 물들인 아름다운 단풍잎을 주워 책갈피 속에 곱게 접어 두었고, 곱게 노랗게 물든 단풍잎이 무더기로 흩날리던 은행나무 밑 카펫에 바람이 불면 눈처럼 흩날리는 모습을 바라본 난 은행잎을 주워 던지기도 하고 바닥에 눕거나 뒹굴며 놀던 어릴 적 추억이 있어서인지 오색 찬란한 단풍이 물든 가을이 되면 왠지 모르게 마음이 설레면서 어디론지 떠나고 싶어진다.
 가을의 풍경화는 빛의 고통으로 인한 가장 예쁜 색깔로 물들이는 산홍山紅이요, 붉은 단풍이 맑은 담소에 비친 수홍水紅이고, 등산객이 지나가면 사람도 붉게 물들인 인홍人紅의 단풍길에 관광객이 몰려들면서 홍역을 치르는 성숙과 사념의 세계로 인도하는 가을 청취에 빠지다 보면 졸시 「단풍들면 단풍 비 내리네」처럼 누군가를 그리워하며 소중한 추억들을 떠올리게 한 계절인 것 같다

당신이 바람이라면
나는 고운 단풍잎이 되어
떨림과 흔들림으로
당신의 속삭임을 시로 쓰는
부드러운 연인이 되고 싶습니다.

당신이 내게 다가와
손을 내밀어 어루만져주면
현란한 몸짓으로 화답하는
농익은 연인이 되고 싶습니다.

오색으로 물든 단풍잎에
구멍이 송송 뚫려서
흔들린 모습을 보니
온갖 고난과 시련을 이겨낸
가슴앓이를 보는 것 같아
애잔해 보인다.

본향으로 돌아가려고
떨어져 뒹구는 단풍잎들이
어머니가 밭일을 나갈 때

울며 보챈 자식을

홀로 남겨둔 채

밭일을 간

어머니 눈물처럼 애처로워 보인다.

하얀 눈이 펑펑 내릴 땐

난 당신의 가슴이 식지 않게

따스한 이불이 돼 덮어드리는

포근한 연인이 되고 싶습니다.

　　　　　— 졸시 「단풍들면 단풍 비 내리네」

나뭇가지에 빽빽이 매달린 나뭇잎들이 여름 내내 얼마나 아파하며 마음을 태우고 태우다 아직도 못 태운 사랑이 남았는지 주홍빛 노을에 아련한 단풍잎들이 흔들리는 빛깔을 숲으로 바람이 몰고 가 나뭇가지 끝에 대롱대롱 매달린 채 손을 놓지 않으려는 듯 만장처럼 펄럭이다 기운을 다하면 한잎 두잎 뚝— 떨어져 날리는 모습이 마치 나의 삶의 마지막 모습을 보는 것 같아 만감이 교차한다.

가을바람에 그리운 사연들을 세세히 적은 단풍잎들이 단풍 비가 내려 자연으로 돌아가듯 내가 살아온 삶도 누릴 건 다 누리며 살다 가는 세월을 붙잡을 수 없는 황혼기에 접어들면서 머리에 희끗희끗 단풍이 들어가니 주변의 벗이나 지인들이 하나, 둘 네 곁을 떠나 이승으로 가는 걸 보면 가슴이 허해지면서 허무하고 서글픈 생각에 나를 슬프게 한다.

단풍에는 화려하고 곱게 물들어 가는 단풍도 있고, 추하게 물들어 가는 단풍이 있는 것처럼 인생의 황혼기는 추한 것보다 묵은 가지에서 새롭게 피어난 꽃처럼 추하지 않으려고 나는 대지와 교감하면서 맨발 걷기 운동을 통해 뇌를 자극해주면 건망증도 극복하고, 밥맛도 좋아진다기에 매일매일 즐기며 맨발 걷기 운동을 한다.

　올해는 첫눈이 온다는 소설이 지났는데도 겨울답지 않은 포근한 날씨에 가을이 깊어가면서 그동안 사랑을 받아온 고운 단풍잎들이 마지막 이야기를 끝내면서도 어미 곁을 떠나지 않으려고, 가지 끝에 대롱대롱 매달려 고통을 호소하다 어느 날 갑자기 자연으로 돌아가듯 나도 내 인생의 '마지막 강을 건너기 위해서' 채울 수 없는 욕망과 욕심을 모두 내려놓고, 미움과 원망도 모두 버리면서 언제라도 부르면 훌훌 털고 떠날 수 있도록 머리가 아닌 가슴으로 남은 삶을 아름답게 장식하기 위해 건강을 유지하면서 내가 가진 것을 적게나마 베푸는 안분지족한 마음으로 끝마무리를 아름답게 하고 싶다.

배알도 가는 길
토지의 산실을 찾아서

안 옥 희

- 문학사랑 회원
- 서정문학 시부문 신인상
- 서정문학작가회 회원
- 시집 : 『깊은 밤 외로운 달』
- 2014 제4회 〈서정문학 대상〉 수상
- 2023 제11회 〈서정문학 본상〉 수상
- 3989com@daum.net

배알도 가는 길

　배낭 하나씩 메고 나선 늦은 여름 휴가, 순천만 국가정원을 구경하고 예정에도 없던 보도 듣도 않은 배알도를 가자고 조른다. 인터넷에서 보니 너무 멋지더란다. 봉사 시집가듯 물어물어 간다. 일부 사람들은 광양서 택시를 타야 한단다.
　순천에서 한 청년의 말만 듣고 버스를 탔는데 안달이 난다. 광양제철이라는 정류장이 있기나 한지 가도 가도 끝이 없다. 슬슬 졸음이 온다. 깜빡했는데 광양제철 12번 정류장이란다. 돌아보니 철조망이 높이 쳐진 철의 고장다운 느낌이다. 얼마 후 안내해 준 그 청년과 같이 내려서 택시로 목적지에 왔다.
　섬이지만 얼마든지 갈 수 있다. 아치형으로 휘어지고 이상하게 생긴 다리를 건넜다. 다리 위에는 물고기 조형물이 있다. 땅에 닿으니 잔디가 듬성듬성 자란 평지에 배알도라는 빨간 글씨의 안내판이 있다. 남편과 사진 한 장씩 찍고 산으로 오른다. 해운정, 1940년에 건립되어 사라호 태풍 때 붕괴, 2015년에 광양 시민의 뜻으로 복원했다는 것, 정자 앞에 참외 한 포기가 신기하다. 사진 한 장 남긴다. 블라우스 레이스처럼 나풀대는 파도를 현상하려고 앞을 보니 나무가 막아섰다. 실망만 남겨두고 내려온다.
　조금 돌아가니 자투리 땅에 윤동주 詩 정원이 있다. 내 덜 여문 시심을 들고 살금살금 흔적을 따라 들어간다. 생각만 해도 군침이도는 맛있는 시 냄새 마음부터 매몰되어 강아지 고기 냄새 맡은 듯 동시가 풀무질한다. 마음속 그 옆에 잠시 머물 움막 하나 짓고 정신을 구겨 넣는다.

1917년생, 장수하는 사람이라면 지금 생존해 있을 수도 있다. 윤동주는 1941년 연희전문학교 졸업 기념으로 자선 시집을 출간하려 했으나 뜻을 이루지 못하고 손수 제본하여 정병욱에게 증정했다. 일본 유학 시절 독립운동 혐의로 구속 수감되어 광복을 불과 6개월 앞두고 생을 마감했다. 눈물로 범벅이 된 한국의 피가 이글거리는 28세, 시퍼렇게 날이 선 불같은 청년의 사기를 꺾은 일본의 만행은 천벌 받아 마땅하리, 내가 다 살점이 떨린다.

유일한 친구 정병욱의 어머니가 망덕포구 마루 밑 항아리에 보관했던 윤동주 시 12편과 유고 시집에 수록된 31편을 광양시에 넘기면서 광양시가 관광 자원으로 시비에 새겨 윤동주를 알리는 시 정원을 만들었다. 나 같은 사람도 윤동주를 되짚을 수 있게 해준 광양 시민들 그저 감사 할 밖에, 윤동주에게 정병욱이 없었다면 그는 이 바다 물밑에 가라앉았을 것이다. 그저 이름 없이 죽어간 젊은이로만 어느 하늘 아래 잠들었을지 모른다. 서시, 하늘과 바람과 별과 시, 태초의 아침, 무서운 시간, 눈감고 간다, 밤, 등, 해안 길 둑에 윤동주와 정병욱이 나란히 앉아있는 조형물이 있고 그 밑에 정병욱의 나를 찾아가는 여정, 이란 시가 있다.

내가 평생 해낸 일 중에서 / 가장 보람 있고 / 자랑스런 일이 무엇이냐고 묻는 이가 있다면 / 나는 서슴지 않고 / 동주의 시를 간직했다가 / 세상에 알려줄 수 있게 한 일이라고 대답할 것이다. −백영 정병욱−

사람은 혼자 살 수 없다. 정병욱이 윤동주와 같이 일본 유학을 갔다면 그 엄청난 변을 면하지 않았을까? 내 편 없는 타향 땅에서 얼마나 외롭고 괴로웠을까? 그러고 보니 나를 여기까지 데려온 남편에게 감사하고 같이 살아있음이 이리 좋을 줄, 젊은 청년 윤동주의 삶이 너무 가엾고 불쌍하여 눈물이 난다. 두 손 맞잡고 끌어올리는 인생길은 삶도 맵시가 있다. 윤동주 역시 정병욱으로 인해 사람들 가슴에 살아있다.

동네 뒤편 옹벽에 윤동주의 시가 블록마다 새겨져 있다. 그를 생각하면 마음이 시리다. 왜 하필 악마의 땅 일본으로 유학을 갔을까? 호랑이 굴에 들어가서 호랑이에게 삿대질하니 사냥개가 토끼를 만난 듯 미치게 날뛰었으리라. 어찌 그리 비켜 가는 길은 없었을까?

아버지의 말씀, 뭉칠 줄 모르는 게 속국으로 들어가는 행위라고. 원칙을 모르고 권력을 휘두르고 악행을 저지르며 살지 않았던가? 그 대가 톡톡히 치르고도 무엇이 나라를 일으키는 일인지 도무지 모르는 사람들, 음복하듯이 서로 먹으려고 싸우지 않는가? 옳은 말을 하는 사람은 적이라는 이상한 나라 젊음을 바쳐 지킨 나라 이젠 누가 지킬 것인가? 심히 걱정된다.

기다랗게 꾸며진 곳에 빽빽이 세워진 시비가 엄청 길게 이어진다. 시비 몇을 사진에 담다 보니 남편이 없다. 천연바위 같은 사람이 푸석돌이 되었나? 설마 날 떨궈놓고 가겠나, 하던 중 전화가 왔다. 빨리 올라오란다. 시 좀 보고 가자했더니 시가 어디 있냐며 개밥에 도토리다.

살아 펄떡이는 바다 멍석말이처럼 다가오는 파도, 젊은 영혼이 떠나지 못하고 내 나라를 지켜라, 올바르게 살아라, 메시지를 던지는 듯 고요하게 잠자는 바다가 갑자기 요동친다. 마음이 급해진다.

  그러나 마을은 윤동주의 마음처럼 가라앉았다. 어촌 마을에 정적이 돌고 사람 하나 보이지 않는다. 횟집의 수족관도 비어있다. 해안 길을 끝없이 걷는다. 샌들을 신고 이만 보를 넘게 걸었다. 차도 없고 발도 아프다. 그때 휠체어에 할머니를 태우고 오는 여인, 여기가 정류장이란다. 얼마쯤 온다는 안내판도 없는 동네, 택시를 부르려니 다리를 건너가야 한단다. 이제는 더 걷기도 싫다. 마을 정자 앞에 앉아서 무려 두 시간을 기다려서 화동 버스에 몸을 실었다. 힘든 배낭 여행, 그래도 윤동주를 알게 되어 기쁘다. 그 영혼 어딘가에서 우리를 보고 있겠지, 윤동주를 알게 되어 배낭 여행의 진미를 제대로 느꼈다.

토지의 산실을 찾아서

화동 버스 안내 아줌마에게 최 참판 댁 정거장에 내립니다. 하고 창밖으로 보이는 풍경에 사로잡혔다. 싱그러움이 넘실대는 녹색의 풀 내음이 찌는 듯한 더위 속에 묻어 들어온다. 나락 이삭이 피어오르고 하얀 백로가 기웃거리는 들녘은 사람 하나 보이지 않고 초록 카펫을 펼친 듯 평화롭다.

소설의 대가 박경리 선생님을 떠올리며 토지 소설의 산실을 찾아가는 길 설렘을 가득 안고 나 혼자 들떴다. 남편은 마지못해 동상이몽 생각은 딴 데 있다. 들머리에 마당극 "최 참판 댁 경사 났네" 현수막이 걸려 있다. 주말마다 상설 공연, 봄에는 문학제로 최 참판 댁이 시끌벅적 하단다. 길옆으로 온통 감밭이다. 잎사귀 속에 숨은 감이 권투선수처럼 푸른 주먹을 자랑한다. 작은 담장 위 말 난 장에 소난 듯 갈색 털이 송송 나 있는 키위가 신기하다.

오기 전에 인터넷을 뒤져 정보를 발췌해서 그 정보대로 찾아간다. 박경리 토지 문학비가 있다. 토지장터, 최 참판 댁, 토지세트장, 박경리 문학관을 안내하는 표지판이 있다. 세트장부터 간다. 예의 바르고 바른말 잘 하는 이 평이네 집이란다. 평사리의 유명한 과부, 정 많고 남들과 잘 어울리는 스타일, 야 무네 집, 정한조네 집, 서서방네, 강봉기 두리네, 칠성이네, 용이네, 우가네, 오 서방네, 물레

방아 집, 복덩이 바위까지 둘러 보았다. 바가지와 옥수수가 매달린 세트장을 지나니 길가 자투리 땅에 목화꽃 봉오리가 맺혔다. 마구간엔 소가 혼자서 동네를 지킨다.

문학관에 왔다. 커다란 기와집 앞, 박경리 선생님이 실물인양 서 계신다. "버리고 갈 것만 남아서 홀가분하다" 선생의 말씀이다. 작가의 속살이 만져진다. 세월이 흘러도 빛바래지 않는 선생의 품을 로그인한다. 문이 열리자 선생님이 빚어놓은 토지 16권이 전시돼 있다. 돌아가며 사진이고 글이다. 세상 살아가면서 작가의 모든 인생사가 다 글이다. "난 특별히 문학을 내 인생과 갈라놓지 않습니다. 내 인생이 문학이고 지금 문학이 내 인생입니다."

선생의 연보를 눈에 담고 사진으로 남긴다. 1926년 10월 28일 통영시 출생이며 46년 1월 15일 전매청 서기인 김행도와 결혼, 딸 영주를 출산했단다. 남편의 직장인 인천에 있는 금곡동에 책방을 운영하기도 하였다. 이듬해 아들을 출산하고 수도 여자 사범대를 졸업하고 황해도 연안 여자중학교 교사로 재직하던 중 6.25가 터지고 그해 12월 25일 남편은 서대문 형무소에서 생을 마감했단다. 설상가상 아들까지 잃었다. 그 후 은행과 신문사에 근무하면서 습작을 했단다. 내 눈에 이슬 무지개가 뜨고 작가의 생이 축축하게 젖는다.

55년 현대문학 김동리에 의해 단편소설이 당선되면서 본격적인 문단에 뛰어들었다. 이루 헤아릴 수 없는 슬픔을 작품에 묻고 외로움과 괴로움을 글쓰기에 씻고 살을 베이는 아픔을 펜으로 달랬을 것이다. 타계할 때까지 원주 단구동에 몸 두고 오작교를 건너듯 평사리에 마음을 쏟아부었다. 긴 펜으로 평사리 들판을 덮을 만큼 크고 넓은 글이 생산되기까지 작가는 고향 화동을 가지 않았다고 한다.

　최 참판 댁을 중심에 두고 한 동네를 만들어서 주민을 입주시키고 사연을 주입시켰을 것이다. 세상 흐름을 양념처럼 넣어서 더욱 맛을 내고 감동의 물로 세월을 길렀을 것이다. 일제에 항거하면서 옳음이 그름이 되고 바른말이 역적이 되고 반동이 되는 피를 토해도 속 시원한 항의가 안 되는 억울한 사연을 작가는 글로 말을 했으리라.

　선생님의 작품을 감상하고 인생을 맛본다. 바닷물보다 진한 소금기가 묻어난다. 보통 사람은 감히 상상 못 할 정말로 특별한 분이다. 작가가 마르고 닳도록 사용하던 유품들이 놓여있다. 두루마기 찻잔 펜 원고지 돋보기 인주 장갑 외투 부채 재봉틀 사전, 젊을 때 어머니와 함께한 사진, 결혼 사진, 따님과 함께한 사진, 벽이 온통 작품이며 사진들이다. 그 어떤 유품보다 값진 것이다.

　43세에 토지 씨를 뿌려 68세, 장장 26년 만에 대장정의 장편소설을 완성했다. 1권은 일본어로 출판이 되었단다. 어릴 때 거제의 외할머니가 푸념 삼아 들려주시던 이야기가 소설의 씨앗이며 거제가 발원지라고 한다. 끝도 없이 넓은 들에 나락이 저절로 떨어져도 거둘 사람이 없었단다. 전염병이 동네 사람들을 다 쓸어갔고 조그만 소녀가 남아 마을을 지키다 누가 몰래 데려갔단다.

　아기가 나서 성인이 되어 사람 노릇 할 때까지 먹이고 가르쳐야만 빛을 보듯 작품도 긴 세월 쓰고 다듬고 고치기를 수 없이 반복했을 것이다. 눈 아프고 어깨 아프고 그만하고 싶기도 했겠다. 하지만 농부들처럼 숙명으로 받아들이고 묵묵히 한 우물을 팠으니 문학의 경지는 자리를 내줬을 것이다. 자식이 여럿이어도 남편이 있어도 시부모가 오래 생존해 있었다면 문학에는 많은 제약을 받았을 것이다. 어찌 보면 허전한 외로움이 문학에 더 꽃을 피우고 튼튼하게 기르는 거름이었는지도 모를 일이다.

지리산 문학 포자가 평사리 들판에 날아와 싹이 트고 자라 최 참판 댁 창고에 부화했을 것이다. 싱싱하고 살진 이야기가 도깨비방망이같이 날마다 날마다 콩나물처럼 자라났을 것이다. 그러기에 돌인들 움직이지 않았을까, 그것이 적재되어 문학 은행이 된 것이다.

선생의 작품을 보면 그 시대 생활상이 얼마나 궁핍했는지 알 수 있다. 단순히 농촌의 일상만이 아니고 외세 침입으로 빼앗긴 나라의 살아있는 자들의 몸부림이 고스란히 전해진다. 짐승만도 못한 생활상을 현실감 있게 그려냈다. 이 작품이야말로 대 문학 산맥이며 세상에 이런 일이다.

원주 단구동에 살면서 왜 하필 평사리였을까? 짐작으로 미루어 강원도 이야기는 뼛속 깊이 들어앉은 것이 없었을 것이다. 화동에서 출생하여 유년기를 보내면서 어릴 때 보아왔던 일과 거제도 외갓집에서 외할머니의 이야기가 모태가 되었다. 지리산이 쏟아내는 남쪽의 젖줄, 섬진강 물을 머금은 농사꾼들의 이야기가 폭넓고 푸짐한 잔칫집 뒷이야기같이 스케치가 그려졌을 것이다. 화동의 살아가는 숱한 희로애락이 평사리 넓은 들판에 가득했으리라.

사위가 투옥되고 외손자를 업고 사위 옥바라지를 하면서 소태를 씹는 듯 그 한 많은 세월에 본정신으로 살아가기 힘들었을 것이다. 어디다 정신을 팔지 않고는 살 수 없었을 것이다.

원고지를 땅으로 펜을 농기구로 삼고 필로 농사를 지었을 것이다. 신은 너무 가련해서 좀 쉬라고 암이라는 종신형을 내렸는지도 모를 일이다. 부부 정도 자식 정도 모르고 모든 것을 잊기 위해 한 우물을 판 것이다.

글의 중심이 되는 최 참판 댁으로 왔다. 기다란 기와로 지어진 그럴듯한 집, 옛날 양반들의 기세가 보이는 듯했다. 넓은 마당에 앉아 있는 최치수 멀리 바라보이는 평사리 들판 저기가 최치수가 소유한 들판이란 말인가, 들 복판에 소나무 두 그루가 서 있다. 부부송이란다. 벽에 멍석이 걸려 있고 옥수수와 대소쿠리 채반들이 있다. 동네 사람들을 손아귀에 쥐고 얼마나 떵떵거리며 대지주의 위세를 떨었을까, 영원한 것은 없는 법, 최치수가 몰락하는 과정 또한 격동의 이야기가 시대의 변천사를 여실히 보여주었다.

문간채 사랑채 별당채 행랑채 중문채 뒤채 사당이 있다. 사당 뒤에는 대나무가 무성하다. 그 시절 정말 으리으리한 대가였을 것이다. 툇마루가 있는 우리 어릴 때 보았던 일상이 그려지는 집이다. 한집에 살아도 방마다 기거하는 사람들 수준이 다르고 지체 역시 다르다. 문간채 행랑채에 기거하는 사람들은 하늘 같은 사랑채엔 얼씬도 못 했을 것이다. 뒤란에 서걱거리는 댓잎은 그 역사를 알고나 있을까?

가장 오고 싶었던 곳 일 순위, 하나의 소원을 이룬 듯 기분 좋은 날, 토지 속에서 문학 물을 실컷 먹고 내 마음 가득히 살이 올랐다.

나의 정년 버킷리스트
나의 문학 등단기

유 임 순

- 2022 세종시 중등 교장으로 정년
- 2023 서정문학 시 부문, 수필 부문 신인상 수상으로 등단
- 2023 문학시선 윤동주 탄생 제106주년 기념 공모전 우수상 수상
- 2023 문학시선 제4회 타고르 문학상 최우수상 수상
- 현재 서정문학작가회, 문학시선작가회, 고마문학회 회원
- yrsoon@naver.com

나의 정년 버킷리스트

거짓말처럼 막을 내린 교단 40년, 퇴임의 쓸쓸함을 느낄 사이도 없이 자유에의 예감으로 온통 설렌 채 3월은 황홀하게 문을 열었다. 따뜻하고 풍요로운 이별의 의례 덕분이었을 것이다.

"누군가 내게 지난 40년이 남긴 것이 무엇이냐고 묻는다면, 어디선가 제 몫을 하며 뜻깊게 살고 있을 사랑하는 제자들과 이 외롭고 고단한 교육자의 길을 묵묵히 함께 걸어온 멋진 길동무들이라고 힘주어 말하리라." 고별사에서도 고백했듯, 어느 새벽 불현듯 시간의 벼랑 끝에서 한평생 나는 대체 무엇을 이루었는가 깊은 허무감이 엄습했을 때 떠오른 답은 결국 '사람'이었다. 그해 겨울은 인정의 꽃밭에서 오랜 인연을 이어온 동지들의 과분한 축하와 응원으로 가득했고, 마지막 학교 공동체가 정성껏 마련한 퇴임식은 뜻깊고 아름다웠다. 지나간 것은 이제 역사가 되었고, 나는 평생 노역의 선물로 주어진 찬란한 현재를 즐길 마음의 준비가 충분히 되어 있었다.

3월 첫 출근일 마음이 이상할 거라며 존경하는 선배 여교장님의 점심 초대는 얼마나 감동적이었던가. 입학식을 마치고 교장실에 돌아와 전화를 준 후배 교장의 마음씀 또한 봄볕 같은 하루를 선사했다. 무엇보다 그토록 꿈꾸던 나만의 작은 집필실에서 야심차게 다시 탐독하기 시작한 소로우와 니체, 프랭클린과 소세끼 등 푸른

노트북 속 e-북클럽과 완독을 벼른 세계문학전집은 또 다른 비밀의 화원, 시공의 자유여행자가 된 행복에 가슴이 쿵쾅거리는 나날은 조금은 비현실적이기까지 했다.

집필실은 나의 정년 버킷리스트의 첫 목록이었다. 기껏해야 그동안 잘 쓰지 않고 비워둔 게스트룸에 널찍한 마호가니빛 책상 하나와 잘 어울리는 철제 서가와 푹신한 누런 인조가죽 의자, 그리고 운동을 싫어하는 나를 위해 큰맘 먹고 마련한 하얀 실내 자전거와 우연히 구입한 세잔의 사과 그림이 걸린 깨끗한 벽면이 매우 기분 좋은 그런 방이었지만 나만의 밀실을 가진 기쁨은 비할 데 없이 컸다.

다음 성경 필사와 세계문학전집 완독, 정년 일기(Poem)쓰기와 손주 돌봄과 아들들 지지하기, 인생 동무들과 교류(여행 포함)하기 등 10대 목록은 실은 여전히 현실의 굴레와 타협해야 하는 것이기는 했다.

언제나 그렇듯 삶이란 미완의 혁명 같은 것이어서 거창한 시작 따위는 중요하지 않다. 중요한 것은 집요한 지향과 줄기찬 지속이다. 일시적으로 함께 살고 있는 아들 손자 며느리까지 대가족(?)의 삼시세끼도 만만치 않은 데다 그동안 늘 후순위로 밀리거나 생략되었던 집안일들이 활짝 펼쳐진 일상을 영위하는 데만도 심신의 에너지 소모가 상당한 채, 목표들은 대체로 불연속적으로 이루어지고 있었다.

새로운 시공에 적응할 무렵, 활력을 불어넣는 첫 프로그램으로 여고 절친들과의 시골 별장 나들이에 나섰다. 어언 반세기에 가까운 시간을 함께한 영혼의 단짝들이었기에 서울, 대구, 세종 이렇게 멀리들 살지만 언제 보아도 어제 만난 듯 살갑고 허물없는 동행이니 어딘들 낙토가 아닌 곳이 있으랴. 5월의 청명한 햇살 속 KTX역에서 해후한 우리는 오래전 가슴 아프게 먼저 보내야 했던 친구가 잠든 공원묘원을 찾아 그리움을 달랜 후, 장을 잔뜩 보아가지고 푸른 산 푸른 들을 달려 괴산 별장에 이르렀다.

아득한 여고 시절 여름방학 다 같이 놀러갔던 추억의 제월리 친구의 친가는 이제 사라졌으나, 제월대의 소나무는 더욱더 늠름하게 여전히 강물을 굽어보며 늙어가고 있었고, 처음으로 찾은 벽초 홍명희의 생가는 소박하지만 깊은 여운을 주었다. 여고 1학년 때 제1회 홍명희 백일장에서 시부 장원을 하여 '푸른문문학상'을 받았던 가슴 뛰는 기억! 당시 학교 게시판에 교감선생님이 직접 붙여주시고 칭찬해 주신 나의 시 '숲'은 지금도 다 외고 있다. '여학생'이라는 잡지에도 실려 서울 사는 이종자매들이 한바탕 축하소동을 벌였던 기억도 잊을 수 없다. 돌아보면 이광수, 최남선과 더불어 조선의 3천재로 '임꺽정'의 작가인 벽초 홍명희와의 시공을 뛰어넘은 인연은 실로 영광스러운 것이었다.

마치 '캠핑클럽'처럼 조촐한 파티를 하며 밤새 수다를 떨었던가. 그 유명한 괴산산막이길도 걷고 유람선도 타고, 조령제3관문도 가고, 연풍성당 성지 순례도 하며 모처럼 자유인의 기쁨을 만끽했던가.

드디어 5월 하순 코로나로 오랫동안 미루었던 '꽃모녀 3탄' 여행 일정이 잡혔다. 일찍이 엄마 팔순기념 워커힐 호캉스와 정동진 일원 여행이 1탄이었고, 2탄은 크로아티아, 슬로베니아, 보스니아 발칸3국 해외여행이었으며, 이번 인천 섬나들이 여행은 3탄이었다. 워낙

의좋은 엄마와 이모 두 자매와 딸들이 동행하는 여행은 어쩌면 엄마들이 살아계시는 한 어떤 형태로든 이어질 것이었다.

하지만 호사다마라 했던가. 나보다 몇 년 앞서 명퇴를 하고는 전국 100대 명산 등반을 다 마치고, 이제는 전국 100대 섬 트레킹에 도전 중인 영리한 이종 여동생이 기획한 이 멋진 여행의 마지막 날 아침 그 일이 아니었다면, 나의 인생 경로는 성스러운 지향에도 불구하고 여전히 세속적일 것이었다.

5월도 막바지 청명한 늦봄 초여름 아침, 강남에서 인천 영종도 삼목항까지 단숨에 달려 첫 여정으로 신도에 내려 구봉산 트레킹, 장봉도로 건너가 국사봉 트레킹, 다시 삼목항으로 돌아와 영종도 한 호텔에서 쉬고, 다음날 무의도 하나개 해수욕장에 닿아 호룡곡산 트레킹, 오는 길에는 실미도 해수욕장을 찾아 영화로 처음 알게 된 피맺힌 역사의 처절한 사연에 고개 숙여 참배하는 마음으로 바닷길을 걸어보고, 다시 영흥도 장경리 해수욕장 산책과 국사봉 트레킹, 십리포 해수욕장 일몰도 보고, 마지막 여정 선재도의 호텔에 도착했을 때까지는 온통 축복이었던 나들이. 모처럼 널찍하고 쾌적한 호텔에서 맛집순례 석식까지 마친 후 종횡무진 담소를 나눈 다음날 아침이면 이제 마지막 코스인 제부도로 이동하여 서해랑 케이블카 탑승을 끝으로 해피엔딩을 앞둔 그 아침. 신은 좋은 날씨만을 허락하지 않으셨다.

빵과 우유, 과일 등으로 간단한 조식을 마친 후 모두 나갈 채비를 마친 바로 그때였다. 갑자기 욕실에서 쿵 하는 소리와 함께 엄마의 커다란 비명소리가 들렸다. 퇴실 전 소피를 보고 돌아서 나오시려는 순간 슬리퍼가 쭉 미끄러지신 것이었다. 얼마나 제대로 넘어지셨는지 충격에 꼼짝도 못 하시는 모습에 잠시 안정을 취하시게 하고는 곧바로 119를 부를 수밖에 없었다. 도착한 곳은 시흥 센트럴병원 응급실, 초조한 기다림 끝에 엑스레이와 CT 검사 결과는 놀랍게도 '뼈에 아무 이상 없음' 이었다. 본능적으로 몇 년 전 척추관 협착 수술을 받으신 엄마의 허리나 고관절 골절 등을 심각하게 염려하고 있던 터에 얼마나 눈물나게 고마운 결과였는지! 그러나 담당의는 신중하게도 하루 정도 입원하면서 경과를 지켜보기를 권했고, 며칠간 통증이 계속되면 MRI까지 필요하다는 설명도 덧붙여 완전히 마음을 놓을 수는 없었다. 그리고 그렇게 뜻밖에 닥친 고난의 시간이 예고편일 줄이야.

다음날 아침 링거와 투약 때문이었는지 별로 아프지 않다시기에 퇴원 수속을 하고, 마침 시간이 난 큰조카가 달려와 승용차로 서울 집까지 엄마를 편안하게 모시고 가서 한시름 놓았는데, 문제는 저녁이 되자 침대에서 일어날 수도 없이 아파하시는 것이었다. 다음날 긴급히 다시 119로 원래 다니시던 강동 경희대병원 응급실로 이송을 했는데 검사 결과가 놀라웠다. 또다시 엑스레이 결과 이상 없음이라니!

하지만 엄마는 계속 아파하셨고, 나는 통증이 계속되면 MRI검사까지 받으라 했다며 외래진료를 강력히 요청하여 결국 다음날로 원래 수술 집도의이자 명의로 이름나신 K교수님의 진료 예약을 받아냈다.

마침내 우리의 희망이신 교수님의 정확한 진료, 정밀 엑스레이 결과는 놀라웠다. 척추압박골절!

어찌 이렇게나 오래 걸려 '팩트'를 알아낸단 말인가. 어이없고 화가 나기도 했지만 누구를 탓하랴.

　비상사태였다. 일단 입원을 하되 2주 정도 오직 안정하며 보존치료를 해보자는 교수님의 판정에, 아픈 환자를 장의자에 눕혀놓고, 급히 택시를 타고 집에 가서 입원 준비를 해 오고, 환자를 부축하여 상주 보호자로 코로나 검사를 하고 종일 결과를 기다려 입원 수속을 하고, 병실에 올라갔을 때는 저녁 8시가 훌쩍 넘은 시각이었다. 점심은 간이침대에 겨우 눕혀놓은 환자 움직임을 최소화하느라, 단팥빵과 편의점 베지밀로 허기를 면하고, 저녁은 그래도 달려온 여동생과 간이침대를 밀고 병원식당에 내려가 초긴장 속에 잠시 엄마를 일으켜 따뜻한 국물이 있는 밥을 드시게 했다. 내 평생 가장 힘들고 불안하고 애가 타는 긴긴 하루. 그나마 정형외과 병실이 꽉 차 이비인후과 병동으로 배정된 것이 오히려 다행인 줄은 나중에 알았다. 마침 창가 자리 침대도 병실의 호텔로 불린다는 것도······.

　그렇게 코로나 사태로 면회도 되지 않는 감금 생활이 2주가 흐르는 동안 고통이 축복이 되는 작은 기적이 일어났다. 첫 일요일 평소 그다지 열심이지 못한 나였지만, 상황이 상황이니만큼 참으로 작은 인간 존재의 연약함을 느끼며 유튜브로 명동성당 미사를 드리고 난 후였다. 뒤이어 유명한 K 목사님의 강연이 흘러나오길래 내용이 좋아서 그냥 듣고 있었는데, 바로 이어서 예전부터 내가 존경하는 H 신부님의 예의 카랑카랑한 귀를 잡아당기는 듯한 음성이 들리는 것이 아닌가? 아마도 '외로우십니까'라는 강의였던 것 같은데, 이는 뜻밖에도 단박에 엄마를 사로잡았다. 그날 이후로 엄마는 틈나는 모든 시간 신부님의 모든 강의와 함께하셨다. 물론 5인 병실이 비교적 한산하여 한두 분일 때도 있었고, 낯을 익힌 동병상련의 그분들께 양해를 구했기에 가능한 일이었다. 비로소 엄마는 마음의 평화를 찾으셨다고, 너무 행복하다고 하셨다. 초등교사 정년 후 다니신 성당 신앙생활에 이십여 년간 충실하셨고, 성경완독을 필사까지 세 번이나 하신 분이 냉담에 이어 배교 상태에까지 이르신 사연은 따로 적고싶다.

 2주간의 안정 후 다시 한 달 집에서 안정, 여름철로 접어든 터라 오로지 침대에서 누워 절대안정을 하며 지내는 엄마를 돌보는 일은, 이제 막 정년을 한 할머니가 할머니를 돌보는 일이었기에 참으로 쉽지 않았다. 일단 전체 틀니를 하시니 모든 음식을 가위로 잘게 썰어드리고, 양치와 세안, 24시간 기저귀갈이, 침대 시트와 의복 시중, 가끔 허리보조기 차고 씻겨드리기 등 어느 하나 녹록한 것이 없는 하루 일과에 점점 지쳐가는 중에도 신부님의 낭랑한 목소리와 강연 말씀은 참으로 큰 힘이 되어주었다. 그래, 인생은 무상하고, 욕망은 부질없다. 우리는 잠시 지구상의 시간 여행자일 뿐, 내가 꿈꾸던 무한한 자유는 어디에도 없다. 그동안의 나는 얼마나 어리석고 교만했던가. 고통의 밑바닥에 납작 엎드렸다.

 일상이 사치, 일상이 선물, 일상이 기적, 일상이 감사가 아닐 수 없었다. 때마침 연락이 오래 끊기자 나의 근황을 물어 걱정하며 진심으로 기도해 주는 참된 믿음의 벗들이 또한 크나큰 위로가 되어주었다. 아, 주님은 사람을 통해 역사하신다고 했지! 귀하고 고마운 나의 인생 길동무들!

 모진 시간이 흐를 만큼 흘러, 7월 초 엄마는 최대한의 보존요법 후 기어이 골절 시술을 받으셨고, 절대 신뢰하는 교수님의 비교적 간단하고 전문적인 시술 덕분에 빠른 속도로 회복하셨다. 그리고 3개월 후 드디어 그토록 원하시던 선사유적지 친구들과의 산책 등 자유로운 일상생활을 되찾으셨다.

뜨거운 여름날, 마침내 혈색이 돌아온 엄마를 두고 50일 만에 집으로 돌아오던 날, 나는 마치 마법에서 풀려난 기분이었다. 오랜만에 만나는 기차역과 사람들, 세상이 달라 보였다. 우리집조차 낯설었고, 가슴 뭉클하게 달려와 안기는 두 돌 앞둔 손주는 훌쩍 자라 있었다. 하지만 공짜가 없는 법. 집에 오자마자 무더위에 노심초사 혹사한 탓인가 사타구니에 커다란 멍울이 잡혀 수술을 했고, 한 달 넘게 고생했다. 하지만 기꺼이 감내했다. 엄마의 치유를 위해 바치는 작은 희생 제물이려니……!

모처럼 기다리던 모임에도 나가고, 다시 일상의 쳇바퀴 속에서 나는 모든 틈나는 여가를 다 바쳐 성경 통독에 봉헌했다. 나는 병실에서 만난 예수님과 나의 엄마를 육신의 골절을 통해 영혼의 골절을 치유해주시기 위해 새로이 불러주신 하느님을 배반할 수가 없었다. 감히 나의 소확행이라 일컫던 자잘한 쾌락에 탐닉할 수가 없었다. 영화도, 화장도, 무수한 자기만족 등 모든 허영이 우스웠다. 마치 구도자처럼 손주 돌봄 등의 산만한 낮시간을 보내고 나서 비로소 자유시간 밤이면 화장대 앞 작은 독서대에 성경을 펼쳐놓고 구약부터 꾸역꾸역 읽었다. 마치 굳센 약속을 지켜야 하는 사람처럼…….

여름 한복판, 엄마의 86세 생신날은 다시 고운 모습 되찾으신 엄마 모습에 행복했고, 늦가을 대학동기들 십여 명과 뭉쳐 다녀온 '40년 만에 떠나는 경주 수학여행'은 마음의 보물로 남았다. 이제는 모두 정년을 하고 삶의 무게를 내려놓고 넉넉하고 편안한 모습, 타임머신을 탄 듯 허물없는 학우들······.

돌아와 새삼 나의 꿈을 떠올렸다. 시인이 된 친구에게 등단 방법을 물었다. 그리하여 만난 운명과도 같은 한 권의 잡지, '서정문학!', 왠지 모르게 끌리는 명칭에 꼼꼼이 읽으며 용기를 냈다. 그 겨울, 신인 작가 문학상 공모에 고르고 고른 시 7편을 이메일로 보낼 때는 또 얼마나 가슴이 쿵쾅거리던지, 다시 한번 나의 평생의 꿈이자 내 삶의 전부가 문학이라는 것을 알았다.

작은 쪽지에 버킷리스트를 적어 벽에 붙여 두었었다. '성경 완독, 시인 등단, 책 출간'

잔가지를 쳐내고 적은 세 가지 간절한 나의 소망에 응답이 온 것은 새해 벽두였다. 마침 그 무렵 성경 통독도 마쳤다. 이 얼마나 놀라운 일인가. 오랜 꿈과 새로운 꿈, 꿈이 있어 인생은 허무하지 않다. 세상 부러운 것이 없다. 나는 오늘도 두드린다. 고로 존재한다. 나는 전율한다, 고로 행복하다.

나의 문학 등단기

입추를 한참 지났으나 아직은 여름의 끝자락 8월 하순. 한줄기 소낙비가 퍼붓고 간 다음 무거운 대기가 자못 선선해졌다. 마치 한바탕 속풀이를 마치고 울음을 뚝 그친 아이처럼 기세등등 날뛰던 한낮의 무더위가 설핏 수그러들면서 한줄기 산들바람도 이는 것이 사방에 차분한 기운이 감돈다. 적어도 오늘은 열대야가 물러가고 극성스러운 에어컨 대신 선풍기 엷은 바람만으로도 충분히 책을 읽거나 글쓰기에 좋은 밤이 될 것 같다. 비로소 나의 작은 집필실의 '명창정궤明窓淨几*'는 펄펄 끓던 도가니가 아닌 본연의 반듯한 정물이 되어 모처럼 창작에의 열망을 불러일으킨다. 이른바 뇌온도가 낮아지니 무수한 감각이 꿈틀거리며 기어 나오려는 모양새다.

책벌레였던 초등학교 6학년 시절 나의 꿈은 터무니없게도 노벨문학상을 타는 것이었다. 중학교 2학년 때는 교과서에 실리는 작가가 되겠다는 환상을 남몰래 가슴에 품었고, 여고 시절에는 나의 작은 문재文才를 알아본 국어 선생님 덕분에 온통 백일장을 휩쓸며 문학소녀로, '여고 시인'으로 문명文名을 날리기도 했다. 하지만 당시 황순원 소설가가 교수로 계셨던 경희대 국문과 장학생 제의를 거절한 채, 여자는 교사가 제일이라며 아빠는 막무가내 공주사범대학

---

* 명창정궤(明窓淨几): '햇볕 잘 드는 밝은 창과 깨끗한 책상'이란 뜻으로 서재를 대유함

원서를 사 오셨다. 한편 일찍이 공주사범학교를 나와 평생을 초등교육에 몸담았던 엄마는 큰딸이 선생이 되는 것을 탐탁해하지만은 않으셨다. 이유는 학교 생활하랴 아이 키우랴 지지고 볶고 살면서 고생한다는 것. 즉 교직의 애환을, 특히 양육과 병행하는 고통을 온몸으로 겪으신 엄마는 좀더 딸이 나은 삶을 살기를 바라셨던 것이다. 하지만 나는 당시 이모와 엄마가 적극 추천하고 모두가 선망하는 의대는 내 적성과는 전혀 상관이 없다는 확고한 생각과 문학에 대한 일말의 재능과 긍지에서였겠지만 국어교육과 진로 선택에 한 점 의혹도 없었다.

그리하여 풋내기 대학생이 되어 어느새 유명한 캠퍼스 커플로 온통 낭만적인 대학 생활을 보내던 나는 졸업반이 되어서야 교생실습이란 것을 하면서 비로소 최고의 '사도師道'를 가슴 깊이 새기게 되었고, 그 6주간의 실습 기간 자신감 넘치는 교사로 다시 태어났다. 그렇게 사범대학을 나와 문학의 향기를 전하는 국어교사로, 학교공동체의 행복지수를 높이고자 고군분투했던 관리자로 보낸 40년의 세월 속에서도 평생 나만의 책을 쓰겠다는 눈부신 꿈을 한순간도 잊은 적이 없었다.

마침내 어릴 적부터 간직해 온 그 꿈은 늦었지만 정년 이후에야 이루어졌다. 누구보다 기뻐한 사람은 바로 어머니였다. 그동안 딸의 속내를 어렴풋이나마 짐작하셨을 테고, 언젠가 팔순 즈음 모시고 다녀온 '발칸 3국 꽃모녀 여행기'를 단숨에 읽으시고는 "너 글 너무 잘 쓴다. 퇴임하고 꼭 글 써라."라고 처음으로 진심 어린 칭찬을 하셨던 엄마가 아니신가, 한편 십여 년 전 작은 이모님의 *춤추는 세계여행**이라는 약 6백 쪽짜리 기행문집 출간을 진두지휘하여 그해 5월 휴일을 다 바쳐 스물여덟 꼭지의 해외여행기 원문을 다섯 번쯤 읽으며 윤문을 하고, 각 여행기의 매력적인 제목을 붙이고, 각 여행기를 압축한 28편의 간지 시를 하룻밤을 꼬박 새워 썼던 경이로운 비화祕話며, 이모님들의 기쁨 또한 남달랐다. 사실 이미 세계여행기를 펴낸 작은이모 임영희 작가님! 20여 년째 서초동 장미예술단장이시기도 한 영재 이모님은, 어릴 적부터 오빠들이 읽던 수많은 책을 가져다주시고, 방학이면 서울에 데려다 피아노를 가르쳐 주시고, 고교시절엔 종로3가 유명학원을 다니게도 해주신 내 성장의 큰 동력이셨다.

  그리하여 올해 1월 신인상 수상 소식이 있은 지 한참 후인 상반기 등단식이 있던 6월 10일 토요일, 그날 87세, 90세, 93세 평균 연령 90세인 세 자매들이 등단식 장소인 종로1가 대왕빌딩으로 심지어 혼자 전철을 타고 총출동하셨다. 서울살이에 늘 나들이하시는 실력으로 말이다. 다행히 무릎이 안 좋아 제일 염려되었던 큰이모님은 지하철로 간다고 우기시는 걸 효녀 딸이 자가용으로 모시고 와서 안도했다. 한편 나는 세종에 살면서 손주 돌봄과 은퇴 후의 여가생활 등 분망한 일과를 소화해 내느라 여력이 없는 데다, 연로하신 이모님들의 출동이 무한 감동이면서도 장맛비가 오락가락하는 날씨에 안전 등 내심 부담도 되고 이런저런 감회에 잠을 잘 이루지 못했다. 그즈음 하필 목감기에 몸 상태가 그다지 좋지 못한 엄마 걱정도 되고…

** 춤추는 세계여행: 2010 도서출판 푸른향기 출간, 총560쪽. 한중일 등 실버예술단 공연과 세계여행체험을 담은 서초장미예술단장 임영희님의 기행문집. 필자 유임순(질녀)이 편집 및 출간 기여

하지만 역시 좋은 날은 좋은 날이었다. 막상 다음날, 미리 주문한 꽃다발을 안은 큰아들과 편안히 KTX로 상경, 서울역에서 종각역까지는 불과 두 정거장이라 등단식 장소인 대왕빌딩에 수월하게 도착했다. 역시 엄마는 아침 일찍 여유 있게 출발하여 이미 약속 장소인 종로화로집에 착석해 계셨다. 전에 맘먹고 사드린 기품 있는 빨간 레이스 원피스와 흰 망사 카디건에 기다란 진주목걸이가 누구보다 잘 어울리시는 엄마, 젊어서부터 미인으로 소문난 분이셨던 임소희 여사님. 이어 무사히 도착하신 서울 멋쟁이 두 이모님을 마중하여 모시느라 다소 분주히 오르내리고는 한숨을 돌렸다. 아무래도 이동이 불편하신 세 자매의 연령을 고려해 제일 비싸고 맛있는 축하 점심을 쏘신다는 엄마의 뜻을 다 받들 수는 없어 검색을 거듭한 끝에 같은 빌딩의 2층에 자리한 식당을 예약한 것은 최선이었다. 미국산 소고기도 한우 못지않게 맛있다는 것을 처음 인정한 만족스러운 식사. 오후 2시 등단식 이후 저녁 뒤풀이 장소라는 점도 신뢰로 작용했으나 뒤풀이 회식에서 또다시 똑같은 메뉴 '소 한마리 구이'를 대해야 했던 나의 식욕에 대해서는 할 말이 없다. (^^)

아무튼 평균 나이 90세인 세 자매들은 평소에도 종종 주기적으로 만나시는 편이신지라 허물없이 화기애애한 분위기 속에서 훌륭한 축하 식사를 마쳤고, 이모님은 적지 않은 축하금까지 넣어 안겨 주셨다. 어릴 적 나를 무척이나 매혹시켰던 용돈의 향기가 떠올라 뭉클한.

그 무렵 서울에서 엄마를 모시며 사는 고교교사인 큰동생이 일찍이 신춘문예 등단 시인인 친구가 누님 등단식 가보고 싶다 해서 같이 왔다며 각각 꽃다발을 한 아름씩 안겨주어 놀랍고 고마웠다.

유쾌한 인사가 오가고, 우리 일행이 힘들이지 않고 11층으로 이동하니, '누구나NUGUNA'라는 간판이 달린 제법 큰 홀에 정성스럽게 차려진 등단식 행사장이 반긴다. 아니 정확히는 이메일과 문자, 전화로만 소통하던 차영미 편집장님이 제일 먼저 활짝 반겨주셨고, 행사 준비하는 서정문학 임원분들 모두가 일사불란한 준비 속에서도 정겹게 맞아주셔서 고맙고 편안했다. 역시 시인들은 다르다 싶었다. 자본주의의 심장인 수도 서울, 그것도 종로 한복판에서 시와 진실을 추구하는 아름답고 신선한 사람들이 무언가 빛나는 것을 좇고 있다는 동지 의식에 느껍기도 했다. '목마와 숙녀'의 시인 명동백작 박인환의 서사가 떠오르기도 하고, 한국을 대표하는 문인들이 활보했던 큰 무대에 오른 듯 흥분되는 시간. 그러나 따뜻하고 아름다운 무대, 떨림보다는 설렘이 더 큰 순간, 내게는 얼마나 역사적인 순간인가!

전면에 걸린 대형 현수막에 시부 신인상과 수필부 신인상에 나란히 쓰인 내 이름 석 자가 새롭다. 감미롭다. 역시 꿈은 배신하지 않는다… .

"시인은 언어로 구도求道의 길을 걷는 사람들이다."라는 뜻깊은 이훈식 발행인님의 격려사로 문을 연 등단식은 빼어난 미모의 김정미 시인의 사회로 이향숙 작가회장 환영사, 서정문학 발자취, 축시 낭송, 축하 합창 등 다채로운 프로그램으로 풍성했는데, 마침내 신인상 수상을 위해 무대에 오르니 감개무량했다.

"지난해 40년의 교직 생활을 마치고 정년을 하고 나니, 하루아침에 존재감 제로 뜻밖의 상실감도 컸으나, 올해 초 시인 등단이라는 어릴 적부터의 꿈을 이루고 나니 세상에 부러운 게 없다."는 요지의 수상 소감을 전하며, 87세 엄마와 얼마 전 초파일에 SBS 황금연못 장수특집에도 출연하셨던 90세 작은이모, 93세 큰이모, 나의 특별한 하객 세 자매를 소개하니 객석에서는 진심어린 감탄과 환호가 일어났다. 순식간에 일가족이 집중 관심을 받자 영광스러움이 증폭되는 것만 같았다. 모든 것이 눈물겹도록 감사한 순간….

아담한 크리스탈 상패와 장미꽃 한 송이, 예쁜 떡과 팜플릿, 세련된 초록 표지의 91호 서정문학 등 섬세한 준비와 활기찬 진행은 물론 사진 및 동영상 촬영 홍보, 세심하고 정성스러운 카페 운영 등 임원들의 활약에 경의를 표하며 이후 바로 작가회 가입을 했다.

두 시간쯤의 등단식은 그렇게 풍요로운 문화예술 소축제로 성황리에 마무리되었다. 우리의 연로하신 세 자매들은 살다가 이렇게 특별한 행사도 경험한다며 만족해하셨다. 전 세계를 다 여행하시고, 서울대를 나와 미국 박사에 교수, 연구원인 최고의 인재 아들과 심지어 애플에 근무하는 손자까지 둔 이모님들이 어찌 보면 작은 풀꽃 같은 문학 행사를 참으로 귀하게 여기시고 축하해 주심은, 이는 인간이 지성에서 영성을 추구하는 지극한 존재임을 뜻하는 것이 아니고 무엇이랴. 요즘도 성경을 하루에 다섯 시간은 읽으시는 큰이모 임숙희 여사님까지, 무엇보다 세 자매들은 당대 신여성으로 모두 사범학교를 나와 초등교육에 몸담았던 엘리트 여성들인데다 출중한 인생의 지혜를 온몸에 지니신 어르신들임에랴.

꽃처럼 달뜨고 화사한 등단식이 끝나고, 애써 가족들을 배웅하고는 뒤풀이에 참석했다. 조금은 낯설고 긴장도 되는 자리가 아니겠는가. 하지만 이미 두 시간의 등단식 공유로 벌써 한 가족이 된 듯한 소속감에 편안했다. 무엇보다 그들은 모두 문인들인 것이다. 문인들만의 장소에 함께하는 것은 생소함이 아니라 차라리 낯익음이 아니겠는가. 난생처음 앞에, 옆에, 뒤에 시인들 속에서 나 또한 시인이라는 '작위'를 받고 그 영예를 함께 누리고 있다는 것은 벅찬 일이었다. 하루를 그토록 공들여 살았으니, 모두가 먹고, 마시고, 즐거운 시간을 보낼 자격이 있는 마음의 탐험가요, 진리의 탐구자요, 사랑의 힘을 나누는 사람들! 나는 그들을 장미꽃보다 아름다운 시인이라 부른다. 사람이 꽃보다 아름다운 것은 바로 그 심령에 있기 때문. 나 또한 심혼을 가다듬어 세상을 위로하는 노래를 부르는 언어의 카나리아[***], 나이팅게일[****]이 되리라.

사랑과 감동으로 아롱진 등단의 추억을 담아 세 자매들께 바치며, 새로운 시작을 기린다.

시인의 길

새해 벽두 신인상 발표 후
한참을 지난 6월의 등단식

처음 세상을 다 가진 희열도

[***] 카나리아: 맑고 아름다운 소리가 매력적인 새로 카나리아제도에서 기원함
[****] 나이팅게일: 지빠귀과의 새로서 밤꾀꼬리라고도 하며 울음소리가 너무 아름다워 '천사의 새'로 불림

평생을 바란 꿈을 이룬 감격도
어쩌면 지나간 뉴스처럼 느껴지던 즈음

내가 이런 날을 보려고 오래 살았나 보다
누구보다 기뻐하며 93세 큰이모님
대한민국 인재로 활동한다며 90세 작은 이모님
큰딸 사랑 87세 울엄마 비싼 밥 산다고 벼르며 지하철 타고 오셨다

실은 미국박사, 대학교수, 벤처회장, 연구원, 증권가의 브레인
내로라하는 훌륭한 자식들을 길러낸 분들이
이 작은 시인 등단을 이토록 기리는 것은
다름 아닌, 인간 마음의 일을 귀히 여기는 까닭일 게다
여학교 시절 국어 시간에 만난 수많은 문학작품의 감동을 잊지 않은 까닭일 게다

하긴, 누군가 의심하듯
이름 없는 잡지사에서 우연히 뽑아 준 신인상이랄까 싶어
수필도 도전해 연달아 신인상 2관왕으로 등단하니
조금은 더 영예롭긴 했으나

정말로 내가 원하는 것을 할 수 있는 기쁨에 비하랴
참말로 내가 잘하는 것을 할 수 있는 설렘에 비하랴

뜻깊고 정성스럽고 따뜻하고 아름다웠던

시인의 길이란 다름 아닌 정직한 구도자의 길임을 되새긴 등단식

늦여름 꽃동네 연수원의 모꼬지를 기약하며
한 잔의 술과 시와 삶의 지향들을 꽃다발처럼 안고 헤어지었다.
　　　　　－2023. 6. 10. 토 시인·수필가로 등단하던 날

변화하는 정신과병원

성꼬리 할배

윤　　강

· 1960년 경북 청송에서 출생.
· 간호학. 불교학. 교육학. 사회복지학을 전공
· 2009년 에세이스트 수필 등단. 2021년 서정문학 시 등단.
· 2018년 민들레문학상 수필부분 장려상 수상.
· 한국문인협회 정회원. 한국수필가협회 회원.
· 오마이뉴스 시민기자.
· 수필집:『아득한 그리움』
· 공저:『한국대표서정산문선4』『한국대표서정산문선5』.
　『서정 뜨락에 핀 꽃』
· yoonsukill@hanmail.net

변화하는 정신과병원

많은 사람들은 내가 정신과병원에서 일한다고 하면 일단 놀란다. '무서운 곳에서 일하시네요'. '그렇게 안보이시는데 많이 무서우신가 봐요?' 등 반응도 각양각색이다. 왜 사람들은 정신과병원를 무섭다고 할까? 아마도 미디어 탓이 아닌가 생각한다. 영화나 드라마에서 보이는 정신과병원은 온몸에 문신이 있고 덩치가 큰 조직(?)원이거나 지적장애Intellectual disability가 있는 사람이 있는 곳으로 표현해왔기에 많은 사람들은 정신과병원을 무서운 곳으로 인식하기 시작했다. 지적장애도 2008년 2월 이후에 변경되었고 이전에는 정신박약이나 정신지체로 불리워왔다. 물론 무섭고 험악한 환자가 없는 건 아니지만 병원의 규모에 따라 적절하게 환자의 상태를 조절해서 받기에 모든 정신과병원이 무서운 곳은 아니다.

내가 일하는 곳은 병원이 아니고 개인 의원이기에 입원 환자가 49명이 정원이며 중증 정신질환자의 입원은 없다. 또 규모가 큰 병원도 정신질환자와 중독(알코올, 마약 등)질환자도 구분하고 치매환자도 따로 구분하여 입원을 받는다. 포괄적으로 정신질환자라고 하면 정신병자(psychopath)나 지적장애. 치매를 다 포함하여 부르는 말이나 엄격히는 분리하여 표현하는 것이 옳다.

정신과병원에는 의사도 있고 간호사도 있고 간호조무사도 있다. 또 일반병원에서는 보기 힘든 심리상담사나 정신보건 간호사. 정신보건 사회복지사, 중독전문가도 있다. 가장 특이한 직군은 보호사이다. 보호사는 오로지 정신과병원에서만 존재하는 직업군이다. 보호사의 주 업무는 말 그대로 환자나 직원(간호사나 간호조무사)을 보호하는 일이다. 그러다 보니 요구하는 자격은 따로 없지만 태권도나 유도, 권투 등 힘으로 상대를 제압하는 운동을 한 사람을 선호한다. 설령 운동을 하지 않았더라도 덩치가 크고 우락부락하면 유리하다.

정신과에서는 스스로 자해를 할 위험이 높거나 다른 환자를 위협할 수 있는 환자를 격리하여 치료한다. 이 격리실을 안정실 maxium security room이라 하고 안정실에서는 격리와 강박이 가능하다. 격리는 다른 환자와 분리 시키는 것이고 강박은 끈을 사용하여 손발을 묶는 것이다. 격리나 강박은 당연히 주치의 지시가 있어야 하지만 위급상황일 경우 먼저 시행하고 지시를 받는 경우도 있다.

강박은 태권도나 유도 도복을 입을 때 사용하는 끈을 사용하지만 심한 경우는 팔이 없는 윗옷이나 엄지장갑을 사용하기도 한다. 강박을 시행한 후는 30분 간격으로 간호사나 간호조무사가 활력증상(혈압, 맥박, 호흡, 체온)을 관찰하고 손목이나 발목에 혈액이 잘 통하는지 살펴야 한다. 강박 시간은 최대 2시간을 넘지 않으며, 2시간이 되어도 흥분이 가라 앉지 않으면 주사로 진정제 치료 sedation를 시행한다.

요즘은 환자의 인권이 많이 향상되어서 예전처럼 환자를 응대하면 바로 9시 뉴스에 나온다. 내가 근무하는 의원의 경우에도 일부 환자는 휴대폰을 가지고 있다. 물론 카메라는 특수필름으로 가린 상태이긴 하지만 통화도 가능하고 음악도 들을 수 있으며 인터넷도 가능하고 온라인 주문도 가능하다. 환자가 편해진 만큼 직원의 업무량은 늘어났다. 휴대폰이 없는 환자는 병동에 있는 공중전화를 사용한다, 본인의 전화카드를 이용해서. 더러 긴급 버튼을 눌러 간식이 없어졌다고 경찰을 부르기도 하지만 처음처럼 혼란이 심하지는 않다.

옷도 예전에는 병원에서 지급한 환자복만 입을 수 있었지만 지금은 자유롭게 본인이 원하는 옷으로 입을 수 있다. 광주에 있는 성요한병원의 경우는 직원도 환자도 자유복을 입는다. 그래서 처음 방문한 사람은 환자와 직원의 구별이 어렵다고 한다. 끈이 있거나 지퍼가 있는 옷, 붉은색 옷도 처음에는 금지 품목이었으나 지금은 예전에 비해 많이 허용되고 있다.

대부분의 병동은 남자 병동과 여자 병동을 분리하여 운영하지만 언젠부턴가 남자와 여자 환자가 같이 생활하는 병동이 생겨나기 시작했다. 이 역시 환자에게는 좋은 일이나 직원에게는 신경 쓸 일이 하나 더 늘어나는 것이지만 고객(환자)의 편의를 위해서라면 감수해야 할 부분이 아닌가 싶다. 나도 남자와 여자 환자가 같은 병동에서 생활하는 병원에서 근무한 경험이 있지만 단점보다는 장점을 더 많이 보았다.

정신과병원이지만 입원 환자의 대부분이 정신과적 문제 이외에 다른 문제들을 가지고 있어 치료가 필요한 경우가 있다. 가장 많은 경우가 혈압과 당뇨 등 내과적 질환을 가진 환자이다. 그래서 단독으로 개원한 개인 정신과의원은 근처에 내과나 정형외과 등 다른 의료기관을 이용하는 경우가 있고 같은 건물에 개원하는 경우도 있다. 지금 내가 근무하는 의원도 같은 건물에 요양병원과 투석실. 내과와 외과 그리고 치과가 있다. 서로 협업을 하는 것이다. 요양병원에서도 음주 치료가 되지 않는 환자는 우리 의원으로 보내고 우리 의원에서도 대소변 관리가 되지 않고 요양이 필요한 노인 환자는 요양병원으로 전원하기도 한다.

일반 병동과 또 하나 다른 것은 정신과병원에서는 프로그램을 진행한다는 것이다. 요일과 시간별로 알코올 교육이나 약물 교육 같은 교육적인 프로그램도 있고 노래방이나 영화 감상 그림 그리는 시간도 있다. 옥상이나 마당이 있는 병원에서는 산책도 나간다. 정신과병원에 처음 입원하는 환자는 사람을 가만 두지 않느냐고 불평도 하지만 적응 기간이 끝나면 본인이 더 적극적으로 나서기도 한다. 요즘은 각 병원마다 특화된 프로그램들을 많이 운영한다. 미술 치료나 음악 치료를 하는 곳도 있고, 치매 환자를 위한 인지 프로그램도 진행하기도 한다.

좋은 정신과병원은 전문가에 의해 다양한 프로그램을 진행하는 곳이라고 생각한다. 그리고 가능하면 알코올, 치매 등 전문병원을 이용하기를 권한다. 정신과병원은 정신과 의사만 진료를 잘 한다고 좋은 병원이라 할 수 없다. 얼마나 많은 전문가들로 치료 집단을 이루고 있는지가 중요하며 고객을 위한 서비스가 어디까지 제공되는도 따져 볼 일이다. 엄격히 말하면 의료나 간호도 서비스이다. 그러니 모든 보건의료인은 서비스 정신을 갖추고 있어야 한다.

나는 늘 이렇게 말한다. '정신과병원은 마음을 고치는 병원'이라고. 그리고 그 마음을 고치는 사람은 의사만이 아니라 정신과병원에 근무하는 모든 구성원들이 함께 하는 일이라고. 지금의 정신과병원은 어둡고 무서운 곳이 아니다. 예전에 비해 많이 밝아졌고 인권을 다치는 일도 없어졌다. 감기에 걸려 동네 내과의원을 가듯, 마음을 다치면 정신과 병의원을 가는 것은 자연스러운 일이다.

성꼬리 할배

1972년 내가 초등학교 6학년 때이다. 내 고향은 청송이고 난 읍에 있는 청송초등학교를 다녔다. 공부를 아주 잘해 우등생도 아니었고 장난이 심하고 개구져서 이름난 말썽쟁이도 아닌 있으나 없으나 크게 표시가 나지 않는 조용한 학생이었다.

여름방학을 앞둔 어느 토요일로 기억한다. 읍에서 2킬로미터 떨어진 약수탕에 약숫물 뜨러 가자로 그날의 놀이가 정해진 것이. 지금이야 킬로미터 계산법을 쓰지만 예전에는 다 오리. 십리 이렇게 썼다. 2킬로미터는 우리말로 오릿길이다.

초등학생 걸음으로 걸어서 오릿길은 쉬운 일이 아니다. 그것도 비포장 도로에 여름이니 덥기도 할 테고. 지금 같으면 누가 돈 주고 가라도 안 갈 일이지만 그 당시는 친구들과 함께라면 가능한 일이었다.

4교시 수업을 마치고 저마다 집으로 돌아가 부모님에게 약숫물 뜨러 간다 하고 물통을 가지고 느티나무 아래로 모이기로 하고 우린 헤어졌다. 걸어서 가니 차비가 들지도 않고 도시락을 쌀 일도 없는데 군이 부모님에게 말씀 드려야 하는 것은 두 가지 이유에서다.

하나는 물통이고 또 다른 하나는 돈이었다. 첫 번째 물통. 지금이야 수 없이 많은 플라스틱 물통들이 있지만 당시는 그런 물통이 귀했고 드물었다. 그래서 집집마다 소주를 마신 빈병을 많이 썼는데 2홉(약 360cc)들이 소주병은 주로 참기름이나 들기름을 담는 기름병으로 사용했고 4홉들이 소주병에 다소 흔한 피마자기름이나 동백기름을 담아 두었고 됫병은(일명 대꼬리. 요즘으로는 1.5리터 콜라병 정도의 크기) 주로 휘발유나 석유를 담아 두거나, 약숫물 받이로 썼다.

청송에는 약수탕이 두 곳 있다. 하나는 지금 내가 말하는 청송읍 부곡동의 약수탕인데 부곡동이 예전 지명으로 부내면 달기동이라 달기약수라 불렀고 진보면 신촌리에 있는 또 다른 약수탕이 신촌 약수탕이다. 대부분의 사람들이 청송 약수라 하면 달기약수를 말하는 것이다.

아무튼 약숫물을 떠 오려면 물통이 필요했는데 집집마다 유리로 된 됫병이 귀해 아이들에게 잘 내어주지 않았다. 더러 약수 받아 온다고 병을 얻어 엿으로 바꿔 먹기도 하고, 실제 물을 받아 오다가 실수로 손에서 미끄러져 병을 깨기도 했다. 그것도 집 대문 앞에서.

또 하나는 돈인데 차비도 들지 않고 걸어서 가는데 왜 돈이 필요하냐면 약숫물은 탄산이 들어 있어 그냥 비닐로만 막으면 탄산이 샌다고 했다. '톡' 쏘는 탄산 맛으로 약숫물을 먹는데 시간이 지나 그 탄산이 줄어들거나 얕어지면 밋밋해서 별 맛이 없다. 그런데 약숫물을 병에 담고 그 입구를 엿으로 막고 그 위에 다시 비닐을 감으면 절대로 탄산이 새지 않는다고 했다. 그래서 됫병이나 다른 병에 약수를 담아 올 때는 항상 입구를 엿으로 막았다. 또 약수를 먹을 때 엿을 같이 먹었는데 엿을 같이 먹으면 톡 쏘는 진한맛을 부드럽게도 해주는 역할을 한다고도 했다.

부모님이 허락하여 병도 주고 엿을 살 돈도 얻었지만 약수탕에 가려면 또 하나의 관문을 넘어야 했다. 그 무서운 성꼬리 할배를 봐야 한다는 것. 당시 달기 약수탕에는 서너 개의 탕이 있었는데 초입에 있는 하탕물이 가장 진하고 톡했고 그 덕분에 하탕에는 항상 사람들이 많았고 순서 때문에 싸움이 잦았다. 그러다 어느 날 부턴가 그 무서운 성꼬리 할배가 하탕에 떡 하니 버티고 앉아 물을 떠 주거나 줄을 서지 않거나 시비를 거는 사람들에게 잔소리를 하기 시작했다.

성꼬리 할배. 잘 아는 게 없다. 단지 너무 무서운 분이라는 것. 오른손인가 손목부분부터 절단이 되었고 잘려져 나간 손가락 대신 굵은 철사로 갈쿠리 모양을 만들어 손대신 사용하고 있었는데 어린 눈에 그 갈쿠리 손이 너무 무서웠다. 또 '벼락' 소리를 지르는 할배의 우렁찬 목소리도 무서웠고, 할배에게서 나는 술 냄새도 싫은 것이 아니라 무서웠다. 지금 같으면 의수를 착용하면 될 일이지만 그 당시는 그런 것이 귀하고 비싸서 누구나 사용할 수가 없었.

왜, 그 무서운 성꼬리 할배가 하탕에 떡 하니 버티고 앉아 사람들에게 호통을 치는지도 알 수는 없었지만 성꼬리 할배 등장 이 후 하탕에서의 질서는 무섭게 정리 되어 가고 있었고 사소한 시비나 싸움도 줄어 들었다. 그래서인지 그 누구도 성꼬리 할배의 지시에 토를 다는 사람은 없었으며 언제부터인가는 하탕의 주인처럼 여겨졌고 사람들도 인정하기 시작했다.

다른 친구들보다 내가 더 성꼬리 할배를 무서워 하는데는 다른 친구들이 모르는 이유가 있었다. 언젠가 학교 끝나고 집에 갔는데 그 무서운 성꼬리 할배가 어머니와 나란히 살평상에 앉아 이야기를 하고 있었다. 그런데 어머니와 이야기를 하는 성꼬리 할배는 큰 소리를 치지도 않았고 술 냄새도 안 났으며 그 무서운 갈쿠리 손도 두루마기 속에 들어가 있었다. 어머니와 조곤조곤 이야기하는 성꼬리 할배의 모습이 너무 어색했다. 더러 허허 웃기까지 하셨고.

 성꼬리 할배가 돌아가고 어머니께 여쭈어봤지만 다른 이야긴 없으셨고 그냥 약수탕에서 몇 번 뵈었고 언젠가 아버지와 함께 집에서 식사를 하신 이후. 가끔 찾아오신다고 했다. 난 성꼬리 할배와 친한 어머니를 이해 할 수가 없었고 성꼬리 할배가 우리집에 온다는 것도 싫어 다른 친구들에게는 말하지 않았다. 그런데 약수탕에서 성꼬리 할배를 만나면 꼭 빙긋 웃어주셨고 부모님의 안부를 물으시기도 했고 엿판에 있는 흰 엿을 집어 주시기도 했다.

 이 모습을 본 아이들은 신기한 듯 더러는 부러운 듯 날 대했지만 난 무척이나 당황스럽고 곤욕스러웠다. 제발 이번에는 아는 척 않해 주었으면. 날 보지 말았으면 하는 마음으로 약숫물을 뜨러 갔지만 언제나 성꼬리 할배는 날 기억했고 다른 친구들과는 다르게 웃어 주거나 엿을 주거나 하다 못해 약숫물 한 그릇이라도 더 떠서 내 물통을 넘치게 해주셨다.

상주 곶감 이야기
상주의 명물 자전거박물관

윤 송 석

· 전남 화순 출생
· 2008년 《서정문학》 수필 부문 등단
· 저서: 『난자의 반란』(2013),
  『개팔자 상팔자』(2015),
  『짤짤하고 성스러운 55가지 이야기』(2017),
  『슬픈 비밀』(2018),
  『기쁜 비밀』(2019), 『양손의 떡』(2019),
  『쌍무지개 뜨는 날』(2020) 등
· yunsongsuk@hanmail.net

상주 곶감 이야기

왜 나는 상주에 가고 싶었을까? 곰곰 생각해 보니 곶감이 전해 준 감동 탓이었다. 지난 설 명절에 지인한테 받은 선물이 상주 곶감이었다. 그걸 냉동실에 넣어두고 생각날 때마다 그야말로 곶감 빼 먹듯 야금야금 먹었다.

곶감은 빛깔도 고와서 그냥 먹기도 아까운 데 그걸 베어 물면 입안이 달콤하게 물들어 저절로 행복해진다. 그렇게 행복한 순간들이 지나고 4월 초순에 곶감이 거덜이 났다. 그때 아쉬움과 함께 문득 곶감의 산지 상주에 달려가고 싶은 마음이 봄바람처럼 살랑거리었다.

봄비가 내려 곡식을 기름지게 한다는 곡우穀雨, 그날 동서울터미널에서 오전 8시 50분발 상주행 고속버스에 몸을 실었다. 서울에서 2시간 반을 달려 도착한 상주! 때마침 대기하고 있던 택시 옆좌석에 앉았다. 택시 기사는 어디에 가는지 물었고 나는 곶감공원에 가고 싶다고 말했다. 정중한 택시 기사의 인사를 필두로 우리의 대화가 시작되었다.

나는 상주가 초행길이라는 것과 상주의 자랑인 곶감의 역사를 알고자 서울에서 온 사람임을 밝히었다.

"상주는 삼백三白의 고장으로 알려져 있습니다. 삼백이란 세 가지 흰 것으로서 쌀과 누에고치 그리고 곶감을 의미합니다."

택시 기사는 마치 상주시 방문객을 위해 준비된 관광해설사처럼 거침이 없었다.

너무 뜻밖이라 나는 흠칫 놀라서 그 기사를 쳐다보았다. 말쑥한 옷차림, 온화한 표정, 자연스러운 말솜씨에 경상도 억양이 묻어나는 음색이 옆자리에 앉아있는 내게 살갑게 다가왔다. 그의 설명이 이어졌다.

"상주시는 가로수가 감나무입니다. 아시다시피 곶감은 제사상에 꼭 쓰이는 과일의 하나입니다. 제사상에는 가을에는 단감, 겨울에는 홍시, 봄 여름에는 가을빛에 정성스레 깎아서 말린 곶감을 진설하지요.

곶감은 감 껍질을 깎아서 말리는데 시간이 지나면서 표면에 포도당이 뿜어져 나와 백색으로 뒤덮입니다. 흔히 건시乾柹라고 합니다. 요즈음엔 건시보다는 포도당이 나오기 전 주황색 빛깔이 고울 때, 그 곶감을 선호하는 분이 많아서 그걸 포장해서 판매합니다.

곶감은 어떤 감으로 만드느냐에 따라 맛 차이가 나는데 상주둥시로 만든 곶감이 예로부터 유명합니다. 상주 특산품인 감은 그 모양이 둥글둥글하다고 해서 상주둥시라고 하는데요. 물기가 적고 탄닌 함량이 풍부해서 곶감 만들기에 매우 적합한 품종으로 알려져 있습니다."

굽이굽이 산길을 따라 달리는 택시 안에서 상주의 명물 곶감 이야기가 조곤조곤 펼쳐지는 사이에 〈상주곶감 특구지역〉이란 입간판이 눈에 띄었다. 상주시 외남면 소은리, 곶감공원이 있는 마을이었다.

"저기 보이는 나무가 그 유명한 〈하늘 아래 첫 감나무〉입니다. 수

령이 무려 750년 된 감나무이지요."

상주시 전체가 곶감으로 유명한데 왜 외남면 소은리에 곶감공원이 조성되었을까? 그 이유는 두 가지가 있다고 한다. 그중의 하나는 바로 수령樹齡 750년 된 〈하늘 아래 첫 감나무〉가 있기 때문이었다.

그 옛날, 이 감나무에서 수확한 상주둥시로 만든 곶감을 임금님께 진상하였고, 이때부터 상주곶감이 전국에서 제일 맛있는 곶감으로 명성을 얻게 되었다는 것이었다.

감나무는 곶감공원 입구, 도로변에 보호수로 지정돼 관리되고 있었다. 자세히 보니 감나무 밑동이 반쯤 썩어 보였지만, 여전히 두 갈래 줄기가 힘차게 뻗어서 그 위용과 생명력의 위대함을 증명하고 있었다.

나는 차에서 내려 택시 기사가 지목한 이 땅에서 무려 750세 되신 최고령 감나무를 향해 경의를 표했다. 왠지 가슴이 뭉클했다. 오래도록 한곳에 터를 잡고 아득한 데서 땅심을 끌어올려 의젓하게 목숨을 지탱해온 감나무의 생명력이 참 경이로웠다.

봄이면 봄마다 감꽃을 피우고 잎사귀를 피우고 하늘 가득 무성히 무성히 자라서 수많은 열매를 생산해내는 감나무의 아낌없는 수고와 조건 없는 희생의 미덕에 경탄하며 한동안 넋을 놓고 우러러보았다.

하늘 아래 첫 감나무는 아직도 할 일이 많으신 듯 늠름히 제자리를 고수하며 자신의 몫을 수행할 채비를 갖추고 있었다. 한때는 장엄한 기상을 자랑하면서 형용할 수 없는 고통을 견디었을 테고 아득한 세월의 무게를 애오라지 온몸으로 감내하며 시나브로 최장

수 기록을 보유한 감나무가 되었을 것이다.

수많은 풍상을 겪고도 저리 당당하게 나이테를 더해가는 감나무처럼 아름다운 황혼을 누릴 수 있을까를 헤아리며 숙연한 마음으로 옷깃을 여미었다.

"제가 어렸을 적엔 이 감나무에 올라가서 감을 따 먹기도 했어요. 철없던 시절 얘기입니다. 사실 감나무 가지는 다른 나무보다 잘 부러져요. 감나무에 올라가서 감을 딸 때 가지가 부러져서 다치는 사고도 많이 있답니다."

택시 기사의 추억 속의 이야기와 감 딸 때의 어려움을 들으면서 다시 한번 감나무를 감상하게 되었다. 긴 세월 풍상을 겪은 하늘 아래 첫 감나무는 생각보다 소박한 거목으로 우뚝 서 있었다.

나는 휴대전화를 꺼내 기나긴 역사를 간직한 감나무의 자태를 사진으로 담느라 바삐 움직였다.

"제가 사진 찍어 드릴게요."

분주히 사진을 찍는 내게 택시 기사가 손을 내밀며 말했다.

그는 표시석을 배경으로 몇 장, 750년 된 감나무를 모델로 여러 각도로 사진을 찍어주었다. 눈빛만 보고도 상대의 마음을 아는 사람처럼 뜻밖의 배려가 내 마음을 따뜻하게 만들었다.

이어서 우리는 곶감공원으로 향하였다. 제일 먼저 상주곶감공원 안내도가 보였다. 〈호랑이보다 무서운 곶감〉이란 커다란 목재 위에 귀여운 호랑이가 웃고 있었다.

〈곶감과 호랑이〉 창작동화를 주제로 한 표지판도 눈에 띄었다. 다목적 강당과 곶감 테마 체험관을 둘러보고 감락원에서 곶감의 역사를 배우는 소중한 시간을 가졌다.

한마디로 상주곶감공원은 아이들과 가볼 만한 관광명소로서 손색없는 아이들의 호기심을 자극하는 다양한 체험시설을 두루 갖추고 있었다.

택시 기사의 안내에 따르면, 이곳 경상북도 상주시 외남면 소은리가 〈호랑이보다 더 무서운 곶감〉이란 우화가 전해 내려오는 곳이었다. 이곳에 곶감공원을 조성하게 된 두 번째 이유였다.

언제부턴가 〈곶감〉 하면 곶감과 호랑이 이야기를 떠올린다. 밤중에 울던 아이가 곶감이란 말에 울음을 뚝 그쳤다는 이 기가 막힌 비유는 상주곶감의 감칠맛을 절묘하게 표현한 것이다. 그저 밥 외에는 먹을거리가 흔치 않았던 시절, 단맛의 극치인 곶감은 최고의 간식거리였다.

택시로 한참이나 산길을 따라 들어온 그 산중에다 상주의 명물 곶감을 테마로 한 〈곶감과 호랑이〉 이야기로 친근하게 다가갈 수 있도록 소박하게 꾸민 곶감공원에는 마치 내 기분처럼 청명한 하늘에서 쏟아지는 봄 햇살이 사방팔방에 그득하였다.

상주의 명물 자전거박물관

"이제 어디로 모실까요? 상주에는 상주자전거박물관, 그 주변엔 경천섬, 경천대, 국립낙동강생물자원관 등 구경할 만한 데가 꽤 많습니다만…"

"상주자전거박물관으로 가시죠."

택시 기사의 상주시 홍보가 자연스럽게 이어졌다.

"경상도는 본래 경주와 상주의 앞글자를 따서 경상도라고 했답니다. 지금은 인구수가 줄어들었지만, 상주는 경주와 견줄 만큼 끗발 날리던 유서 깊은 지역입니다. 또 상주는 사람 살기 참 좋은 곳입니다. 매년 태풍이 불고 폭우와 폭설 소식이 많은 사람을 안타깝게 하지만, 상주는 자연재해가 없는 무풍지대요, 평화로운 지역입니다.

상주는 곶감이 제일 유명하지만, 포도 또한 명성을 날리고 있습니다. 고랭지에서 재배하는 상주 포도는 당도가 높아서 그 맛이 일품입니다. 천혜의 자연으로부터 생산되는 과일이기 때문에 소비자로부터 인기가 좋은 것 같습니다."

택시 운전도 쉽지 않을 텐데 차분한 말솜씨로 풀어내는 이야기는 차창 밖으로 스치는 경관처럼 이어졌다.

어느 순간 유유히 흐르는 강물이 눈에 띄었다. 강물의 짙푸른 빛이 내 두 눈에 들어왔다.

"와우, 낙동강입니까?"

"그렇습니다. 영남의 젖줄 낙동강입니다. 1300만 영남인의 식수원이기도 하지요. 일찍이 상주 농업이 발달한 것은 낙동강을 품고 있었기 때문입니다. 낙동강은 풍부한 농산물 생산을 가능케 하고 농토를 비옥하게 만든 원동력입니다."

낙동강은 푸르고 아름다웠다. 묵묵히 흐르고 또 흐르는 강물과 막 돋아나는 연초록빛 싱그러운 산빛을 배경으로 사진을 찍어두고 싶었다.

"기사님, 여기서 사진 한 방 찍고 싶은데요. 여기까지 왔으니 낙동강한테 인사는 해야죠."

소풍 나온 소년처럼 사진을 찍는데, 택시 기사가 사진을 찍어주겠다고 손을 내밀었다.

유구한 역사를 품고 흐르는 낙동강을 배경으로 택시 기사 덕분에 오래도록 기념될 만한 작품사진이 여러 장 탄생했다.

말로만 들었던 낙동강 여운을 가슴에 안고 택시는 미끄러지듯 씽씽 달렸다.

"여기에 들러서 잠깐 관람하시지요."

택시 기사가 추천한 곳은 〈도남서원〉이었다. 이 서원에는 정몽주, 김굉필, 정여창, 이언적, 이황, 노수신, 류성룡, 정경세, 이준 등 아홉 분의 성현을 모시는 영남의 으뜸 서원으로서 위상을 이어오고 있는 곳이었다. 당대에 별처럼 빛났던 인물들의 존함을 보는 것만으로도 전율이 느껴졌다.

먼저 도남서원 〈정허루〉에 올라 살펴보니 낙동강이 한눈에 들어왔다. 경관에 압도되어 시대를 초월한 유추로 성현들을 추억하고 있는데 어느새 택시 기사가 내 곁에 서 있었다. 그는 내 휴대전화로 기념사진을 찍어주었다. 정허루를 배경으로, 낙동강을 배경으로 각도를 달리해서 사진을 찍어주는 그의 태도가 멋져 보였다.

이어진 무대는 상주자전거박물관(SANGJU BICYCLE MUSEUM)이었다. 택시 기사는 주차장에 차를 주차하고는 내게 말했다.

"상주는 자전거로도 아주 유명합니다. 그 이유는 일단 상주시 자체가 평야 지대로서 자전거로 이동하기 편리한 지역적인 특성이 크지 않나 싶습니다. 제가 초등학교 다닐 때 우리 집엔 자전거가 여섯 대가 있었어요. 형제가 여섯 명이었거든요."

택시 기사는 동안이었지만 적어도 예순은 넘어 보였다. 그의 초등학교 시절이라면 50년 전인데 그 당시(1970년대) 자전거를 그렇게 보유하고 있었다는 건 실로 놀라운 일이었다. 나는 그 시절에 자전거를 구경도 하기 어려웠기 때문이다.

"기억에 남는 건 말입니다. 그때 학교 근처에 학생들의 자전거를 관리해주는 아저씨가 있었어요. 자전거 한 대당 한 달에 얼마씩 받고 관리해주셨죠. 만약에 보관료를 내지 않으면 그 아저씨가 몇 학년 몇 반 누구라는 걸 알기 때문에, 그 학생을 찾아서 돈을 받곤 했었어요."

예로부터 상주시가 자전거로 유명하다는 사실을 택시 기사의 어린 시절 경험담을 통해 충분히 짐작할 수 있게 되었다. 이미 깨알 같은 정보를 듣고 박물관을 관람하게 된 것은 매우 특별한 행운이었다.

운전기사는 자전거박물관 내에서도 나를 호위하며 기념사진을 찍어주었다. 그의 배려는 결정적인 순간 나의 필요를 채워주었다. 그의 세심한 관심과 성의 있는 배려에 내 영혼이 덩실덩실 춤을 추었다.

자전거박물관에서 흥미롭게 눈여겨본 것은 자전거의 역사이다. 자전거 세계사, 우리나라의 자전거 유래, 상주의 자전거 역사, 상주 사이클링 클럽, 한국 사이클 역사, 자전거 경기, 사이클 경기, 그리고 조선 8도 전국 자전거 대회에서 우승한 최초의 자전거 선수 엄복동, 그뿐만 아니라 최초로 자전거점을 운영했던 자전거 기술자·박사들, 박물관에서만 관람 가능한 진귀한 자전거들이 눈길을 사로잡았다. 이제야 상주시가 곶감의 도시와 함께 왜 자전거의 도시로 유명한지 알게 되었다.

상주자전거박물관에서 나와 돌아오는 길에서도 택시 운전기사는 상주 이야기를 친절하게 들려주었다.

"저기 오른쪽이 〈사벌〉이란 평야입니다."

넓은 들판이 한눈에 들어왔다.

"처음에 제가 상주는 삼백의 고장이라고 말씀드렸는데요, 바로 이곳 사벌이 또 하나 상주의 특산물이 생산되는 곳입니다. 상주 쌀이 유명한데 일명 〈아자개〉라고 하지요. 아자개는 특등급 쌀입니다. 〈아자개〉는 후백제의 왕 견훤의 아버지 이름을 딴 것입니다.

상주시 인구는 10만 명 정도인데 면적은 서울특별시의 두 배에 달하는 광활한 평야에서 재배되고요. 그 수확량은 경상북도 1위를 차지합니다."

운전기사의 한마디 한마디는 상주시를 처음 관광하는 나에게 주옥같이 소중한 정보들이었다.

"보시다시피 상주는 감나무가 가로수입니다."

어느새 택시는 상주 시내에 진입해있었다. 도로 좌우에 즐비한 감나무가 택시 기사의 말을 증명하고 있었다.

"한번 상상해 보십시오. 가을이 되면 양쪽 가로수에 주황빛 먹음직스러운 감이 주렁주렁 열립니다. 정말 장관이지요. 가을에 꼭 한번 오십시오. 1박 2일 일정으로 오셔서 곶감축제도 즐기시고 오늘 보지 못한 관광명소도 찬찬히 둘러보시기 바랍니다."

"기사님 명함 있으세요?"

그는 명함이 없다면서 택시 안에 꽂힌 명함에다 본인 이름 석 자와 전화번호를 정성껏 적어주었다.

"요금은 얼마를 드리면 될까요?"

자전거 박물관에서 시내로 돌아오는 길에는 택시미터기가 멈춘 채로 있었기 때문이었다. 그는 내가 예상한 것보다 훨씬 저렴한 요금을 말했다.

"기사님, 그러지 마시고 제대로 요금을 다 받으세요."라고 거듭 말했지만, 그는 손사래를 치면서 자신이 제시한 금액이면 충분하다며 한마디 덧붙였다.

"상주 여행하시고 좋은 기억으로 또 오시면 그걸로 충분합니다."

나는 차에서 내려와 택시 운전기사 최*달 선생을 향해 배꼽 인사를 드렸다.

꽃보다 고운 단풍
연리지목

정 원 영

- 한국 예총 부천지회 백일장 장원. 부천 문화원 시조 백일장 최우수.
- 『서정문학』 수필 신인상.『수필 춘추』 등단. 한국 농민신문 수필 대상.
- 한국 문학 신문사 전국여성 문학 대전 최우수상.
- 1충 2효 전국 백일장 수상.
- 박인로『노계 문학』 현대 시 부문 입상. 부천 문학 최우수.
- 환경 문학 대상.
- 산문:『한편의 글을 위하여』공저. 고등교사 역임
- holstone339@daum.net

꽃보다 고운 단풍

비가 오려는지 해는 구름 속에 숨었고 싸늘한 바람이 살풍경스럽다. 늦가을의 스산한 맛을 느끼며 숲길을 걷는 맛, 또한 괜찮을 듯싶어 배낭을 메고 산으로 향했다. 가장 아름다운 단풍을 채집하기에 적기다. 관목을 타고 오른 고운 담쟁이에 눈길을 빼앗긴다. 늦게 든 단풍이 더 아름답다고 했던가. 금방이라도 빨간 물감이 내 손바닥을 물들일 것 같다.

맑은 공기와 부엽토의 양분을 먹고 자란 탓일 것이다. 만추의 절정을 유감없이 즐기며 유유히 걷다가 걸음을 멈춘다. 고운 빛으로 오래도록 머물게 하고 싶다. 줄기에 달린 잎을 따기도 하고 바위에 떨어진 잎을 주워 차곡차곡 챙긴다. 잎이 망가지지 않게 신문지에 싸서 비닐봉지에 넣었다.

하트 모양의 작은 담쟁이 잎. 손바닥처럼 생긴 큰 이파리 각각의 쓰임이 다양하다. 말린 단풍잎에 시나 좋은 글귀를 캘리그라피 글씨체로 정성껏 쓴다. 담쟁이, 감잎, 떡갈나무, 느티나무, 후박나무 잎을 이용한다. 이 잎들은 매끄럽고 두꺼워 글씨 쓰기에 좋다. 그중 가장 많이 애용하는 건 담쟁이와 감나무 잎이다. 흰색 젤펜으로 쓰고 코팅하면 고운 색이 퇴색되지 않고 반영구적이다.

담쟁이는 이렇게 내게 와 책갈피나 찻잔 받침으로 쓰이고 있다. 받침과 찻잔 사이에 살짝 보이게 끼워놓으면 운치가 있다. 손님들은 자신이 대접받는 느낌이 든다고 좋아한다. 차향과 맛은 천상의 맛이 되어 혀끝에 머문다고 한다. 나도 이런 마음을 담아 차를 대접하는 것이니 서로의 마음이 닿은 것이다. 갖고 싶어 하면 기꺼이 준다. 성당 반 모임이 있을 때는 성경 구절을, 친구들에게는 시를 써서 내 마음을 전한다.

우리 집 신발장에는 좋은 시구를 써서 코팅한 다섯 장의 담쟁이 잎을 요리조리 배치해 붙여놓았다. 신발을 꺼내며 읽어보고 청소할 때 신발장 문을 닦으면서도 천천히 읊조리며 마음의 평온을 찾는다.

살다 보면 불안에서 벗어나고픈 현실에 맞닥뜨리는 일이 생기게 된다. 난소암으로 항암치료 받는 친구 병문안 갔었다. 한 병실에 여섯 명이 있는데, 모두가 비슷한 병명을 가진 환자들이었다. 수술을 끝내거나 기다리는 환자, 항암치료를 하면서도 서로 동병상련하며 힘든 고통을 견뎌내고 있었다. 나는 마음의 안정과 희망을 주는 글을 써 코팅한 담쟁이 잎을 나눠 주었다. 영원히 퇴색되지 않는 담쟁이 잎이 그들에게 '마지막 잎새'처럼 희망으로 병마를 이겨내길 바랐다. 담쟁이에 입맞춤하는 환자도 있었다. 각자 다르게 쓰여 있는 글을 서로에게 읊어준다. 담쟁이 잎을 손으로 만져가며 모두 좋아했다.

누군가에게 나눠 줄 생각만으로도 행복하다. 남쪽 하늘에 검은 구름이 보인다. 밤부터 비가 온다기에 일찍 하산하였다. 비가 내리고 나면 단풍이 다 떨어질 것이다. 아쉬운 마음에 단풍을 더 모은다. 꽃보다 고운 단풍잎은 착한 마음씨를 가졌다. 어린잎은 우리에게 희망을 주고, 큰 잎으로는 햇빛을 차단하여 쉼터로 제공한다.

나비나 벌이 다가가지 않아도 불평하지 않는다. 짙은 향이나 달콤함으로 유혹하지 않는다. 수명이 다가옴을 알면서도 가장 고운 빛깔로 물들이고자 밤낮의 기온 차를 견디며 수도에 정진한다. 조용히 미소 짓는 고운 자태이면서 담담하게 세상을 초월한 수녀나 비구니 같다. 누구를 위해 저토록 아름다운 빛을 띄울까? 삶의 마지막을 타오르는 불꽃처럼 온 정열을 뿜어낼까? 아니다. 누군가에게 위로와 사랑을 주기 위함이려니. 남의 아픔을 내 것인 양, 안으로 삭히다 밖으로 터져 나온 피 울음일 게다. 단풍은 떨어진 후에도 자신의 존재를 땅에 묻고 썩힌다. 자신을 피워낸 나무의 거름이 되어주기 위함이다. 숲을 나오며 가을빛 단풍에 취했음에도 못내 아쉬움을 떨치지 못했다.

하여 가져온 담쟁이 잎을 헌 책갈피에 한 잎씩 펴서 무거운 물건으로 눌러 놓는다. 작업하면서 다시 단풍 사랑에 빠진다. 그러면서 내가 살아온 길을 곱씹어보게 한다. 곱게 늙은 단풍을 보고 나도 곱게 늙고 싶다. 찬란하게 떠오르는 태양은 눈이 부시게 자신감이 있어 보인다. 붉게 여운을 남기는 노을은 세상을 잘 살아온 노년의 천연함이 보인다. 쓸쓸해 보이기도 하지만 살아온 삶에 감사하는 황홀감에 젖어 든다. 된장도 숙성해야 맛이 나고 밥도 뜸이 들어야 맛이 있듯이 인생도 늙어야 중후한 맛이 난다. 이파리도 단풍이 들어야 아름답다.

아름다운 감잎을 보면 마음이 설렌다. 나는 곱게 물든 감잎을 좋아한다. 고향 집 앞마당에 있는 감나무는 어릴 적 내 친구였다. 노란 잎은 반으로 접어 재단해 저고리 만들고. 붉은 잎으로는 치마 만들면서 놀았다. 제일 고운 감나무 잎들을 모아 맷방석에 나란히 깔아놓으면 고운 양탄자가 된다. 그 위에 앉아 놀다가 누워 잠든다. 꿈을 꾼다. 아침에 일어나 마당에 떨어진 감꽃을 주워 실에 꿰어 꽃목걸이를 만들어 목에 걸고, 갖고 놀다 심심하면 한 개씩 따먹는 꿈이다. 부스스 일어나면서도 내 밑에 깔린 감잎을 보면 행복했다. 가을이 내게 준 선물이었다. 길 가다 어느 집 울안에 고운 감나무 잎과 탐스러운 감을 볼 때면 고향 집 감나무를 본 듯이 반갑다.

곱게 물든 감나무 잎은 이렇게 나의 놀이 친구로, 학습재료로 다가왔다. 초등학교 미술 시간에 단풍으로 여러 모양의 동식물들을 표현했다. 노란 은행잎 두 장으로 나비를. 더듬이는 솔잎으로, 거북이, 사람, 강아지와 물고기 등을 적당한 단풍을 골라 이리저리 맞춰가며 뒷면에 풀칠하여 하얀 도화지위에 붙였다. 나이 든 지금도 단풍은 여전히 나의 소중한 친구다.

겨울에도 친구 찾아 관목 사이의 숲길을 걷다 보면 떡갈나무, 졸참나무에 달려 있는 마른 잎을 보게 된다. 세상을 달관한 듯 덤덤한 갈색을 하고 겨울을 난다. 모든 식물을 품어주는 땅의 색이다. 푸른 잎은 벌레의 먹이로 내주고 잎맥만 그물처럼 남아있는 갈색 잎에 가슴이 아려온다. 손으로 움켜 지면 바스러지면서도 겨울 동안 가지에 매달린 채 추위를 견딘다. 망사 같은 잎으로도 흰 눈이 내리면 포근히 안아준다. 강인하고 자애롭다. 서걱거리는 마른 잎에서 자식을 위해 모든 것을 내어준 어머니의 모습을 본다.

잎이 떨어진 가지 끝에 달린 꽃눈과 잎눈은 꿈을 품은 채 봄을 기다리고 있다. 야들한 어린 새잎을 피운다. 연두에서 초록의 젊음을 지나 황혼의 문턱에 이르기까지 변화무상하다. 가을날 생의 끝자락을 맞는 단풍. 소리 없이 떨어지는 낙엽은 우리네 인생과 닮았다.

 고운 잎을 손바닥에 놓고 한참 눈을 맞춘다. 내 나이 가을에 와 있다. 내 외적인 아름다운 모습으로 늙어가는 단풍 같은 여인이 되고 싶다.

연리지목

내가 이들을 만난 건 오래전 일이다. 삼십여 년 전 큰아들 초등학생 때 식물 채집하러 보호자 겸 안내자로 들과 산에 풀 찾아다니다 이들을 처음으로 보게 되었다. 우리는 신기한 모습에 호기심을 갖고 한참을 바라보았다. 그 둘은 정답게 손을 잡고 푸른 하늘을 향해 기도하고 있었다.

그 둘은 수령 지긋한 노부부였다. 행복하고 다정한 모습으로 보였다. 한참을 보고 있노라니 그들이 지나온 삶의 흔적들이 눈에 띄었다. 잘려 나간 몸의 일부에는 상흔이 보였으며, 이들의 가슴에 옹이가 박혀 있었다. 수십 어쩌면 백 년이 되었을지 가늠하기 어렵지만, 오랜 세월을 살아온 깊은 연륜이 묻어나 있었다. 그들 옆에 있으면 평온함이 나에게까지 전해왔다.

내가 연리지목(連理枝木: 한 나무와 다른 나무의 줄기나 가지가 서로 맞닿아서 결이 서로 통한 나무)를 보았을 당시에는 원미산은 고즈넉하고 사람들 발길도 뜸했었다. 이 숲속은 묵상하기에 딱 좋은 길이었다.

지금도 나는 조용히 자연에 안기고 싶을 때, 가까운 산을 찾아 대자연의 책을 읽곤 한다. 그 책은 언제나 내 앞에 펼쳐 있고, 나는 숲에 파묻혀 편안하고 행복감에 젖어들곤 한다. 자연은 너무 위대한 스승이라 내 자신이 작게만 여겨지지만, 산은 나를 내치거나 보잘것없는 자로 치부하지 않는다. 품어주고, 들어주고, 마주 바라봐 주면서 위로와 깨우침을 안겨 준다. 조용히 자연이 주는 소리에 귀 기울이면 파문이 일지 않는 마음이 된다. 내 자신의 내면으로 빠져 가만히 나를 들여다볼 수 있다. 내가 한 일에 곰곰이 되새김해 보는 반추의 시간을 가질 수 있어 좋다. 그래서 예나 지금이나 내가 혼자 산을 찾는 이유이기도 하다.

   나는 살면서 남편을 이해하기 힘들 때면 연리지목을 찾았다. 묵묵히 상대를 믿고 지켜 봐주고 있다. 적당한 거리를 두고 둘이면서도 하나인 듯, 하나이면서도 둘 같은 연리지목을 보면서, 부부 사이에도 적당한 선을 유지하는 거리가 있어야함을 알게 되었다. 가깝다고 너무 알고 싶어 하거나 간섭하지 않고, 상대방에게 부담을 주지 않는 거리, 고개를 돌리면 눈이 마주칠 수 있는 거리, 서로에게 부대끼지 않는 안전거리다. 손 뻗으면 닿을 수 있는 거리에서 편안하고 친숙한 동반자로, 서로 위하며 애틋한 사랑과 정으로 살아가는 부부상을 느낄 수 있었다. 남편은 앞에서 리어카를 끌고 아낙은 뒤에서 밀며 가는 행상인. 찌는 무더위 여름철에 들에서 일하고 온 남편 등에 시원한 물바가지 끼얹어 등목 해주며 더위를 식혀 주는 사이좋은 부모님. 연리지목에서 나는 이러한 필부필부匹夫匹婦의 모습을 보았다. 미래에 나도 연리지 모습을 한 부부로 닮아가야겠다고 다짐했었다.

   이사를 온 이후에는 여러 해 동안 거리상 이유로 잘 가지 않게 되었다. 어느 날 그곳이 그리워 찾아갔다. 천천히 느린 걸음으로 옛날을 생각하며 걸었다. H 자로 두 손 꼬옥 잡고 그들이 서 있었던 장소에 이르렀다.

'아! 어떻게' 내 눈을 의심했다. 남편 목木의 한 팔은 땅을 짚고, 다른 손은 힘겹게 버티고 서 있는 아내 목木의 손을 잡은 체 비스듬히 쓰러져 있는 게 아닌가. 아내 나무도 삼십도 가량 기울어져 있었다. 쓰러져 있는 남편 손을 놓지 않고 다른 팔은 더 이상 쓰러지지 않으려고 허공을 향해 구원의 손을 뻗치고 있었다. 간절한 몸짓이었다. 나무둘레가 굵고 큰 것으로 봐서 쓰러져 있는 나무가 남편이고, 좀 더 가늘고 작은 그루가 아내라고 생각했다. 병들어 누워 있는 남편을 아내 자신도 성치 않은 몸으로 돌보고 있다고 느꼈다. 우리 부모님과 너무도 닮아 있었다. 그래서 더 한층 애틋함을 자아내게 하였다. 엄마도 뇌졸중으로 쓰러져 한쪽에 마비가 와서 힘들게 투병하고 있는 상태였다. 아버지는 젊어서 받은 내조의 정성을 그대로 엄마에게 갚는다는 마음으로 정성껏 보살펴 드리고 계셨다. 나는 그 자리에서 돌기둥이 되었다.

한참 후에야 이천십삼 년도에 우리나라를 휩쓸고 간 콘바스 태풍 영향 탓이라는 안내판의 글이 눈에 들어 왔다. 한반도를 강타하고 지나간 강한 태풍이었다. 많은 피해가 속출했던 그때의 상황이 떠올랐다. 베란다 유리창이 깨지고 전봇대, 가로수가 넘어졌었다. 우리나라 전역을 초토화시킨 몇 안 되는 강한 태풍이었다. 감당치 못할 강풍이 휘몰아칠 때 얼마나 무섭고 힘들었을까. 폭우에 지반이 약해져서 뿌리 체 뽑히는 나무를 보면서, 서로 위로하면서 조금만 더 조금만 버티자고 위로 하며

"이 손 놓고 당신만이라도 살아남으시오."

"무슨 그런 소리 마요. 나 혼자는 안 살라요."

캄캄한 밤 번쩍이는 번개와 뇌우로 가지가 찢겨 나가고, 아름드

리나무들이 맥없이 쓰러지고 가지가 부러지는 위력의 바람. 천지가 진동할 천둥소리에 서로의 귀를 막아주고, 폭우에 얼룩진 얼굴을 부비며 버텼을 것이다. 쓰러진 아내를 구급차에 태우고 옆에서 엄마 손을 잡고, 옆에 살아만 있어 달라고 애원하는 아버지의 모습이 겹쳐 보였다. 모진 풍파를 격고 난 후 반은 쓰러진 연리지목이지만 부디 잘 버티며 살아 주길 빌었다. 두 분이 의지하며 사시는 우리 부모님처럼 서로 보듬어주고 아껴주는 영원한 부부상이 되어 달라고 청했었다. 그래야만 우리 부모님들도 더 잘 견딜 것 같은 마음이 들어서였다. 부모님과 연리지를 연결시켜 동일시하곤 하였다. 의견 불일치로 충돌이 생긴 부부가 이들 나무를 보면 즉시 화해하게 되고, 어려운 상황에서도 사이좋은 부부가 되는데 도움이 되리라고 생각했다.

  몇 해 지나 시市에서 연리지목에서 가까운 곳에, 유난히 진달래가 많았던 산자락 한 폭을 내어 '진달래동산'을 만들어 놓았다. 진달래 피는 사월이면 이곳에 오는 사람들의 마음까지 분홍빛으로 물들게 한다. 진달래꽃 구경도 하고 내가 닮고 싶어 했던 연리지목도 만나볼 겸해서 이른 아침 산에 올랐다. 그런데 그들은 온데간데 없고, 덩그렇게 사진만이 비목에 새겨져 있었다. 지난해 잦은 태풍으로 인해 완전히 사목死木이 되었다. 흔적조차 없이 잡풀만 무성하다. 두 번의 충격이고 아픔이었다.

  어쩌면 그 연리지 목은 내 부모님과 같이 살아 왔을까 하는 마음이 든다. 부모님이 건강했을 때, 성치 않을 때 보듬어 주는 모습, 지금 나 있는 세상에서 뵐 수 없는 어느 별나라에 계실 부모님, 같은 시기에 닮은 모습을 하고 떠나신 부모님과 둘이면서도 하나인 나무가 겹쳐져 아픔이 배가된다.

　예전 그들의 모습이 담긴 사진을 셀폰에 담았다. 봄이면 새잎 피우고 여름이면 무성한 잎으로, 쉬어가는 이에게 그늘도 만들어 주었지. 열매 키워 새들의 먹이로 내주던 그들. 온 몸속의 진액까지도 자식에게 내주고 뼈와 마른 살갗만 남은 병든 엄마와, 인간에게 모든 것을 내주는 나무. 눈 덮인 산속에서 나목으로 깊은 묵상에 잠겼던 연리지목. 정화수 길어다 자식 위해 시린 손 모아 비비며 소원 비는 어머니. 어찌 이리도 닮았을까. 사랑은 주는 거라는 것을 행동으로 보여준 그대들이여! 영혼의 안식을 빌어 드릴 자격이 제게 있을까요….

아버지의 여린 마음은 늘 그 자리에
황순원 소나기 문학기행

덕 명 최 대 락

· 계간 현대작가 소설등단, 월간 한비문학 시. 수필 등단
· 제12회 대한민국 문학예술대상 수상, 한국문협이사장표창
· 볼프강 본 괴테 작가상 수상, 관악구청장표창.한비문학상수상
· 헤밍웨이 베스트작가대상 수상 . 경희대학교 경희문인회 회원
· 프랑스 파리 폴 발레리 작가 대상 수상. 현대 소설 신인수상
· 코로나 극복 공모전 최우수 문학상 수상
· 현대작가회 회원,
· 한국문인협회 회원. 관악문협회 부회장. 한국문학인 신문 기자
· 시집 :『주옥같은 시를 나 그대에게』,『아름다운 동행』
· cdr0220@hanmail.net

아버지의 여린 마음은 늘 그 자리에

우리는 꼭 순서를 가리지도 않았는데도 할머니 할아버지 그리고 어머니 아버지라고 흔히들 이렇게 부른다. 그냥 할아버지 할머니 아버지 어머니라고 부르면 안 되는 걸까? 눈 딱 감고 한번 중얼거려 봐도 똑같이 나온다. 순서가 바뀌면 어떠냐? 하지만 논리를 펼치자면 차이는 있다. 어머니 아버지나 아버지 어머니 나 똑같다. 그러나 굳이 서열을 매긴다면 자식 입장에서 이등보단 일등이 우선이라는 것이다. 예를 들자면 자식들이 선물에도 어머니 것 아버지 것 이렇게 말이다. 하물며 군 생활할 때 꼭 고향 방향을 바라보며 "어머니 보고 싶습니다."라고 예나 지금이나 이렇게 외치는 것을 보면 아이러니하다. 어머니 뱃속에서 이 세상을 나와 많은 풍파가 도사리고 있는 세상을 무서움과 두려움을 접고 어머니의 품 안으로 돌아오곤 한다. 이것이 모성본능이다. 즉 자연의 법칙인 것 같다. 아마 귀소본능歸巢本能과 동일하게 생각하면 될 것이다. 사람은 해가 지고 땅거미가 들면 집으로 서둘러 돌아오는 것도 이 때문이기도 하다. 옛날 아버지는 왜 그렇게 엄하고 어려운 존재로 부각되었을까? 그리고 지금의 아버지는 왜 그렇게 체면이 땅에 떨어졌을까?

아버지는 늘 밖에서 나를 지켜보고 있다는 생각만 하고 살았던 것이 지금의 아버지나 그 옛날 아버지들도 늘 외롭고 힘들었던 것 같다. 필자가 어렸을 때의 아버지는 무섭고 엄하고 어려웠다. 그렇다고 특히 배운 것이 없다. 배운 것이라면 아버지가 밖에 나가 늦게 들어오시면 아이들은 꽁보리밥을 먹여도 아버지는 쌀이 섞인 밥 한 그릇을 식기에 담아 이불 속에 식지 말라고, 아랫목에 푹 묻어 아버지가 들어오시면 작은 밥상을 차려 드시곤 했는데 우리는 아버지 드시는 것을 보고 침을 꼴깍 삼키면서 지켜봤던 기억들, 하지만 아버지는 다 드셔도 모자랄 것 같은데 반쯤 남겨 상을 물리면 우리는 그 밥을 맛있게 먹었던, 그때 그 시절이 전부다. 어머니께서는 하루도 빼놓지 않고 할머니 할아버지께 아침에 일어나면 문안도 꼭 빼놓지 않고 꼭 드리는 것을 어렸을 적에 늘 봐왔던 필자는 지금도 어머니의 모습이 눈에 선하다. 그렇다고 어머니께서는 아이들한테 인사드리라고 말씀 한번 하신 적이 없다. 학교 끝나고 집에 올 때쯤 학교 거리가 시오리쯤 족히 되는데 어둑어둑 땅거미가 짙게 드리울 때, 둥근 느티나무 아래에서 기다리시는 할머니 할아버지는 눈깔사탕 한 알 입에 넣어 주신 모습이 지금도 그 둥근 느티나무는 동네 어귀 수호신처럼 아늑하게 자리 잡고 서 있다. 세월이 흐른 오늘날에도 어른을 공경하고 잘 돌보는 미덕이 조금이나마 남은 것 같다. 그래서 그런지 지금까지도 구순이 훨씬 넘으신 어머님을 모시고 사는 것도 그 시절 직접 체험적으로 부대끼고 사람 사는 모습을 자신도 모르게 익혀진 것이 아닌가, 싶다. 할아버지나 아버지는 밖에서 아이들이 잘못을 저지르고 못된 행동했을 때는 그만큼 벌을 받고 회초리도 감수해야 했다.

필자가 어렸을 때 20대가 된 형님이 아버지한테 엎어놓은 세숫대야 위에 올라가 회초리를 맞는 모습을 봤다. 나 같으면 반항도 하고 할 텐데 묵묵히 맞고 눈물만 흘리는 형님의 얼굴이 지금도 생생하다. 회초리를 맞고 울고 있는 형님을 밖으로 내보내고 뒤로 돌아 흐느끼는 모습이 마음이 무척 아프신 것 같았다. 그 광경을 문틈으로 본 나의 아버지는 손수건을 꺼내 눈물을 닦고 계시는 것을 보니 어린 내 마음도 가슴이 짠하다. 그때 아버지도 마음이 여리고 자식에 손을 댄 아픔도 형만큼이나 아프다는 것을 보았다. 두 번째 이야기 아버지 마음은 어느 날 병을 잘 고치는 의사는 멀리 있는 아픈 환자를 위해 먼 곳으로 왕진 갔을 때, 그만 일이 벌어지고 말았다. 벽장 속 깊이 넣어두었던 독약을 아이 세 명이 모두 마신 것이다.

  왕진을 마치고 급히 돌아온 남편을 붙들고 그의 아내가 파랗게 질린 얼굴로 울음을 터트렸다. '여보 큰일 났어요, 지금 당신이 없는 사이 아이들이 벽장에 넣어둔 약을 꿀단지 줄 알고 먹고서 죽는다고 아파해요.' 세 아이는 방안을 굴러다니며, 배가 아프다고 소리치고 난리가 아니었다. 의사는 큰아이한테 무슨 약을 먹었냐고 물어보니, 파란 단지라는 말을 듣고 안도의 한숨을 쉬었다. 벽장 속에는 빨간 단지와 파란 단지가 있었는데, 물론 그 두 단지는 독약이었다. 빨간 단지에 든 약을 먹게 되면 금방 목숨을 잃게 되지만, 파란 단지에 든 약은 독약이면서도 금방 죽지 않는 약이었다. 의사는 안심할 수 있었고, 급히 하얀 단지에 있는 해독약을 먹였다. 큰아이와 둘째 아이는 아버지 지시를 잘 따랐지만, 막내 아이는 워낙 놀랐던 탓에 아버지가 내민 약을 도통 먹으려 하지 않고, 아픈 배를 움켜쥐면서도 먹으려 하지 않았다

  곰곰이 생각하다가 아버지 의사는 아이들을 모아 놓고 '얘들아, 이제 나는 다시 왕진 가야 하니 내가 없을 때, 무슨 일이 생기면 벽장 속에 하얀 단지 약을 먹이도록 하라고는 아이들한테 당부

하고, 집을 나온 의사는 급히 편지를 써서 집으로 보냈다. 편지 내용은 왕진 가다가 변을 당해서 목숨을 잃었다는 내용이었다. 형들에게서 들은 막내 아이는 아버지가 살아 계실 때 막내라 무척 귀여워해 주셨는데, 나는 아버지가 주신 약을 먹지도 않고 고집만 부렸으니, 나 같은 불효자는 없을 거라면서 비록 아버지는 안 계셔도 내게 먹이려 했던 하얀 단지 해독제를 먹었다. 이것만이 아버지에 대한 불효를 갚는 일이라고 막내의 뉘우침이었다. 막내 아이는 건강을 찾았다는 아내의 말을 듣고 집으로 달려와 가정의 활기를 찾았다. 이 이야기는 어떻게 보면 간단한 일화 같지만, 아버지가 생존해 있을 때는 그 뜻을 살피고 부친이 세상을 떠나면 그 행적을 살피라는 효란 단어를 깊이 새기게 된다는 뜻이며, 즉 '효'가 얼마나 어려운지를 극명하게 설명해준다. 그리고 조선조 21대 임금인 영조 38년 1762년 윤오월에 자신 아들인 동궁 사도세자기 세자의 장인인 홍봉한과 영의정 김상로 그리고 판 부사 조재호의 계략에 뒤주 속에 가두고 죽음을 이르게 한 사건이 발생했다. 영조는 자결하라는 어명을 내렸지만, 살려달라는 세자에게 연달아 왜 자결하지 않느냐는 하교를 내렸다. 이에 세자가 용포를 찢어 목을 매니 세자시강원의 강관들이 또 풀어주었다. 영조는 분을 참지 못하고 세자 옆에서 말리던 시강원의 강관들을 울면서 만류하여도 영조는 진노하였다. 그 뒤주는 평소 사도세자가 울적할 때나 마음을 다스리고 낮잠도 자고 했던 곳이고 동궁 사도세자 스스로 만들어 놓았던 뒤주이었는데 뒤주는 토굴 속에 있었다. 그 뒤주를 이용하라는 귀띔을 해준 사람은 놀랍게도 세자의 장인 홍봉한이었다. 이사건 훗날 정조가 즉위한 후 홍봉한의 반대파들이 사도세자를 죽인 범인으로 홍봉한을 지목하는 결정적 증거된다. 영조는 토굴에서 뒤주를 뜰 가운데로 끌어내서 그 뒤주에 들어가라는 어명을 내려. 세자는 뒤주에 들어가기 전에 살려달라며 통곡한다.

"무슨 소리냐 네 죄를 알면 진작 자결할 것이 아니냐?"

"아버님 소자를 살려주시오, 아버지 소자 죄 죽어 마땅하나 살려주시오"

들어가지 않으려는 자식인 사도세자는 발버둥 치고 임금을 올려다보며 또 애원하였다. 사도세자는 자신의 아버지가 설마 몇 시간만 고생시키다 내놓을 줄 알았다. 영조는 뒤주에다 큰 못도 박고 풀도 덮고 거기에다 모자라 큰 돌도 올려놓은 것은 아버지로서 가혹한 형벌이었다. 8일 동안 갇힌 사도세자는 뚜껑을 열어보니 죽은 모습이 참혹했다. 얼마나 가슴을 쥐어 뜯어냈는지 살갗이 헐어 유혈이 낭자했다. 이 모습을 본부인 세자 홍 씨는 기절하여 깨어나 1795년 남편의 애절한 죽음과 자신의 일생을 썼다. 이것이 모두가 잘 알고 있는 "한중록이다" 즉 오늘날 인현왕후전과 함께 궁중문학의 효시라 할 수 있다. 영조는 세자를 죽인 것을 후회하고 사도라는 시호를 내리고 세자빈 홍 씨는 세자가 죽은 뒤 혜빈에 오르고 정조 즉위년에 궁호가 혜경궁으로 올랐다. 훗날 홍봉한과 김상로, 조재호의 역모로 자신의 자식인 사도세자를 죽인 것이 밝혀지자 죽음을 부채질한 김상로는 파직시켜 귀양 보냈고, 우의정 조재호를 사사하였으며. 홍봉한은 전라 고금도로 유배되었다가 1776년 정조 등극 후 처형되었다. 이렇게 궁중에서는 아버지를 아버지라 부르지 못하고 대왕마마니 부왕 전하니 부르는 것이었다. 사도세자는 아버지라고 부르짖다가 죽어갔다. 영조는 특히 밤마다 아버지로서 귀에

쟁쟁하게 들렸다. 영조는 좋은 날을 잡아 자식 묘 앞에서 향을 올리고 아들의 명복을 빌며

"지난번 너를 죽게 한 것은 역대의 종묘사직을 위하여 한 일이고 네가 아버지라 부른 그 마음에 보답하기 위해 여기 온 것이다."

이렇게 말없는 세자 묘에는 새로 입힌 잔디만이 바람에 흔들거리고 있었다. 영조도 자신의 아들인 사도세자 역시 오늘날의 아버지와 똑같은 마음이라는 것을 알 수가 있다. 또한, 현재에도 아버지를 아버지라 부르지 못한 사건이 있다. 그것은 위에 언급한 왕조시대와는 다른 성격이지만, 제주 4·3 사건 희생자의 실제 자녀이지만, 친척 등의 호적에 입적돼 아버지를 아버지라고 부르지 못하는 아픔을 품고 살았던 '사실상 자녀'가 법적으로 인정받을 수 있는 길이 열리게 됐다.

2023년 7월부터 뒤틀린 슬픈 가족사를 바로잡을 수 있게 기회가 열렸다. 제주특별자치도는 '제주 4·3 사건 진상규명 및 희생자 명예회복에 관한 특별법(이하 4·3 사건법)' 시행령 개정안'이 7일 국무회의에서 의결됨에 따라 가족관계 정정 범위 확대와 관련한 후속 조치에 최선을 다할 방침이라고 밝혔다고 한다. 사실조사 요원 채용을 비롯해 행정안전부 실무지침이 마련되면 행정시·읍·면·동 담당 직원 교육, 사전 홍보 등 가족관계등록부 작성·정정 범위를 확대하기 위한 접수를 진행할 계획이라고 밝혔다. 지난 2021년 6월 제주 4·3 사건 관련 가족관계의 불일치를 해소하기 위해 4·3 위원회 결정을 통한 가족관계등록부 작성·정정 특례가 도입됐으나, 가족관계등록부 작성·정정 범위를 희생자의 가족관계등록부 작성, 사망 일자 정정으로만 한정해 왔다. 이에 4·3 희생자 유족회 등은

친생자관계존부확인과 같은 방식으로 희생자와 유족 간의 관계 정정이 가능하도록 특례 범위 확대를 요구해왔다. 2022년 7월 '제주 4·3 사건 진상규명 및 희생자 명예회복에 관한 특별법에 의한 가족관계 등록사무처리규칙' 개정에 이어 4·3 사건법 시행령 개정안 의결에 따라, 4·3 위원회의 결정으로 희생자의 실제 자녀이지만, 희생자의 호적이 아닌 친척 등의 호적에 입적돼 희생자의 조카, 형제 등으로 지내왔던 사실상의 자녀들이 희생자의 법적 자녀로 인정받게 된다. 접수는 제주도, 행정시, 읍·면사무소, 동주민센터에서 지난 7월부터 시작하고 있다고 한다. 아울러 제주 4·3 사건으로 인해 지난 70여 년간 서류로는 서로를 부, 모, 자녀로 부르지 못했던 희생자들과 유족들에게 가족의 울타리를 찾을 수 있는 길을 열어준 정부에 깊은 감사를 드린다."며 "가족관계 불일치로 고통받아 온 희생자와 유족의 아픔을 보듬을 수 있도록 신청·접수와 사실조사에 차질이 없도록 노력하겠다."고 말했다. 이렇듯 아버지와 자식 간의 끊긴 사람들 마음은 얼마나 아픈지 우리는 관심과 애정 어린 마음으로 지켜봐야 한다. 지금도 아버지들은 속으로 울고 속으로 삼키면서 한 가정의 가장으로서 항상 그 자리에서 비바람 맞아가며 가족의 안정과 보호를 위해 열심히 노력하고 있으며 옛날 아버지보다 현대 아버지는 체면이 구겨지긴 했어도 꺾이지는 않았다는 것을 알리고 싶다. 필자도 나이가 칠순이 넘어서 보니, 지난날의 사랑과 희로애락을 회상하며 걸어온 것이 나의 아버지와 똑같이 걸어가는 것을 느끼고 있다. 보면 흐르는 대로 똑같은 아버지 길을 가고 있다. 어느 날 지인이 보내온 가슴 뭉클한 아버지의 비애를 잠시 소개하고자 한다.

미국으로 유학 간 아들이 어머니와는 매일 전화로 소식을 주고받고 하였는데, 아버지와는 늘 무심하게 지냈답니다. 그런데 어느 날 아들이 갑자기 이런 생각을 하게 되었답니다. 아버지가 열심히 일해서 내가 유학까지 왔는데 아버지한테 제대로 감사하다고 말해본 적이 없다는 것을 깨닫고 어머니한테만 부모처럼 살갑게 하였는데, 아버지께는 늘 손님처럼 여겼다는 말이었다. 아들은 크게 후회하면서 오늘은 아버지께 위로와 감사의 말씀을 해야겠다고 마음먹고 집으로 전화하였습니다. 마침 아버지가 받았는데 아들은 이제 되었구나, 싶었는데 받자마자 엄마 바꿔줄게 하시더랍니다. 밤낮 전화 교환수 노릇만 했으니 자연스럽게 나온 대응이었습니다. 그래서 아들이 아니요, 오늘은 아버지하고 이야기하려고요, 라고 말했습니다. 그러자 아버지는 왜 돈 떨어졌냐? 고 물어왔습니다. 그러니까 아버지는 돈 주는 사람에 불과했던 것입니다. 아들은 다시 아버지께 큰 은혜를 받고 살면서도 너무 불효한 것 같아 오늘은 아버지와 이런저런 말씀을 나누고 싶어요, 했더니 이에 아버지는 너 혹시 술 마셨니, 하더랍니다. 오늘의 서글픈 아버지들의 현주소, 자식 위해 가족을 위해서는 마지막 남은 자존심마저 버리는 아버지 그런 아버지에게 기성세대라고 비웃고 싶었던 적은 없었을까요,

　속물이라고 마음에서 밀어낸 적이 없었을까요, 어느 시인은 우리들의 아버지를 이렇게 노래합니다. 아버지의 눈에는 눈물이 보이지 않으나 아버지가 마시는 술에는 눈물이 절반이다. 내 아버지 그리고 아버지로서 나는 그리고 당신은 어디 계시는가요. 이렇게 아버지와 아들이 서로 고슴도치 같은 관계가 있다. 효자인 아들도 있고 돌아온 탕자 같은 아들을 따뜻하게 품어주는 성경 속의 아버지

도 있다는 것을 알아야 한다. 영조도 물론 정치하고 다르겠지만, 아버지는 자식에 대한 여린 마음은 늘 가슴속에 간직하고 있었기 때문에 지금도 모든 아버지는 각박한 세상을 짊어지고 무겁고 힘들어도 가정에 행복을 위해 희생하며 살아간다. 이 이야기는 '애들이 크면, 나중에, 다음에, 앞으로, 언젠가, 이런 말을 하지 말고 지금이 특별한 날이라고 생각하길 바란다는 미담이지만, 아버지의 고독함이 그려지는 것 같다. 요즘의 방송에서 흘러나오는 나훈아 신곡 "남자의 인생"의 가사에는 아버지들의 일상이 그려지고 힘들고 시달리는 모습을 잘 그려낸 가사는 그야말로 서정적으로 다가오는 가요지만 들을수록 아버지의 인생을 생각해 본다. 아버지, 아버지 사랑합니다. 아낌없이 해주십시오, 그러면 아버지들은 힘이 날 겁니다. 물론 이 순간이 허무하고 고독함이 내 몸 어딘가에 머물고 좀처럼 밖으로 나가지 않고 메아리만 칠 때는 얼큰한 김치찌개에 탁주 한잔으로 마음을 달래는 것이, 유일한 낙이지만, 그것마저도 물가 인상으로 힘들어지는 것이 안타깝다. 하지만 목석같고 엄한 것 같지만, 말없이 뒤에서 은은한 사랑의 향기와 격려를 보내는 아버지의 여린 마음은 늘 그 자리를 지키고 있다는 것을 자녀들은 알아주기를 바란다.

황순원 소나기 문학기행

한국문인협회 관악문인 협회에서는 『김유정 문학촌』과 황순원 문학관 문학기행을 다녀왔다. 인원이 총 40여 명이었는데, 바쁜 시간을 내어 참석하신 모든 분과 문학에 관한 토론과 고민거리도 상의하고, 참다운 의견도 잘 들었다. 참석자 중 대부분이 문학지 발행인과 대학 교수, 언론인, 현직 방송작가와 시인, 수필가. 문학평론가, 아나운서, 소설가 등 다재다능한 분들의 의견 또한 잘 경청하였다. 특히 이 자리를 마련해 준 관악지부 정동진 회장과 이승 시인, 부회장 하상화 시인, 재무국장 이창원 시인, 동각 예층 깅승기 회장, 관악문인협회 회원과 동행했다. 우리 일행은 관악구청 앞에서 7시에 출발하여, 목적지는 김유정 문학촌, 황순원 문학관, 물과 연꽃의 축제 세미원으로 버스에 몸을 실었다.

▲ 제일 먼저 도착한 곳은 김유정 문학촌

1. 강원도 춘천시 신동면에 위치한 『김유정 문학촌』에 도착하였다. 곳곳을 둘러보고 해설자의 설명을 듣고 많은 것을 느꼈다. 해설자의 얘기인즉슨 김유정은 어릴 적부터 부친이 일찍 사망한 관계로 정서적으로 불안하고, 실의에 빠져 있다가 어느 날 정신이 번쩍 들어 마음을 정리하고, 한문 수업을 4년 동안 받았고 1923년 휘문고에 입학하고 졸업 후, 연세대 전신인 연희전문 문과에 입학하여, 1928년 2학년 때 더 배울 것이 없다는 이유로 학교를 자퇴한다. 그 후 1930년 전국을 방랑하다 가슴막염을 그때부터 알기 시작하여, 본인도 그때의 병으로 결국 29살이라는 젊은 나이로 요절했다. 그러나 김유정 본인도 그 가슴막염이 죽음에 이르리라는 것을 생각조차 못 했을 것이다. 1931년 춘천 실레마을에서 야학을 열어 배움의 길을 택했지만, 다시 전국의 금광을 돌아다니느라 몸도 쇠약해져 포기하고, 1932년에 본격적으로 깨우쳐서 농촌계몽 운동으로 실레마을에 「금병의숙」을 설립해서 단편소설을 쓰기 시작하였다. 김유정은 문단 생활 2년 동안 무려 30여 편의 작품을 남긴 그는 당시 1930년대 문학의 주 경향의 하나인 최적한 장소에, 최선의 말을 배치하는 조사법이 뛰어난 작품을 많이 썼다. 또한, 그의 문학적 특징은 정확한 문장과 독특한 유머로 대부분 농촌을 배경으로 하여 인간의 욕망과 물욕, 정욕, 생활 풍속의 단면을 현실주의적 기법으로 묘사했다고 한다. 김유정은 1935년 단편소설 「소나기」가 조선일보 신춘문예에 당선되었고 「노다지」가 중외일보에 당선되어 문단에 등단하였으며, 그해에 단편소설 「산골」「금 따는 콩밭」「봄봄」「만무방」「아내」「술」 등을 발표하였으며, 1936년 「동백꽃」「산골 나그네」「가을」「두꺼비」「옥토끼」「정조」「야맹」 등을 발

표하였고, 1937년에는 「따라지」 「땡 볕」 그리고 미완성의 장편소설 「생의 반려」를 발표하고, 연재 중 1930년 앓고 있던 가슴막염이 도화선이 되어 폐로 전이되는 바람에 경기도 광주군 중부면 상산곡리 매형댁에서 요양하다가 1937년 3월 29일 젊은 나이로 요절했다. 특히 김유정의 「동백꽃」은 단순 희극적 해학만을 노린 작품과는 다르다는 것을 알 수가 있단다. 그렇다고 이 작품이 표현 내지 해학적 기교와 무관하다는 것은 물론 아니다. 분명히 익살과 해학이 풍부한 작품이라고 한다. 이 「동백꽃」 작품에서 나와 점순 이와의 갈등의 양상이나, 언어적 표현을 통해서 잘 나타내는 김유정의 익살은 그의 창작이 지닌 특이한 흥미요, 매력임이 분명하다고 한다. 이처럼 3년여 만에 많은 단편소설을 발표하였던 것은 탁월한 재능이 숨겨져 있었기 때문이었다고 한다. 그리고 안타깝게도 문학관으로 인정받지 못하고, 문학촌으로 등재된 것은 참 안타깝다. 그것은 29살 젊은 나이에 요절한 관계로 작가의 유품이 존재가 되어 있지 않아서 문학촌으로 명명한 것이라 한다. 참고로 문학관과 문학촌의 차이는 작가의 유품이 있고 없는 것으로 결정된다고 한다.

▲ 황순원 문학관 입구

2. 두 번째로는 경기도 양평군 서종면 수능리에 위치한 「소나기」의 주인공 『황순원 문학관』으로 발길을 돌렸다. 좁은 가을 길을 달려 굽이굽이 개천을 끼고 울긋불긋 단풍이 물든 언덕길을 가로질러 『황순원 문학관』에 도착하였다. 필자의 본교 경희대 학교 1957~1992년까지 재직하셨던 황순원 교수이기에 더욱더 뜻있는 문학기행이었다. 「소나기 마을」은 황순원 선생께서 전시된 봄, 여름, 가을, 겨울 사계절의 풍경 사진과 기념관이 있는데, 여기에는 황순원 교수께서 남기신 유품들, 만년필, 안경, 원고, 모자, 의복, 그리고 대통령 훈장까지 전시되고 있어 많은 것을 생각하게 되었다. 이곳에는 「일월」을 주제로 한 숲은 해와 달과 숲, 「들꽃마을」은 소년과 소녀가 꽃을 꺾어주며 가까워지기 시작한 시기, 「어린 시절 우정을 떠올리며, 갈등을 승화한 장소」는 학의 숲 소년이 소녀를 업은 장소, 「너와 나만의 길」은 물이 불어난 도랑을 건너던 장소이며, 「고백의 길」은 소녀가 건넨 대추와 소년이 따던 호두, 밤, 대추를 딸 수 있는 장소. 그리고 소설 속에 등장한 수숫대를 세워 만들어 놓은 장소는 「소나기 광장」 즉, 소설 속에 등장하는 주요한 장면을 주제를 담아 놓은 정원이다. 또한, 사랑의 무대를 만들어 야외공연을 위한 소규모 무대도 마련되어 있으며, 앞 도랑에는 징검다리가 있는데, 이는 소년 소녀가 함께 건너던 징검다리 재현장소를 만들어 놓았다. 그리고 전시실에는 3개의 전시실로 구성되어 있는데 「중앙 홀」은 수숫단을 형상화한 원뿔 모양의 아름다운 조형물이 천정까지 이어져 있다. 「제1 전시실」은 작가와의 만남은 영상과 유품 등으로 황순원 선생을 만날 수 있는 공간이며, 「제2 전시실」은 작품 속으로 첨단 시설을 통해 대표작품을 만날 수 있는

공간이고, 「제3 전시실」은 남폿불 영상실 즉 소년 소녀가 공부했던 옛날 교실을 재현하여 소나기 애니메이션을 볼 수 있는 공간이며, 「작품 연보」는 시대별로 사회의 중요한 변화와 곁들여 연보를 한눈에 볼 수 있도록 꾸며진 방이다. 또한 「마타리꽃 사랑방」은 황순원 작품을 종이책, 전자책, 듣는 책으로 감상할 수 있고, 창밖의 자연을 보며 쉴 수 있는 공간으로 이루어져 있었다. 이렇듯 해설자는 공감 있게 잘 설명했다. 그러면 황순원의 주요 작품을 보면 단편소설은 「소나기」 「별」 「목넘이 마을의 개」 「그늘」 「기러기」 「독 짓는 늙은이」이 있고, 장편소설은 「카인의 후회」 「나무들 비탈에 서다」 「일월」 등이 있다. 일생을 통해 시 104편과 단편소설 104편, 중편소설 1편, 장편소설 7편을 남기고, 이처럼 순수문학은 현실을 외면하거나, 초월하려는 예술 지상주의가 아니라 시대가 부여한 문제를 주체적으로 떠안고, 치열한 고민 끝에 빚어낸 모험이다. 또한 우리말을 지키려는 강인한 의지와 긍지를 가지고 시작하였으며, 한 치의 흔들림 없이 문학의 외길을 걸어왔다는 해설자의 말에 공감 있게 경청하였다.

▲ 세미원

3. 세 번째로는 경기도 양서면 양수리에 위치한 다목적 물과 연꽃이 어우러져 있고 무대와 야외 공연도 할 수 있으며, 잘 정돈된 세미원으로 이동하였다. 온 산천이 붉은 단풍이 사방으로 병풍을 쳐 놓은 느낌이다. 남한강 강바람을 가로질러 강가의 벤치 위에서 시원한 물로 목을 축이니 사방이 시원하다. 축 늘어진 버드나무는 지난여름 얼마나 많은 비바람에 잎이 떨어지고 가지가 부러져 나간 흔적이 깊은 상처를 안고 강바람에 나부낀다. 이곳이 몇 년 전만 하여도 원주민들의 비닐하우스 농사를 짓던 곳이라고 한다. 하지만 지금은 세미원으로 말끔히 단정하여 관광객들이 북새통을 이룬다. 한국미를 담아낸 정통 정원이고, 웅장하고 잘 정돈된 정원이다, 또한 열대 수련 연못과 빅토리아 연못, 사랑 연못, 세계 수련관, 등이 볼만하며, 정통 정원 코스는 불이문, 국사원, 장독대 분수, 일심교, 유상 곡수, 세심로, 배다리 영수주교, 상춘원, 이 밖에 배움과 체험이 있는 대표적인 정원이다. 그리고 전통 놀이마당, 토요 음악회도 열린다, 잔디가 아름답게 깔리고 넓은 공간으로 이동해 시인들의 시 낭송이 있었다. 이 자리에서 여러 시인의 시 낭송과 판소리 등이 의미가 있었다. 관악문인협회 회원과 그리고 여러 동료 선배 작가들의 시 낭송을 진행하였다. 아울러 연잎 차를 음미해 가면서 모든 일정을 끝낸 다음 이번 가을 문학기행에 같이 동참한 선후배 문인들의 성원에 힘입어 잘 다녀왔다. 내년에도 더 유익한 문학관을 기약하면서 어둠이 몰려오고 교통체증에 힘은 들었지만, 보람 있는 문학기행이었다.

한국대표서정소설선

안전지대

방 안 나

- 『월간문학』 신인상 당선 등단
- 『2024신예작가』 엔솔로지 출간함
- 한국문인협회 회원
- academy3435@naver.com

안전지대

상추씨를 뿌려놓은 스티로폼 상자에 어제에 이어 오늘도 아기 주먹만한 구덩이가 파헤쳐져 있다. 어린놈이 틀림없었다. 들여다보니 구덩이 안에는 아무것도 없다. 어제도 모종삽으로 흙을 고르게 다져 구덩이를 메웠다. 노란 상추 싹이 터전을 잃고 파헤쳐진 흙 위에서 살아보겠다고 꼬물거리고 있었다. 그렇지 않아도 늦은 파종으로 조바심이 나 있던 차였다. 잎을 솎아 먹어도 벌써 대여섯 번은 솎아 끝물을 볼 때다.

상추 싹이 흩어지지 않도록 조루로 조심스럽게 물을 뿌렸다. 수도꼭지에 호스가 연결돼 있지만 수압을 낮춘다 해도 호스로 뿌리다 보면 싹은 뿌리가 하늘을 보고, 아까운 흙은 스티로폼 상자 밖으로 흘러내려 조루로 뿌렸다. 노랗게 싹이 튼 씨앗을 헤집어 이틀째 구덩이를 파헤쳐 놓았으니 제대로 뿌리나 내릴 수 있을지 의문이었다. 흙이 보이지 않도록 비닐로 다시 야무지게 마무리했다. 혹시 다른 스티로폼 상자도 비닐이 삐져나와 나풀거리지 않는지 확인하고 텃밭에서 돌아섰다.

선혜는 도심 한복판 구선동에 산다. 옛날에는 아홉 신선이 위세를 떨치며 살았다는데 지금은 고층 빌딩 숲속에 우물처럼 폭 파묻혀 구옥들이 옹기종기 모여 있다. 주인들은 빌딩 숲이 조성되기 전부터 조상 대대로 살았던 토박이가 대부분이다. 젊은이들은 독립해서 나가고 노인들이나 그 아들이 대를 이어 살고 있다. 선혜가 이곳에 자리 잡은 것은 편리한 대중교통과 대학 병원, 종교 시설이 지척에 있어서이다. 구선동에서 선유동이 물리적으로 멀긴 하지만 가깝게 느껴지는 것은 버스가 자주 왕래해서이다. 도심 속이라 공기도 안 좋아 떠날 만도 한데 옥탑방이지만 옥상의 여유로운 공간을 누구의 간섭도 없이 온전히 이용할 수 있어 떠나지 못하고 있다. 여느 곳에서나 느끼는 층간소음으로부터도 자유롭다. 오밤중에 텔레비전이나 음악을 크게 틀어도 화장실에서 볼일을 보고 물을 내리고 샤워를 해도 문을 두드리거나 인터폰을 받지 않아도 된다. 그동안 떠돌았던 창문 없는 고시원이나 밀실처럼 음침한 낡은 오피스텔, 곰팡이가 핀 반지하에 비하면 마음껏 밤하늘을 바라보며 심호흡할 수 있어 좋다. 비록 냉난방비가 추가되고 옆집과 뒷집 사이가 삼십 센티도 안 돼 고양이들이 담장을 타고 제집 드나들 듯하지만 공간 이용에 비하면 그 정도는 충분히 감수할 만한 했다. 선혜는 옆집 담장 위로 쏜살같이 사라지는 몸짓이 삭은놈을 종종 봤다. 다행히 정자 옆 장독대 고추장 항아리와 된장 항아리에는 올라가지 않은 것 같다. 어쩌면 장독대 위에도 올라가 해바라기를 했을지 모른다. 장독대는 선혜가 수시로 물을 뿌려 먼지를 떨어내기 때문에 보지 못 할 수도 있었다.

선혜가 마주하고 싶지 않은 상황에 직면한 것은 상추와 갓이 무성하게 자라 번갈아 솎아 먹을 때였다. 상추가 제법 자라 비닐은 이미 거둬진 후였다. 물만 주면 하루가 다르게 키 자랑을 하는 것이 푸성귀인지라 토마토와 고추는 지지대를 만들어 주고 갓도 상추와 함께 자라는 족족 솎아 먹는 중이었다. 솎으면서도 흙이 보이지 않도록 한 잎 한 잎 표시 나지 않게 정성을 다해 솎거나 가위로 조심스럽게 잎을 잘랐다. 새벽에 물을 주러 나가 보니 솎아낸 상추 스티로폼 상자에 거무스름한 배설물이 한 뼘은 족히 걸쳐 있어 이미 쉬파리들이 먹거리 쟁탈전에 돌입해 공중 비행하느라 여념이 없었다.

선혜는 신선이 유유자적하게 노닐었다던 선유동으로 출근한다. 도심 북쪽 공기 맑고 한적한 외곽에 있다. 산업화와 함께 부를 형성한 부유층이 있는 치안과 보안이 철저한 동네이다. S그룹 둘째 딸 율희 씨가 사는 곳으로, 결혼해도 현업에 종사하고 있어 회장은 멀리 보내지 못하고 곁에 두고 있다. 부부가 해외 출장으로 집을 비우는 날이 많아 아이들을 위해 또 다른 가족을 만들어 주었다. 초등학교 저학년인 딸 민서에게는 하얀색 페르시안 고양이 암컷 코코를, 유치원생 아들 윤서에게는 노르웨이 숲 재색 수컷 슈슈를 선물했다.

각자의 방 옆에 고양이 방을 꾸미며 애완동물 상담사가 상주해 관리하고 있다. 배변기에 친환경 녹차 두부 모래를 깔아 놓으면 코코와 슈슈는 배설을 하고 난 후 두 발로 야무지게 두부 모래를 북돋아 덮어 냄새도 나지 않았다. 냄새를 온전히 흡수한 두부 모래를 변기에 넣으면 흔적도 없이 녹아 사라지고 은은한 녹차 향만 감돌았다.

선유동 코코와 슈슈에 대한 모든 케어는 온전히 상담사의 몫이지만 아이들이 있는 이 층은 선혜가 청소한다. 코코는 민서가 집에 있을 때는 민서 곁을 떠나지 않았고 민서가 집에 없으면 누구의 방

해도 용납하지 않았다. 혼자 조용히 햇살 가득한 창가의 달콤 침대에 하얗고 우아한 긴 털을 누이고 해바라기 할 때는 마치 눈의 여왕이 환신한 듯 고고한 자태가 눈부시고 황홀했다. 움직이는 것을 극도로 싫어해 상담사도 가능하면 코코 곁에 머무는 것을 자제했다. 슈슈는 코코와 달리 한시도 가만히 있지 못하고 캣 타워를 오르내리며 질주 본능을 숨기지 못하고 윤서와 자신의 방을 종횡무진 마음껏 누비고 다녔다. 윤서와 뒹굴고 부대끼며 놀다가 목이 마르면 정수기에서 흐르는 물을 마시고 폭신한 소파에 널브러져 콧구멍을 하늘로 향한 채 벌름거리며 자곤 했다. 자고 일어나 배가 고프면 유기농 농산물과 연어, 참치, 닭고기가 함유된 사료를 먹고 방 안 가득 설치된 놀이기구에서 놀다가 산책까지 원했다. 상담사의 능력으로 산책은 무리여서 DHA와 타우린이 풍부한 게맛살과 치킨이 함유된 간식을 먹는 것으로 만족해야 했다. 붉게 물든 석양빛이 달콤 침대에 가라앉을 때 슈슈는 동그랗게 몸을 감고 수염을 부챗살처럼 돋우며 깊고 달콤한 꿈속을 여행하곤 했다.

 고양이 방은 청소기를 돌리지 못했다. 예민한 습성 때문에 선혜는 바닥에 쪼그리고 앉거나 허리를 폴더블처럼 구부려 구석구석 롤러로 털을 제거했다. 코코는 유난히 긴 털이 잘 빠져 청소하는데 여간 정성을 들이지 않으면 안 되었다. 털을 찾아 현미경을 들이대듯 선혜가 촉각을 곤두세워 제거해도 한두 가닥씩 옷깃에 달라붙어 아이들이 눈살을 찌푸릴 때마다 선혜는 승모근이 뻐근할 정도로 긴장됐다. 소파와 침대, 놀이기구를 소독한 후 마른 수건으로 자국을 닦고 나면 무릎이 저리고 팔목이 시큰거렸다. 바닥에 주저앉아 무릎을 펴고 주무르다가 천장까지 닿을 듯한 캣 타워 위에 풍성한 꼬리를 길게 늘어뜨리고 앉아 있는 제왕 같은 노르웨이 숲 슈슈를 멍하니 쳐다보며 잠깐씩 쉬곤 했다. 두 고양이 모두 선혜에게 곁을 주지도 않지만 너무 멀리 있어 가까이할 수도 없었다.

퇴근해 늦은 밤 골목에 들어서는데 심상치 않은 기운에 선혜는 몸이 오싹했다. 자신의 집을 두고 두 집 건너 담장 아래 덩치 큰 누런 고양이 한 마리가 집 쪽으로 시선을 두고 쪼그리고 앉아 있었다. 선혜는 무의식적으로 걸음을 멈추었다. 이 골목에서 자주 눈에 띈 놈으로, 덩치가 있어 마주칠 때마다 선혜 자신 죄지은 것도 없는데 몸을 움츠리고 일부러 시선을 외면한 채, 서둘러 대문을 밀었던 적이 한두 번이 아니었다. 혹여 놈들의 타깃이 되어 따라 들어오면 어쩌나 지레 겁먹고 방어기제가 작동했었다. 덩치 큰 까만 놈이 대문을 비켜 옆집 대문 앞에 떡 버티고 앉아 있었다. 순간 두려움도 잊은 채, 삼 층 주인집 현관문을 지나쳐 옥탑으로 향했다. 휴대폰 조명을 켜고 살펴보니, 밑에 있는 두 놈보다 몸집이 몇 배는 작은 고동색과 흰색, 검은색이 골고루 섞인 토종 삼색 고양이였다. 꼬리를 엉덩이 안으로 감아 넣고 정자 밑 박스 근처로 온 힘을 다해 비집고 들어가고 있었다. 평상시에는 사람 발소리만 들려도 옆집 담장을 타고 쏜살같이 사라졌을 텐데 선혜가 다가가도 경계하거나 도망가지 않고 오히려 박스 근처로만 파고들어 자리를 잡았다.

─너였니? 상추밭에 일 저지르고 내뺀 놈이, 밑에 있는 놈들은 뭔데? 너 괴롭히는 놈들이니 설마?

선혜가 속사포로 몰아세워도 놈은 등을 보인 채 꼼짝 않고 박스 곁에 도사리고 앉아 있었다.

그날 이후 날이 밝자마자 문을 열고 나가보면 놈은 어김없이 문 앞에 앉아 있었다. 입가에 침을 질질 머금은 채,

─끄으응, 끄으응, 끄응.

미세한 신음으로 칭얼댔다.

―뭐, 들어오겠다고? 어림없거든.

선혜가 조루를 들고 수돗가로 가면 어느새 먼저 도착해 기다리고 있었다. 선혜 주변을 맴돌아도 모르는 척 외면했다. 화단에 물을 주며,

―이곳에 응아 하지 마, 응, 알았지.

하고 달래듯 다짐시키면 놈은 어느새 아주 당연하다는 듯 정자 마룻바닥에 안방처럼 누워 있기도 했다.

연보랏빛 라일락 꽃향기가 코끝을 스치고 아카시아 우윳빛 꽃잎이 바람에 흩날릴 즈음 선유동 코코와 슈슈는 병원에서 사경을 헤맸다. 수의과대학 병동에 일주일 넘게 입원해 병명을 알아내기 위해 X-RAY와 CT, MRI 촬영을 했지만 병명을 찾지 못했다. 갖은 검사에도 뚜렷한 원인을 알아내지 못하고 입원과 퇴원을 반복했다. 사료를 먹여도 넘기지 못하고 몸을 비틀며 거품을 물고 토하기 일쑤였다. 하루에 열다섯 시간 이상 잠을 자던 코코와 슈슈는 잠도 제대로 못 자고 먹지도 못한 채 끙끙대다가 급기야 몸을 뒤틀며 발작을 했다. 코코가 먼저 사료를 넘기지 못하고 끙끙대며 앓기 시작하자 슈슈도 덩달아 사료에 입을 대지 않았다. 상담사는 코코와 슈슈의 몸에 링거액을 꽂은 채 119에 몸을 실었다. 상담사와 운전기사로는 아픈 코코와 슈슈를 케어하는데 한계가 있어 선혜도 투입되어 병원을 몇 번이나 오갔다.

―민서와 윤서가 엄마, 아빠랑 이 주 동안이나 유럽여행을 가서 정서적으로 불안해 발작을 일으킨 거예요.

―고양이가 그렇게 예민한 동물이란 말이에요.

―아기고양이잖아요. 엄마 품이 필요할 때인데 엄마 대신 민서와 윤서가 함께했는데 없으니 정서적으로 불안했던 거죠.

상담사는 자신의 무용함이 증명되었다는 듯 서운한 표정이 역력했다.

―동물도 먹을 것 챙겨 주고 잠자리 봐주는 사람에게는 정을 준다 했는데 아무래도 나는 자격 미달인가 봐요.

라며 자책까지 했다.

―고양이 자체가 워낙 내차잖아요, 이기적이고. 자신이 필요할 때는 사람 가까이 있으면서 행여 사람 손 스치면 소스라치잖아요. 저렇게까지 몸살을 할 정도면 다른 이유가 있을 거예요.

―그러면 더 큰 일이게요. 문제는 뚜렷한 병명을 못 잡았다는 거죠.

가족들이 여행을 마치고 돌아오자 코코와 슈슈는 거짓말처럼 기력을 회복해 사료와 간식을 거뜬히 넘겼다. 예전처럼 몸놀림도 활발해 놀이기구와 캣 타워를 종횡 무진하다가 달콤 침대에 동그랗게 몸을 말고 꿈까지 꾸면서 잠자는 걸 보고서야 선혜는 퇴근했다.

옥상에 햇살이 제법 따갑게 내리쬐기 시작하자 선혜는 한 달 넘게 버티고 외면했던 마음을 거두고 백기를 들었다. 절대 먹을 것을 주며 챙기지 않겠다 마음속으로 거듭 다짐했지만 놈의 시선을 매몰차게 거부하지 못했다. 결국 사료와 간식을 구입하고 말았다. 건강을 회복해 초롱초롱 잘 자라라고 초롱이라 이름 지었다. 선혜가 새벽에 문을 열면 초롱이는 문 앞에서 쪼그리고 있다가 선혜 얼굴을 보자마자 침을 질질 흘리며,

―끄으응, 끄으응, 끄응.

가냘프게 앓는 소리를 내며 끊임없이 무슨 말인가를 했다.

−초롱아, 들어오면 안 돼, 정자 밑에 사료랑 물 챙겨 놓았어. 가서 먹어. 거기가 네 자리야, 알았지, 초롱아.

선혜가 비가 들치지 않은 정자 마루 밑에 사료 그릇과 물 그릇을 챙겨 놓았다. 텃밭에 물을 주고 보면 초롱이는 이미 사료를 다 먹고 어디론가 사라지고 없었다. 옆집 담장을 지나 아지트로 갔을 것이다. 텃밭에 물 주는 일로 하루를 시작했던 선혜는 이제 초롱이 밥 챙겨 주는 일이 일과의 시작이었다.

여름이 본격적으로 시작되자, 초롱이는 돌아가지 않고 자리를 번갈아 가며 더위를 식히곤 했다. 그렇게 옥상에 머무는 시간이 점점 길어졌다. 선혜가 사료만 주면 초롱이는 자리를 옮겨 다니며 그늘을 찾아 머물러 있었다. 심지어 한밤중에 잠깐씩 없어졌다가 새벽이 되면 돌아와 박스 위 혹은 정자 마룻바닥에 누워 있었다.

선유동 코코와 슈슈는 가족이 유럽 여행 가는 동안 입원과 퇴원을 반복하자 이번에는 아예 상담사와 함께 제주도 여행에 동승했다. 가족 전용기로 이동해 애완동물 수영장과 놀이기구, 침실이 구비된 특급 호텔에 머물렀다. 애완동물관리사와 보건사가 상시 대기하고 있어 코코와 슈슈가 노는데 부족함이 없도록 케어에 몰입했다. 가족들이 안전하고 유익하게 여행을 즐길 수 있도록 모든 고객의 애완동물을 관리했다. 배변부터 둘레길 산책, 애완동물 전용 바닷가 모래사장에서의 가벼운 운동을 겸한 훈련은 동물애호가들에게 자신의 선택이 탁월했음을 입증이라도 하듯 만족도는 골드레벨이었다. 관리사와 보건사가 전문적으로 관리를 하기에 상담사의 손길이 따로 필요하지는 않았지만 그렇다고 마음 놓고 쉴 수 있는 처지는 아니었다. 코코와 슈슈가 있는 곳이라면 상담사도 함께 움직이는 것은 당연했다. 덕분에 선혜는 아주 오랜만에 집에서 휴식을 취했다.

선혜가 사료를 주기 시작한 지 한 달 정도 지나자, 초롱이 몸에 살이 붙기 시작했다. 초롱이가 밖에 나갔다가 돌아오면 자신의 몸집보다 작은 무늬도 같은 고양이 한 마리가 옥상 계단 아래 숨어서 쭈뼛쭈뼛 지켜보다가 선혜가 아무 말 없자, 천천히 한 발짝씩 살금살금 다가와 사료를 넘봤다. 한술 더 떠 이제 갓 젖을 뗀 재색 새끼 고양이도 옥상 계단 밑에서 어른거렸다. 완전히 올라오지 못하고 계단 담장 곁에 숨어서 선혜가 물을 주다가 고개를 들면 자취를 감추고 다시 나타나기를 반복하더니 정자 뒤로 가서 숨바꼭질했다.

-아가, 이리와, 밥 먹자. 초롱아, 왜 이제 데려왔는데?

초롱이와 무늬는 물론 심지어 주둥이에 찍힌 까만 점까지 같은, 깔끔하고 단정해 보여 단비라 이름 지었다. 생긴 것은 쌍둥이 같은데 초롱이보다 어려 보였다. 단비는 먹이를 먹고 나면 경계하는 기색 하나 없이 꼬리를 힘껏 세우며 넉살도 좋게 자신의 목으로 선혜 다리를 비비며 지나갔다.

-엄마야, 야아, 너 정말. 애교가 장난 아니구나. 초롱아, 좀 배워라. 고맙다네. 그런데 거기까지다. 더 이상은 안 돼.

선혜가 피할 겨를도 없이 순식간에 일어난 일이었다. 초롱이한테는 전혀 기대할 수 없는 섬뜩한 애교였다. 그럼에도 선혜는 철저히 선을 지켰다. 단 한 번도 초롱이든 단비든 손으로 쓰다듬거나 만지지 않았다. 어차피 집안으로 들이지 않을 건데 사람 손 타면 그들의 무리로 가서 무슨 일이 있을지 모른다는 막연한 생각에 선혜의 체취를 베게 하고 싶지 않았다. 어쩌면 초롱이나 단비에게서 야생의 찌든 냄새를 접하고 싶지 않은 것이 더 솔직한 심정인지도 모른다.

사료와 물, 잠자리까지는 제공해도 집안으로 들이고 싶은 생각은 추호도 없었다. 집안으로 들인다는 것은 온전히 야생과 차단해야 하는데 지금까지 야생에서 살았던 습성이 있는데 갇혀서 살 수 있을까. 안에서 키우다가 가끔 밖에 나갔다 온다 해도 그들의 터전을 오갈 것이 뻔한데 위생상 용납이 안 됐다. 배변 케어, 목욕, 선혜 홀로 머물기도 비좁은 옥탑방에서 흩날리는 털, 발톱에 긁힌 벽, 바닥을 상상하고 싶지 않았다.

가족과 함께 제주도 여행을 다녀온 후 선유동 코코와 슈슈의 생활에도 변화가 있었다. 호텔 애완동물 관리사와 보건사의 손을 탄 탓인지 슈슈는 캣 타워와 다양한 놀이기구, 달콤 침대만으로는 만족할 수 없었는지 자꾸만 밖으로 나가려 발버둥을 쳤다. 결국 상담사의 손길이 미칠 수 없는 영역이라 판단한 율희 씨는 성견들이 눈에 띄지 않은 후원의 일부 공간을 할애해 코코와 슈슈가 마음껏 운동하고 산책할 수 있게 꾸몄다. 바닷가처럼 완벽할 수는 없지만 모래밭도 조성했다.

−코코, 슈슈, 이 정도면 마음껏 뛰어놀 수 있을 거야. 다치지 않게 잘 부탁할게요.

−네, 염려 마십시오. 이 정도면 바닷가 못지 않습니다. 자, 코코 먼저 캣 타워 올라가자. 이제 슈슈 올라가자.

관리사가 상주하여 일정에 따라 코코와 슈슈의 운동과 산책을 담당했다. 실외에서의 일정은 운동관리사가 하고 실내에서는 상담사가 돌봤다. 실외에서 일정이 진행된다 해서 상담사가 마음 놓고 쉴 수는 없었다. 관여만 안 할 뿐 혹여 불의의 사고에 대비해 산책과 운동이 진행되는 동안 곁에서 지켜봐야 해서 신경은 더 곤두설 수밖에 없었다. 상시 대기는 보건사도 마찬가지였다. 제주도 여행을 다녀온 후 상담사는 두세 배 강도가 강화된 일정을 소화해 내고 있다.

선혜는 부쩍 더 불룩해진 초롱이 배가 밑으로 유난히 내려와 내심 걱정하고 있던 차였다. 깨작깨작하던 입성이 사료를 주자마자 정신없이 먹어치우기도 했다. 단비가 먼저 먹고 얼씬거리면 이빨을 드러내기까지 했다.

−치이익, 치익.

−초롱, 단비한테 왜 그러는데 안 하던 짓까지.

전에 없던 행동이었다. 단비가 욕심을 부리면 먹던 것을 중지하고 먹도록 살며시 자리를 피해 주던 초롱이었다. 그런데 며칠 사이 그릇을 깔끔하게 비우고도 모자라 그릇에서 떠나지 않고 쩝쩝했다.

−초롱아, 모자라니? 조금만 더 먹자, 그럼.

단비도 정자 그늘에 비스듬히 누워 있으면 배가 심상치 않았다. 초롱이처럼 밑으로 내려오지는 않았지만 더부룩해 보이는 게 요 며칠 볼수록 불안했다.

−단비야, 배가 왜 그래? 너도 모자란 거야. 알았어. 조금만 더 줄게.

동이 트기도 전에 나가 보니, 초롱이가 박스 안에 누워 있었다.

−초롱아, 왜 누워만 있는데, 몸 좀 움직여, 어디 아픈 건 아니지?

선혜가 걱정스러운 표정으로 말을 걸어도 초롱이는 박스에서 나오지도 않고 애처로운 시선으로 앓는 소리만 했다.

−끄으응, 끄으응, 끄응.

−초롱아, 설마 너 아기야 나오는 거 아냐?

선혜는 산기가 있음을 직감하고 수건 두 개와 신선식품 배달될 때 감싸오는 푹신한 은박지를 가져다 깔아주었다.
 −잠깐만, 이거 좀 깔자. 아가야 나오면 폭신해야지. 초롱아, 어서.
 다행히 초롱이는 선혜가 다가가자 간신히 몸을 일으켜 밖으로 나왔다. 그런데 밥은 안 먹고 이리저리 정자 주변을 배회하더니 급하게 박스 안으로 들어가자마자 미끄덩한 덩어리를 쏟아냈다. 첫 새끼였다. 초롱이는 입으로 능숙하게 태반을 거둬내고 새끼를 꺼내 입으로 핥기 시작했다. 검지와 중지만한 새끼가 눈도 못 뜬 채, 어미의 혀 밑에서 꼼지락거렸다. 선혜가 눈앞에서 보고 있음에도 경계하지 않고 핥고 있었다. 얼마나 기운이 없고 급했으면 경계도 못 하고 저렇게 새끼를 처치할까 싶었다. 또 한 마리가 나오는지 옹색하게 앉아서 몸을 틀었다. 앞에서 봤다가 무슨 일이 일어날까 봐 수돗가로 가 조루에 물을 담았다. 모르는 척 텃밭에 물을 줄 수밖에 없었다.

 방으로 들어와 인터넷을 열어 산후에 어미와 새끼가 먹을 수 있는 부드러운 습식 사료와 영양이 충분한 간식을 장바구니에 담았다. 아무래도 잘 먹여야 초롱이가 몸을 추스르고 새끼들도 잘 건사할 것 같았다. 둘러보니 대변기도 깔끔하게 나와 있었다. 어차피 초롱이가 새끼들에게 배변 연습을 시키려면 필요할 것 같아 패드와 냄새를 차단할 수 있도록 지붕이 있는 큰 것을 장바구니에 담았다. 새끼들이 배설을 하면 텃밭이 새끼들의 터전으로 변해 푸성귀와 화초도 구경할 수 없을 것 같았다. 초롱이만 연습시키면 새끼들은 자동으로 따라 할 것 같아 지붕이 있어 열었다 닫았다 할 수 있고 앞에 구멍이 있어 자유롭게 드나들 수 있는 것을 주문했다.
 −초롱아, 고생했어, 아이쿠, 우리 초롱이 잘했어, 잘해.
 −끄으응, 끄으응, 끄응.

─새끼 건강하게 키우려면 잘 먹어야 해. 자, 이거 좀 먹어.

─끄으응, 끄으응, 끄응.

초롱이에게 간식을 먹이고 있는데 언제 왔는지 까만색 고양이가 계단참에서 지켜보고 있었다. 선혜가 쳐다보자, 자리를 잡고 느긋하게 앉아 이쪽을 바라보며 땅에 꼬리를 몇 번 탁탁 가볍게 내리쳤다. 소름이 돋았지만 온 힘을 다해 억누르고 초롱이에게 간식을 먹이는 데만 집중했다.

─초롱아, 설마 저놈이 새끼들 아비냐? 저 조폭 같은 놈이 응, 초롱아.

저놈만 아니었다면 초롱이가 이렇게 고생하지 않았을 텐데 징그럽고 원망스러웠다.

─어쩜 저렇게 덩치가 크고 새까맣게 윤기가 자르르 흐를까, 이 동네 암코양이들을 옴짝달싹 못 하게 발톱으로 휘어잡았을 거 아냐. 생긴 것은 보스인데 하는 짓은 완전 양아치구나. 초롱아, 너 저놈한테 얼마나 시달렸니? 도대체 새끼는 몇 번이나 낳은 거야. 단비랑 새침이도 네가 낳았지?

크기로 보아 새끼가 기어 다니자마자, 초롱이가 몸 풀자마자, 배란에 들어선 것 같았다. 그러니 초롱이가 견디지 못하고 힘없이 끄응, 끄응 와서 구원 요청을 하지.

선혜는 쪼그리고 앉아 간식을 먹이다가 다리가 저려 일어나 까만 고양이 쪽을 바라보니, 어느새 담장에 올라가 이쪽을 물끄러미 보고 있었다.

─초롱아, 설마 저놈이 여기서 눌러있겠다는 것은 아니겠지, 응.

─끄으응, 끄으응, 끄응.

─알았어, 아니라고 알았어. 어여, 좀 더 먹어.

선혜가 쳐다보자, 담장에 앉아서 꼬리를 탁탁 두어 번 내리쳤다. 마치 자신의 영역표시라도 하려는 듯. 아니면 선혜에게 자식들 거둬줘서 고맙다는 인사라도 하려는 듯 흐뭇하게 쳐다보고 있었다. 선혜도 눈을 피하지 않고 오랫동안 쏘아 보았다.-나쁜 놈, 이제 속이 시원하니, 썩 꺼지지 않고 뭐한다니?

그래도 놈은 꼼짝 않고 먼저 시선을 피해 멀리 허공을 응시했다.

선유동 코코의 몸에 변화가 있음을 알게 된 것은 운동을 시작하고 며칠 되지 않아서였다. 산책하고 운동하는데 몸놀림이 예사롭지 않아 검사해 보니 임신 4주 차에 접어들고 있었다. 가족들이 유럽여행 가 있는 동안 토하고 사경을 헤맨 것도 이유가 있었다. 몸 상태가 예민해 변화가 있었는데 자리도 잡지 않은 초기여서 병원에서도 잡아내지 못한 것이다. 코코와 슈슈는 분명 중성화 수술을 했음에도 어딘가 잘못됐는지 임신이 되고 말았다.

-종종 있을 수 있는 일이에요.

-어떻게 그럴 수 있어요.

-너무 어린 월령에 수술하다 보면 흔치 않지만 그럴 수 있어요. 나 오늘이 마지막이에요. 누군가는 책임져야 하잖아요. 보건사도 오늘까지일 거예요.

-어떡해요, 그동안 상담사님이랑 보건사님 때문에 편하게 일 할 수 있었는데.

-새로운 상담사도 잘 할 거예요. 그동안 고마웠어요.

임신 사실이 밝혀지고 선유동에는 한바탕 회오리바람이 불었다. 기존 상담사와 보건사는 관리 부주의로 강제 퇴직당하고 새로운 상담사와 보건사가 배정되었다. 다니던 동물병원은 정리되고 국립대학

수의과대학 동물병원 특진 교수를 지정해 코코와 슈슈는 특별 관리에 들어갔다. 산책과 운동도 임신한 코코의 몸 상태에 맞게 프로그램이 새롭게 적용되고 슈슈도 덩달아 조정되었다.

팔월 중순의 옥탑은 선풍기를 틀어도 시멘트 바닥 복사열이 고스란히 반사되어 숨이 턱턱 막혔다. 초롱이와 새끼들이 있는 박스를 정자 마룻바닥 위로 올리고 맞바람이 칠 공간을 제외하고 정자 처마에 돗자리를 발처럼 매달아 햇빛이 들치는 것을 최소화했다. 옥상 바닥은 선혜가 수시로 물을 뿌려 열을 식혔다. 초롱이와 새끼들이 있는 박스 안은 얼음 팩을 싸서 놓았다. 선혜가 집에 있을 때는 선풍기도 틀었다.

이 더위에도 다행히 어미젖이 잘 나오는지 다섯 놈은 힘차게 네 발로 버티며 젖꼭지를 찾아 빨았다. 늦게 잠에서 깬 까망이는 누렁이가 물고 있던 젖을 뺏으려 하자, 누렁이 또한 필사적으로 놓지 않았다. 누렁이는 잠잘 때도 어미젖을 꼭 물고 잤다. 결국 까망이는 맨 밑에 숨어 있는 어미 젖꼭지를 찾아 다른 새끼들에 짓눌려 하늘로 뒷발을 버둥대며 젖을 빨았다. 눈만 뜨면 다섯 놈이 동시에 빨아대는 바람에 초롱이는 기진맥진해서 입을 헤 벌리고 나자빠져 있기 일쑤였다.

ㅡ아이고 이놈들아, 적당히 좀 뜯어라. 네 어미 쓰러지겠다.

새끼들에게 젖을 뜯기며 숨도 제대로 못 쉬고 녹초가 되어 있는 초롱이가 불쌍하기까지 했다. 다섯 마리 누구 하나 빠지지 않고 힘이 넘쳐 눈만 뜨면 젖을 뜯기는 초롱이가 더 걱정이었다. 저러다 초롱이가 무슨 일 나지 싶었다. 날씨가 더워도 새끼 젖은 먹여야 했는지 초롱이는 사료와 간식을 거르지 않고 주는 족족 정신없이 먹어치웠다. 새끼들은 어미젖을 무차별적으로 뜯어먹은 덕에 털은 윤기가 흐르고, 살이 토실토실 올라 복숭아빛 주둥이와 발가락으로 어미젖을 찾을 때면 만지고 싶은 충동이 일 정도로 앙증맞았다.

초롱이는 새끼를 출산하고 일주일 동안 한시도 새끼 곁을 떠난 적이 없었다. 선혜도 수시로 바닥에 물을 뿌려 열기를 식혀주느라 아침저녁으로 초롱이 곁에서 살다시피 했다. 초롱이는 더위에도 새끼를 품고 있거나 잠자는 새끼 곁에서 함께 옹색하게 헉헉대며 누워 있었다.

선혜가 늦게 퇴근해 초롱이 밥그릇을 보니 혀로 핥은 것처럼 깨끗했다. 초롱이는 박스에서 나와 침을 질질 흘리며 애타게 선혜 주변을 맴돌았다.

―끄으응, 끄으응, 끄응.

―왜 초롱아, 사료가 없어? 새끼들은 어쩌고?

초롱이는 선혜 주위를 돌며 안절부절못한 채 앓는 소리를 했다. 밥그릇 주변에는 사료 하나 떨어져 있지 않았다. 새끼들이 있는 박스 안을 보니 오른쪽 귀퉁이에 삭은 물수건을 빨아서 비틀어 쥐어 짜놓은 것처럼 누렁이가 허리를 구부리고 모로 누워 있었다. 털 색깔도 진한 누런색이 아닌 희멀겋다. 새끼들은 왼쪽에 서로 몸을 포갠 채 코까지 벌름거리며 쌔근쌔근 자고 있었다. 선혜가 휴대폰 전등을 켜며,

―누렁아, 어디 아파, 왜 그러고 있는데?

하고 불빛을 가까이 비추는 순간, 천둥벼락이 대추나무에 내리꽂히듯 찌르르 뇌가 감전되었다. 누렁이 머리와 목 주변이 이빨 자국에 짓이겨 있었다. 윤기가 흐르던 누르스름한 누렁이의 털은 흔적도

찾아볼 수 없고 젖은 자국이 여기저기 있어 습해 보였다. 생기발랄하던 복숭아빛 주둥이와 발바닥은 핏기 잃은 물체가 되어 내팽개쳐져 있었다.

—초롱아, 누렁이 어떻게 된 거야, 네 새끼 누렁이 어떻게 된 거냐고? 지금 밥이 주둥이로 들어가니?

허겁지겁 사료를 먹고 있는 초롱이만 다그쳤다. 초롱이는 코를 박고 사료를 먹느라 정신이 없었다.

어제 저녁까지 누렁이는 까망이에게 젖을 뺏기지 않으려고 바투 잡고 몸부림쳤는데 심지어 잘 때도 어미젖을 물고 잘 정도로 식탐이 대단했다. 그렇다면 초롱이가 몸도 아프니 귀찮아서 물어 죽였을까. 누렁이는 초롱이의 오른쪽 맨 아래 젖꼭지를 잘 때도 물고 어떤 놈이 뺏을라치면 절대 양보하지 않고 끝까지 물고 놓지 않았다. 저렇게 물고 놓지 않으니 초롱이는 얼마나 아플까 싶었다.

—초롱아, 설마 네가 그런 것은 아니지, 아니지, 누렁이.

초롱이는 몸이 아프다고 귀찮다고 자식 물어 죽일 기운도 의지도 없는 어미이다. 선혜가 다가가면 혹여 새끼들 어찌할까 봐 앞발로 새끼들을 끌어다가 꼭 감싸 안았던 어미이다. 밥을 먹고 나자 초롱이는 선혜를 보고,

—끄으응, 끄으응, 끄응.

하고 애처롭게 무언가 간절히 요구했지만 알아들을 수가 없었다.

—알았어, 오늘 저녁에 누렁이랑 같이 보내. 치우지 않을게.

선혜는 초롱이가 마지막으로 누렁이와 함께 보내라고 치우지 않았다.

이른 새벽에 나가 보니 누렁이는 여전히 흐트러짐 없이 누워 있었다. 선혜는 호박잎 세 개를 따다가 누렁이 몸에 덮었다. 그리고 봄에

배설물로 인해 방치됐던 상추 상자로 가 꽃이 피어있는 상추 몇 포기를 뽑아내고 구덩이를 팠다.

—초롱아, 누렁이 갈 거야. 네가 봄에 응아 했던 자리에 묻을 거야.

선혜가 모종삽으로 누렁이를 들어내도 초롱이는 새끼들을 감싸 안은 채 꼼짝 않고 선혜의 행동만 지켜보았다.

선유동 코코는 관리사와 보건사의 철저한 운동과 식단관리로 후유증 없이 건강하게 자랐다. 슈슈가 곁에 어른거리자 코코는 예민한 반응을 보여 분리해서 케어를 했다. 슈슈는 스트레스를 받았는지 관리사와 상담사, 보건사에게까지 하악질을 하며 심통을 부렸다. 임신한 코코보다 심리적으로 불안한 슈슈에게 신경을 쓰는 형국이었다. 출산일이 가까워지자 이 주에 한 번씩 갔던 수의과대학 동물병원은 일주일로 간격이 좁혀져 관리사와 상담사가 더 분주해졌다. 코코의 태아는 다행히 몸놀림도 활발하고 건강하게 잘 놀았다. 선혜는 코코가 임신한 후부터 운동이나 산책으로 방을 비울 때 청소를 했다. 로봇청소기로 먼저 바닥을 돌리고 무음 청소기로 확인 차 다시 한번 돌렸다. 캣 타워와 침대, 놀이기구는 여전히 쭈그리고 앉아 롤러로 일일이 털을 제거하고 구석구석 소독하고 마른 수건으로 자국을 없애고서야 허리를 폈다. 청결 유지가 강화된 것은 이 층 전체는 물론 운동 시설이 있는 공간과 산책코스까지 확대되어 선혜의 손길이 몇 배는 분주하고 힘이 달렸다. 바닥 청소는 외부 공간을 담당하는 남자 직원이 했지만 운동 기구와 작은 시설물처럼 손이 많이 가는 작업은 선혜의 몫으로, 어렵게 주어진 휴식시간마저 갉아먹었다.

출근하지 않는 토요일 오후 해가 기울기 시작하자, 뒷집 옥탑에서 한 시간 넘게 웃고 떠드는 소리가 들렸다. 기타 연주에 맞춰 생일 축하 노래가 들렸다. 조용해지겠거니 하고 기다렸지만 시간이 갈수록 목소리는 높아졌다. 선혜는 초롱이와 새끼들이 걱정되어 곁을 떠날 수가 없었다. 옥탑에 세 들어 사는 청년들이 분주하게 움직이고 있었다. 문밖에 불을 환히 밝히고 대여섯 명이 모여 있었다. 대략 이십 대 중후반으로 보이는 여자 세 명과 청년 한 명은 바닥에 앉아 음식을 먹으며 신나게 담소하고 청년 한 명은 조립식 탁자에 이동용 버너를 설치하고 고기를 굽고 있었다. 또 다른 청년은 아이스박스에서 캔을 꺼내고 있었다. 마치 캠핑 온 사람들처럼 여유롭게 웃으며 떠들고 있었다. 평소에는 어떤 사람이 사는지도 모를 정도로 조용했다. 주말에 이불이나 남자 바지, 티셔츠가 널려 있는 것을 보고 남자들이 사나, 할 정도였다.

초롱이는 박스 안에서 고개를 숙인 채 새끼들을 앞발로 끌어안고 있었다. 까망이는 초롱이 엉덩이 뒤에서 자는지 고개를 깊숙이 파묻은 채 꼼짝 않고 있었다.

―초롱아, 시끄럽지, 괜찮아, 집 다시 만들어 줄게.

선혜는 정자 밑에 접어 두었던 조립식 원터치 텐트를 꺼냈다. 다행히 텐트는 정자 마루에 맞춘 것처럼 딱 맞았다. 초롱이와 새끼가 들어있는 박스를 텐트 안에 놓고 모기장이 설치된 문 하나만 열어두고 소리를 최대한 차단했다. 텐트 안에 박스를 넣자 초롱이가 박스 안에서 나와,

―끄으응, 끄으응, 끄응.

소리를 내며 기분이 좋은지 텐트 바닥에 자리를 잡고 앉았다.

―초롱아, 좋지? 햇빛도 들치지 않고 괜찮을 거야. 새끼들하고 편안하게 있어.

선혜는 박스 바닥에 젖어 있는 패드를 걷어내고 새 패드로 교체했다. 생후 일주일이 지나자 새끼들의 오줌도 상당해 금세 패드가 젖었다. 변기와 함께 사료 그릇, 물 그릇도 들여놓았다.

―초롱아, 새로 다 교체했으니까 새끼들 좀 깨끗이 닦아줘. 힘들어도 알았지. 새끼들이 깨끗해야 냄새가 안 나지. 그리고 네가 변기에다 응아 해야 새끼들도 따라서 하니까 변기에다 응아 해 알았지, 응.

초롱이가 아직 변기에 볼일을 본 적이 없는데 밖으로 자유롭게 나올 수 없으니 답답하면 변기에 배설할 거라 생각하고 한쪽에 조심스럽게 놓았다. 바람이 불면 텐트가 균형을 잃고 움직일 거 같아 페트병 열 개에 물을 담아 텐트 네 귀퉁이를 고정했다. 뒷집 옥탑의 행사는 주인집 할아버지의 적지 않은 바튼 기침 소리를 듣고서야 마무리가 됐는지 잠잠했다.

다른 날보다 일찍 나가 보니 초롱이가 박스 안에서 나와 모기장 앞에서 애타게 칭얼대고 있었다.

―끄으응, 끄으응, 끄응.

―왜 초롱아, 무슨 일 있어? 어디 아가들아, 잘 잤니? 까망이가 왜 엎드려 있는데 초롱아.

까망이가 아무 상처도 없이 부드럽게 엎드려 있었다. 박스 구석도 아니고 벽에 붙어서 편하게 엎드려 있었다. 뻣뻣하지도 않고 그렇다고 쌔근쌔근 숨을 쉬는 것 같지도 않았다. 다만 움직이지 않고 고개를 앞다리에 포개고 뒷다리는 뻗은 채 꼬리는 축 처져 있었다. 세 마리는 왼쪽에 서로 몸을 포갠 채 복숭아빛 주둥이를 내밀고 어느 놈은 앞발을 등에 올리고 쌔근쌔근 자고 있었다. 선혜는 발치 가까이 끙끙거리는 초롱이만 다그쳤다.
—초롱아, 너 까망이 어떻게 된 거야, 까망이가 왜 저러는데?

점심때쯤 뒷집 옥탑에서 사람 소리가 들렸다. 몇 명이 몰려왔는지 삼십 분 넘게 웃음소리와 함께 시끌벅적했다. 나가 보니 청년들 네 명이 파라솔 밑 탁자 옆에 보조 탁자까지 놓고 배달된 음식을 먹고 있었다. 초롱이는 다행히 새끼들 젖을 물리고 있었다. 세 놈이 악착같이 어미젖을 앞발로 뒷발로 버티며 뜯고 있었다. 초롱이는 녹초가 되어 고개를 바닥에 누인 채 널브러져 헉헉대고 있었다. 까망이는 수건으로 덮여 있었다. 텐트 밖에 틀어놓은 선풍기에서는 여전히 훅훅 더운 바람이 불었다.
—초롱아, 덥지? 물 좀 뿌리자. 물 뿌리면 시원해. 그리고 시끄러워도 조금만 참아. 곧 갈 거야, 저 사람들.

선혜는 선풍기를 끄고 옥상 시멘트 바닥에 호스로 물을 뿌렸다. 조금이라도 열을 식히기 위해 수건에 물을 적셔 선풍기 고개에 올려놓았다. 어느 정도 열이 식자 선풍기를 다시 틀어놓고 텐트의 모기장을 열어두었다. 저녁 해가 내리자 뒷집 옥탑에서는 말소리가 들리지 않았다. 선혜는 저녁에도 몇 번씩 드나들며 간식과 사료 그릇을 확인했다. 초롱이는 여전히 사료도 간식도 입에 대지 않았다.

날이 밝기도 전에 이른 새벽 나가 보니 텐트의 모기장 문이 바람에 나풀거리며 팔랑거렸다. 선혜는 서둘러 박스 안을 살폈다. 초롱이와 새끼들은 오간 데 없고 까망이 곁에 재동이가 내팽개쳐져 있었다. 초롱이와 새끼 두 마리가 흔적도 없이 사라졌다. 재동이도 까망이처럼 아무 상처 없이 엎드린 채 누워 있었다. 까망이에게 덮여 있던 수건은 귀퉁이에 뭉쳐 있었다. 은박지, 패드도 제멋대로 뭉개져 있었다. 선혜는 놀라지도 충격도 받지 않았다. 오히려 허망해서 멍하니 서 있었다. 혼낼 초롱이조차 없었다. 초롱이가 먹었는지 누가 먹었는지 여기저기 사료가 흩어져 있었다. 초롱이가 새끼를 낳은 지 열흘째 되는 날이었다.

  선혜는 텃밭에서 호박잎을 다섯 개 정도 뜯어 까망이와 재동이를 덮었다. 그리고 누렁이를 묻었던 상추 스티로폼 상자에서 나머지 상추를 조심스럽게 가위로 잘라냈다. 상추를 뽑아내면 자칫 누렁이까지 파헤쳐질까 봐 최대한 조심스럽게 모종삽으로 구덩이를 깊게 팠다. 호박잎에 까망이와 재동이를 보이지 않게 각각 말았다.

  -고생했어. 하늘나라 가서 마음껏 먹고 뛰어 놀아. 까망아, 재동아, 미안해. 너무 일찍 보내서.

  선혜는 모종삽으로 까망이를 들어 구덩이에 누이고 호박잎 세 장을 뜯어서 덮었다. 그리고 다시 재동이를 그 위에 놓고 호박잎 세 개를 뜯어 덮은 후 흙을 북돋아 주었다. 아직 잎이 남아 있는 상추를 가위로 잘게 잘라 흙이 보이지 않게 골고루 덮었다. 흙이 보이면 어느 놈이 파헤치고 일을 볼 수도 있다.

  선혜가 초롱이 사건으로 혼이 나가 있는 동안 선유동 코코의 몸은 출산 직전으로 하루하루 힘든 시간을 보내고 있었다. 운동과 산책은 잠시 멈춘 상태여서 선혜의 손길이 분주하지 않지만 코코가 언제 출산할지 몰라 보건사, 상담사와 함께 긴장한 채 병원에서 비상 대기 중이었다. 코코는 출산 예정일을 사흘이나 넘겨 율희 씨와 민서, 윤서의 마음을 애타게 했다. 예정일에 맞춰 병원에 입원을 했지만 코코의 새끼는 세상 밖으로 나올 생각을 않고 밖에 있는 사람들 애만 태웠다. 코코는 병원에서 특별히 제공한 공간에서 안절부절 못한 채 이리저리 배회하다가 간간이 몸을 틀며 사흘째 용을 쓰며 힘겨워했다. 기다리다 지친 율희 씨가 교수님께 제안했다.

-교수님, 코코가 너무 힘들어하는데 수술해야 하는 거 아닌가요?

-코코 몸 상태라면 충분히 스스로 분만할 수 있습니다. 조금만 기다려 보시죠. 새끼들도 건강하니 염려 안 하셔도 됩니다. 자연분만을 해야 코코가 건강하고 새끼들도 건강하게 자랄 수 있습니다.

-예정일이 사흘이나 지났는데요.

-네, 오늘 밤늦게 시작해서 아마 새벽까지는 다 출산할 것입니다.

선혜와 상담사, 보건사는 교수의 말을 듣고 병원에서 밤을 새웠다. 코코는 새벽 한 시에 첫 새끼를 낳기 시작해 새벽 다섯 시가 돼서야 마지막 새끼 출산을 마쳤다. 모두 여섯 마리를 낳았다. 이삼십 분 간격으로 길게는 사십 분 만에 낳은 새끼도 있었다. 페르시안과 노르웨이 숲 혼종이 태어난 셈이다. 코코를 닮은 하얀색 두 마리와 슈슈를 닮은 재색 두 마리, 코코와 슈슈를 반씩 닮은 흰색과 재색이 섞인 두 마리 모두 여섯 마리였다. 순수 혈통을 존중하고 동물을 지극히 사랑하는 율희 씨는 코코와 슈슈를 새끼들과 함께 대학병원에 기증하기로 했다.

-교수님, 아무래도 코코와 슈슈네 가족을 맡아주셔야 할 것 같습니다. 수의과대학 캠퍼스에서 학생들과 마음껏 생활할 수 있도록 했으면 좋겠습니다. 경비는 슈슈와 코코네 가족이 생명이 다할 때까지 지원하겠습니다.

―저희야 코코와 슈슈 가족이 캠퍼스에 남는다면 더할 나위 없는 영광이죠. 학생들한테도 좋은 기회가 될 것입니다. 감사합니다.

　하얀색 암컷 페르시안 코코를 동생보다 더 사랑했던 민서는 율희 씨의 차분하고 사랑스러운 목소리를 귀담아들으며 눈물을 삼켜야 했다. 재색 수컷 노르웨이 숲 슈슈를 동생으로 둔 윤서는 단호하지만 부드러운 율희 씨의 목소리를 놓치지 않고, 촉촉한 눈망울로 오랫동안 율희 씨의 맑고 투명한 눈을 응시했다.

　초롱이가 말없이 사라졌다가 조용히 나타나 사료만 먹기를 한 달쯤 반복하던 어느 날, 선혜가 퇴근해 텐트를 보니 모기장 문이 바람에 살랑였다. 거뭇한 그림자로 가득 찬 상자 안에 유난히 반짝이는 눈망울이 선혜를 붙잡았다. 휴대폰 조명을 비춰보니 초롱이 품에서 살포시 고개를 내밀고 말똥말똥 선혜를 빠끔 쳐다보고 있었다. 재롱이었다. 결국 재롱이 한 놈만 품에 있었다.

　―초롱아, 잘 했어, 아무튼. 어디 보자, 우리 재롱이 잘 왔어, 잘 와.

　초롱이는 재롱이 곁을 한시도 떠나지 않고 밥 먹는 것과 배설을 함께했다. 재롱이는 어미 곁에 착 달라붙어 그림자처럼 행동했다. 초롱이가 정자 밖으로 나와 멍하니 해바라기를 하면 재롱이도 어미 곁에서 똑같은 자세로 해바라기를 하고 초롱이가 꾸벅꾸벅 졸면 목에 매달려 살풋 숙면을 취하곤 했다. 그러다가 잠이 깨면 어미의 길게 늘어진 꼬리를 물고 깡충깡충 장난을 치며 놀았다. 재롱이는 선혜가 밥을 주고 배설 패드를 갈아주어도 여전히 곁을 주지 않았다. 오히려 선혜가 가까이 다가가면 이를 드러내며 하악질로 방어를 했다.

―치이익, 치이익, 치익.
―알았어, 괜찮아, 재롱아. 천천히 하자.
선혜 역시 재롱이의 복숭아빛 주둥이와 뽀얀 발바닥을 간질이고 싶은 마음이 간절했지만 혹여 초롱이가 다른 마음을 먹을까 일정 거리를 두고 지켜보기만 했다.

첫눈이 내리고 날씨가 본격적으로 겨울로 접어들자, 초롱이는 텐트를 비우는 날이 잦았다. 처음에는 잠깐씩 비우더니 어느 날부터 재롱이를 데리고 나가 밤까지 새고 밥때를 맞추어 잠깐 들렀다가 다시 나갔다. 아마도 무리들이 있는 아지트로 다시 들어간 듯했다. 선혜는 다시 한번 가슴을 쓸어내렸다. 텐트가 추워서 그런가 하고 침낭과 헌 이불을 깔아 따뜻하게 보금자리를 마련해 주었지만 초롱이는 자리에 들지 않고 재롱이를 데리고 들락거렸다. 어느 때는 며칠씩 초롱이는 보이지 않고 재롱이 홀로 문 앞에서 쭈그리고 앉아 퇴근하는 선혜를 기다리고 있다가 들어오겠다고 칭얼댔다.
―끼이잉, 끼이잉, 끼잉.
―안돼, 재롱아, 엄마 올 거야. 조금만 기다리자, 응. 도대체 네 어미는 어디 갔다니? 넌 거기가 어디인지 알고 있지?
선혜가 나가면 재롱이는 기를 쓰고 안으로 들어서려 몸부림쳤다. 마치 초롱이가 처음 문 앞에서 끙끙대듯 재롱이도 칭얼댔다. 어미는 어디 있느냐 물어도 재롱이는 선혜의 다리 밑을 파고들며 낑낑대기만 했다. 재롱이는 사료를 먹고 텐트 안에 혼자 있다가 밤이 되면 문 앞에서 울다가 선혜가 들이지 않자 어디론가 사라졌다.

선유동 코코와 슈슈가 떠난 방에는 새로운 가족이 들어와 산뜻하고 쾌적한 보금자리를 만들어가고 있었다. 율희 씨는 아이들의 의견을 존중해 민서에게는 화이트 포메라니안 암컷 포포를, 윤서에게는 갈색 닥스훈트 수컷 또또가 동생으로 들어왔다. 모두 수의과대학 동물병원에서 출산했고 이제 갓 어미 젖을 뗀 한 달 된 강아지였다.

코코와 슈슈가 사용했던 일체의 시설물과 물건들은 정리하고 포포와 또또가 안정되게 생활할 수 있도록 재정비했다. 강아지 집과 놀이기구도 무공해 친환경 제품으로 들였다. 가장 신중한 것은 배변 문제로 상담사의 철저하고 엄격한 지도하에 진행되었다. 화이트 포메라니안 포포는 상담사의 지시에 따라 며칠 만에 습득이 됐는데 닥스훈트 또또는 고집이 있어 단호하고 강력한 훈련을 요했다. 덕분에 아무리 고집이 센 또또도 상담사의 훈련 앞에서는 꼼짝 못 하고 꼬리를 내려 습득하는데 시간이 단축됐다.

며칠 만에 들렀던 초롱이가 이 주일 넘게 들르지 않고 재롱이 혼자 오가며 울어대자 선혜는 불길한 예감이 들었다. 재롱이가 밤이 깊도록 텐트를 떠나지 않고 전에 없이 애타게 울어대자 선혜는 신발도 신지 못하고 맨발로 뛰쳐나갔다. 텐트 안에서 시커멓고 커다란 고양이가 뛰쳐나와 옆집 담장으로 바람처럼 사라졌다. 재롱이가 겁에 질려 꼬리를 엉덩이 안으로 감은 채 몸을 잔뜩 움츠리고 있다가 선혜를 보자마자 잽싸게 품으로 뛰어들었다.

ㅡ재롱아, 괜찮아, 괜찮아. 저 나쁜 놈이 설마 재롱이까지.

선혜는 큰 고양이가 다시 올세라, 재롱이를 꼭 끌어안고 옥탑방으로 재빨리 숨어들었다.

카페 다마스쿠스

백 시 종

- 본명 백수남(白秀男) · 1944년 4월 9일 경상남도 남해 출생
- 광주상고를 거쳐 1968년 서라벌예술대학 서양화과를 졸업
- 1966년 대한일보 신춘문예에 〈나루터〉가 가작으로 입선, 1967년 동아일보 신춘문예에 단편 〈비둘기〉 당선 등단 · 삼남교육신보사, 전남교육사 기자를 역임
- 2021년 제40회 세종문화상 예술 부문 수상, 2004년 제2회 채만식문학상 수상
- 2020년 동리 문학상, 목월문학상 수상
- 2012.01 한국소설가협회 이사장, 동아일보문학회 회장 역임
- 소설집으로 『자라지 않는 나무들』(1976), 『북망의 바다』(1977), 『선인장 여자』(1981), 『돈황제』(1989), 『재벌본색』(1997), 『그 여름의 풍향계』(2001), 『물』(2007), 『오주팔이 간다』(2008), 『풀밭 뒤의 식사』(2008) 등

카페 다마스쿠스

1

 어, 저게 누구야? 나는 소리를 질렀다. 분명히 김양기였다. 아무리 칸두라를 입고, 케피야로 머리를 감싼 모습이어도, 그리고 수염을 기르고, 안경을 끼었어도, 튀어나온 이마며, 서양인보다 더 날카로운 코끝이며, 가지런한 입매며, 영락없는 김양기 얼굴 그대로였다.
 그래서 나는 괴성에 가까운 소리를 지른 것이었다.
 "여보, 여보, 잠시만!"
 하나 설거지하던 아내가 티브이 앞에 다가왔을 때는 이미 다른 화면이었다. 뉴스 시간대여서 스쳐가 버리면 그만이었다. 그것도 거의 날마다 취급되는 중동 뉴스였다. 떠돌이 폭력배나 진배없는 아이에스에게 맥없이 밀리기만 하는 전력의 정부군 패전 소식이었다.
 트리폴리 함락이 초읽기에 들어갔다는 멘트와 함께, 기관단총을 치켜들고 환호성을 지르는 아이에스 병사들의 의기충천한 모습이 오버랩되며, 아이에스 지도자급 얼굴 면면들로 덮인 화면에서 김양기가 얼핏 스쳐간 것이었다.
 "분명히 성숙이 아비였어."
 목소리를 한껏 낮췄는데도, 아내는 손가락을 입술에 붙이며 주의 신호를 보냈다. 성숙이가 들을지도 모른다는 우려 탓이었다.
 "그래, 알았어.…… 하지만, 그 사람이었다니까."

아내는 귀 기울이는 것 같지 않았다. 내가 한 번 더 강조했다.

"분명히……."

"당신!"

눈을 흘기며 말을 이었다.

"당신, 요즘 왜 그래요? 왜 그 사람이 뉴스 화면에 나오겠어요?"

어이없다는 표정이었다. 나는 억울했다. 더 볼멘소리로 말했다.

"당신이 날 몰라? 내가 언제 그런 일로 허튼 소리 한 적 있어?"

"암튼,…… 제발!"

아내는 측은하다는 듯이 나를 봤다. 저윽한 시선이었다.

"티브이 그만 보고 들어가 쉬세요. 알았죠?"

그리고 끌끌 혀를 찼다. 죽었다는 소식 접한 지 벌써 몇 년짼데, 그따위 생뚱맞은 소리를 하느냐는 핀잔을 면한 것만으로 고맙게 여기라는 일종의 경고 같은 것이었다. 아내는 성숙이가 있는 방문 앞에 귀를 잠시 기울였다가, 놓고 나온 일감을 찾아 싱크대 쪽을 향했다. 성숙이는 보나 마나 컴퓨터 앞에 앉아 자판을 두들기고 있을 게 뻔하다. 녀석의 방에는 빛이 없다. 24시간 캄캄한 밤이다. 두꺼운 커튼으로, 이중 삼중 유리창을 차단했기 때문이다. 대신 컴퓨터 화면은 늘 퍼렇게 켜 있기 마련이다. 그 도깨비 불빛에 얼핏얼핏 드러난 방 안 풍경은 온통 총기들뿐이다. 총포 상회를 방불케 하는 정교한 모조 총들이 진열대인 양 방 안 곳곳을 장식하고 있다.

소위 말하는 성숙이의 독특한 취미 생활이다. 계집아이답지 않게 어렸을 때부터 총을 좋아해서 총만 들고 살았는데, 중학생 나이에 이르러서는 더 진화, 모조 총 수집광이 되었고, 녀석의 부유한 경제력을 동원, 온갖 총을 인터넷 쇼핑으로 구입, 총포 상회 수준에 이르게 된 터다.

성숙이는 정말 총이라면 사족을 쓰지 못한다. 새로운 제품이 나왔다 하면 그날로 제 손에 넣어야 직성이 풀린다. 그러느라 늘 컴퓨터 앞에서 일어서지 못한다. 물론 총싸움하는 게임은 더 적극적이다. 자판을 두들기는 손가락이 보이지 않을 정도로 능수능란하다.

도무지 여자아이 같지 않다. 아니, 설사 사내아이라도 마찬가지다. 이건 도에 지나치다 못해 균형 감각 잃은 장애인 수준이다. 사지는 멀쩡한데, 어둠침침한 곳에 똬리를 틀고 앉아 딴지만 걸어대는지 이해가 되지 않는다.

그렇다고 옆에서 지적이라도 할라치면 방방 뛰는 기세가, 상대가 누구라도 갈갈이 찢어발길 폼새다. 녀석은 직접 낳아 기른 어미도 감당이 불감당이다. 성숙이는 제 아버지인 김양기를 닮아 피부도 하얗고, 얼굴도 작고, 오목조목하고, 눈도 쾡하고, 웃으면 보조개가 움푹 파이는 미인형이다. 한데도 녀석은 거의 웃지 않고 산다. 쭉 곧은 다리며, 크지도 작지도 않은 체격이라 뭘 걸쳐도 패션모델 감인데도 웬 속셈인지, 녀석은 검은 바지, 검은 티셔츠가 아니면 아예 거들떠볼 생각을 하지 않는다.

게다가 게을러빠져서, 아무 데나 옷을 벗어 내던지는 통에 제 어미가 따라다니며 쓰레기 줍듯 정리를 하지 않으면 안 된다. 그처럼 칠칠맞다 보니, 깔끔한 딸아이 방답지 않게 돼지우리 수준이다. 제 어미가 보다 못해 직접 나서 청소라도 하기 시작하면, 되레 야단법석이다. 손도 대지 못하게 아우성이다. 어쩔 수 없이 녀석이 외출하기를 기다렸다가 부랴부랴 세 겹짜리 커튼을 걷어 내고, 창문을 활짝 열어젖히고 대청소에 들어가는 소동을 벌이곤 한다. 이건 꽃다운 상냥한 열여덟 살짜리 딸아이를 데리고 사는 게 아니라 고슴도치 같은 괴물을 모시고 사는 격이다.

성숙이는 지금도 마찬가지일 터다. 게임 아니면 뭔가를 숨죽이며 검색 중일 것이다. 녀석의 집념은 정말 대단하다. 컴퓨터 앞에서 꼬박 날밤을 새우는 수준이 아니라 세끼 밥도 마다하고, 사흘 밤낮을 오로지 화면만 뚫어지게 들여다보며 지내는 일이 다반사였다.

중학교 2학년 봄부터 그러했다. 비교적 늦게 찾아온 사춘기 영향이었다. 학교 결석을 밥 먹듯 했다. 제 엄마가 사정을 했다가, 으름장을 놓고, 으름장을 놓았다가 다시 통사정을 해도 소용이 없었다. 양아버지인 내가 나서도 매한가지였다. 녀석은 숫제 나를 아버지라고 부르지도 않았다.

솔직히 나는 녀석에게서 굳이 아버지라는 호칭을 들으려고 애쓰지 않았다. 내가 바라는 것은 오로지 한 가지, 성숙이도, 나와 제 어미가 그토록 열성을 다해 섬기는 교회에 제 이복동생과 함께 참석하여 신앙을 근간으로 하는 분위기 속에서 강건하게 성장하기를 소망했을 뿐이다.

물론 딸아이 자신을 위해서도 그러하지만, 솔직히 내 체면을 위해서도 성숙이는 꼭 교회에 나와 줘야 할 아이다.

내가 섬기는 교회에서 나는 중요한 직책을 맡고 있다. 교회의 리더급인 장로들 중에, 재정, 선교, 교육 등 주요 부서를 도맡게 되어 있는데, 나에게 주어진 분야가 교육위원장 자리다.

초등부, 중고등부, 청년부로 나뉘어 교회학교가 주일마다 운영되는데, 웬일인지 교사는 그런대로 확보가 되는데, 막상 성경 공부에 임해야 할 학생이 모이지 않아 교회학교가 텅텅 빌 지경이다.

내가 고등학생 시절만 해도 학년별로 50명 단위였을 뿐 아니라, 초등학교는 와글와글, 수업을 진행하기 어려울 지경으로 아이들이 넘쳐 즐거운 비명을 질렀는데……. 다른 경우는 몰라도 명색이 최고

책임자인 교육위원장의 큰 따님도 교회를 기피하는데, 왜 가기 싫다는 내 아이들까지 고삐를 꿰어 끌고 나와야 하는지 이해가 되지 않는다는 주변의 탄식 소리를 들으면 솔직히 쥐구멍이라도 찾아야 할 판이다.

"양아버지라 정주기 싫다면…… 할 수 없지만,…… 그래도 일주일에 딱 하루, 한 번인데,…… 체면 좀 세워주면 안 되나?"

내가 서운한 기색을 보일라치면, 풀죽어 있던 아내도

"그렇게 생겨먹은 걸 어떡하겠어요? 죽이겠어요, 살리겠어요?"

아예 두 다리 쭉 소리 나게 뻗어버리는 것이었다. 그러면서도 아내는 꼭 입바른 소리를 한마디 곁들이는 것이었다.

"마치 교회 학교가 텅텅 비는 것이 우리 성숙이 때문인 것처럼 말하는데, 그건 어패가 있네요. 왜 우리 아이들이 교회를 멀리하겠어요? 교회라면 왜 고개를 절절 흔들겠어요? 그건 뭔가 문제가 있는 거예요. 한국 교회가 어디론가 잘못 표류하고 있기 때문일 거예요. 아시겠어요?"

어쨌거나 성숙이는 나의 그런 염원과 기대를 끝까지 저버렸다. 단 한 번도 순종하는 시늉조차 해 본 적이 없었다. 설사 친아버지는 아니라 하더라도 엄연한 법적 보호자인 나의 존재를 어떻게 그처럼 면전에서 나 몰라라 무시할 수 있단 말인가.

문제는 그런 기만행위에 대해 전혀 반성의 기미가 보이지 않는다는 사실이었다. 반성의 기미는커녕, 되레 당연하다는 듯, 일요일만 되면 의도적으로 방문을 걸어 잠그고 헤비메탈을 집안이 쩡쩡 울리게 틀어놓곤 하는 것이었다.

정말 대단한 고집불통이었다. 어쩌면 제 이복동생과 잘 놀다가도 교회 갈 시간만 되면 금세 딴 얼굴이 되어, 남남인 것처럼 휙, 돌아설 수 있는지, 도무지 상상이 되지 않을 정도였다.

　그래서 일요일이면 녀석은 늘 혼자였다. 혼자여서 그렇게 함부로 휘어지고, 되바라지는지 몰랐다. 도무지 생각이 없는 고삐 풀린 망아지 같았다. 속된 표현으로 제 마음 꼴린 대로였다. 그러다가 젊은 독재자 김정은도 무서워 못 내려온다는 중 2 사춘기를 맞았고, 흡사 끝이 보이지 않는 그 혼란기를 빠져나오는 과정에서 퇴학을 당했고, 고등학교 진학은 아예 생각조차 못 했으며, 검정고시 제도를 통해 대학을 가겠다는 당찬 포부를 일방적으로 통보하고, 24시간 문 닫고 제 방에 틀어박혀 버린 것이었다.

　제 어미가 심하게 닦달하지 못 하고, 제 풀에 주저앉은 이유는 여러 가지가 있었지만, 그중에 결정적인 것이, 녀석의 이름으로 보관된 거액의 예금 통장 탓이었다. 녀석의 생부인 김양기가 사우디아라비아에서 성숙이 개인 통장으로 매월 송금하는 액수가 천만 원 단위에 이르는데다, 초등학교 입학 전부터 시작하여 한 달도 거른 적 없이 계속되었으니, 통장 잔고만 수억대에 이르게 된 것이었다.

　처음에는 제 어머니가 죄 관리했지만, 사춘기에 들어서면서, 녀석이 통장을 차고 앉아 일일이 점검하고 참견하는 통에, 아무리 제 어미라도 이제는 딸아이 눈치 보며, 처분만 바라는 처지로 바뀐 것이었다. 확실히 성숙이는 비상한 두뇌를 갖고 있었다. 그 아버지에 그 딸이었다.

　사우디아라비아에 도착하자마자, 바위에 계란 던지기 식의 아랍 말 배우기 작전에 나섰던 김양기가 낙타 탄 유목민들 속에 들어가 손짓 발짓 하더니, 기어코 의사소통에 성공했던 것처럼, 성숙이 녀석 역시 공부와 담쌓고 컴퓨터 화면만 쏘아보다가 치른 고등학교 검정고시를 단번에 패스한 사실이 그러했다.

비단 검정고시뿐 아니었다. 세상과 등지고 어두운 제 방에 갇혀 살면서도 세상 돌아가는 사정을 대충 섭렵해 버리는, 이른바 본능적인 판단력 또한 그러했다. 여러모로 제 아비를 그대로 판박이 한 성숙이었다.

2

누구나 겪는 사춘기이므로, 짜증내지 말고, 두려워하지도 말고, 더구나 절망은 금물이다. 차분하게 그냥 기다려라. 아무리 비정상적인 생각을 갖고, 말도 안 되는 행동을 거침없이 벌인다 해도, 누구나 한 번은 거쳐야 할 일종의 통과의례이므로, 결국은 제자리로 돌아오게 되어 있다. 그때까지 숨죽이고 대기하는 수밖에 없다.

일선 학교 교사들은 물론이고, 가까운 이웃이나, 친척들 역시 똑같은 판박이 충고를 아끼지 않는다. 용기를 내어 찾아간 정신과 상담 의사도 마찬가지다. 일단 사춘기라는 어두운 터널에 들어섰다 하면 특별한 처방이 따로 없다는 것이다. 백약이 무효라는 것이다.

밤잠을 설치며 안달복달하던 아내가 어쩔 수 없다는 듯 주저앉으면서도,

"성숙이도 김 군처럼 터키 같은 데로 날아가 버리면 어떻게 하지?"

뜬금없는 소리를 한다.

"터키라니, 그게 무슨 소리야?"

"요즘 청소년들이 터키를 통해서 시리아로 들어간다잖아요?"

"아, 아이에스? 그래, 오늘 뉴스에서도 영국 여고생 세 명이 아이에스 소년병에 입대했다는 보도가 나왔어."

"설마, 그 지경은 아니겠죠? 우리 성숙이 말이에요."

"성숙이가 왜 그러겠어? 아이에스하고 무슨 관련이 있다구."

"아니…… 며칠 전에 아이 방을 청소하다가 얼핏 봤더니, 컴퓨터 화면에 터키 지도가 떠 있어서 말이에요."

"우연의 일치겠지 뭐."

"그렇겠죠? 우리 성숙이가 뭐 아쉬운 것이 있어서……."

잠자코 고개를 끄덕이다가 무슨 생각을 했는지 다시 고개를 번쩍 들어올리며, 아내가 말을 잇는다.

"하지만, 생각해 봐요. 성숙이야 얼마나 자유로워요? 맘만 먹으면 돈 있겠다, 시간 많겠다……."

"그래도 그건 아니다. 느닷없이 그런 쪽으로 눈 돌릴 만한 계기가 있었으면 몰라도…… 안 그래?"

"그렇긴 해도…… 하도 걱정이 돼서…… 검색을 해 봤더니, 글쎄 소름이 돋아서 말이에요……."

아내가 계속했다.

"전 세계에서 모집한 아이에스 소년병 숫자가 2만 명을 넘어섰다잖아요. 그 순진한 아이들을 살인 병정으로 훈련시키는데, 글쎄…… 공포심을 줄이고, 적군을 죽이겠다는 각오를 다져 주기 위해 살해된 사람들의 피를 마시도록 강요하고 있다는 거예요. 그게 어디 사람이 할 짓이에요?"

치를 떠는 아내에게 나는 아무 말도 첨삭하지 않았다. 소년병들에게 마약을 투여하고, 그리스도교인들의 목을 치게 하는 처절한 광경을 티브이로 촬영, 서방 세계에 공개하는 행위며, 로이터 통신 기자며, 일본인 여행가의 잘린 목에서 솟구치는 시붉은 피가, 의도적으로 착용시킨 흰색 히잡 위에 쏟아지게 한 공포의 극치며…….

안 그래도 요즘 부쩍 기독교 장로회 전국 총회 같은 행사가 열리기라도 하면, '이슬람의 침략이 시작되었다' 느니, '대한민국도 안전지대가 아니다' 느니, '이슬람의 공략은 곧 기독교의 위기' 라느니 하는 긴급 고발성 비공개 특별 강연이 추가되곤 한다. 강사는 이슬람을 연구해온 신학대학 교수 아니면, 그쪽 지역에서 다년간 사역했던 선교사이기 마련이고, 그들도 목소리를 높여 '드디어 무슬림이 창궐하기 시작했다', '무슬림은 곧 사탄이다', '대한민국도 머지않아 인도네시아처럼 회교 국가로 바뀔 것이다' 라면서 총회에 참석한 목사나 장로들을 공포와 위기 속에 몰아넣곤 하는 것이다.

3

아내의 우려가 현실로 나타나는 일이 기어코 일어나고 말았다. 물론 구체적으로 아이에스 소년병과 직접 관련된 것은 아니었지만, 어쩌면 그에 못지않은 심란스러운 사안인지도 몰랐다. 어느 날부터 성숙이가 외출을 하기 시작했는데, 해 떨어지기 전에 귀가하면 그만이었지만, 밤늦도록 깜깜 소식일 경우 오매불망 발을 동동 구르는 아내를 옆에서 보기가 딱할 지경이었다.

아내는 오로지 핸드폰만 들고 살았다. 문자 들어오는 신호음 때문이었다. 성숙이의 카드 지출 내역 문자였다. 오랫동안 아내가 통장을 관리했던 덕분에 원주인이 카드를 긁는데도 아내의 핸드폰에 그 내역이 찍히게 되어 있어서, 그것으로 철부지 딸의 행방을 가늠하곤 하는 것이었다.

다행히 성숙이의 씀씀이는 상식을 벗어나지 않았다. 기껏해야 팬시점 아니면, 이태원 등지의 식당가에서 마신 음료나 식사, 그리고 음반 구입비가 대부분이었다. 성숙이가 다른 곳도 아닌 이태원을 왜 그렇게 자주 들르는지, 거기서 누구를 만나는지, 아내는 혼자 궁금증을 풀다 못해 나에게 도움을 청한 적이 있었다.

"성숙이가 나갔다 하면 이태원이에요. 이태원에 아이들 좋아하는 뭐가 있어요?"

"친구가 그쪽에 사는 거 아닐까?"

"걔한테 친구가 어딨어요? 학교 친구들하곤 담쌓은 지 오랜데."

"어디, 학교에서 사귄 친구만 있으란 법 있어? 그 나이 땐 웹상에서 사귈 수도 있고, SNS에서도 사귈 수 있고……"

"제발, 나쁜 저질 아이들하고는 어울리지 않아야 할 텐데…… 이태원 하면 왠지 선입견부터……"

"이태원에는 질 나쁜 아이들보다 외국인들이 많이 사는 곳 아냐?"

"아, 그렇구나. 우리 성숙이가 잘 가는 곳도 외국인 식당이던데…… 바그다드 카페…… 하자르 레스토랑도……"

"바그다드, 하자르? 두 곳 다 무슬림과 관련된 장소 같은데? 혹시 이슬람 사원까지 올라 다니는 건 아닐까? 하긴 제 아버지가 골수 무슬림이니까."

그것은 단순한 의문이나 의혹이 아니었다. 어떻게 그리 되었는지 그 과정까지 추적하기는 쉽지 않았지만, 어쨌든 성숙이가 그쪽과 무관하지 않은 것은 확실했다. 성숙이 방에서 한국 이슬람교 서울중앙성원 안내 팸플릿이 발견된 사실이 그러했고, 그 많은 시디 통 안에 무슬림과 관계되는 아라비아 음반이 적잖게 섞여있는 것만 봐도 그러했다. 모두가 이태원에 소재한 이슬람 쿠팡에서 구입한 것들이었다.

그런 정황으로 미루어 이태원 이슬람 사원을 중심으로 뭔가 관련을 맺고 있다는 사실을 부정하기에는 역부족인 상황이었다.

4

 모슬렘의 나라 사우디아라비아는, 매사에 까칠한 성숙이의 생부인 김양기와 나를 누구보다 가까워질 수 있게 만든 교두보 역할을 했다. 내가 대리 계급장을 달고 사우디아라비아 건설 현장에 파견되었을 때만 해도, 나는 개인적으로 누구에게 신경 쓸 처지가 아니었다. 모슬렘에 대한 생경함과 배타적인 비판 의식 때문이었다.
 부끄러운 얘기지만, 그 무렵 나의 모슬렘에 대한 이해도는 퍽이나 어정쩡한 상태였다. 아니, 이해도라기보다 지식이 일천했다고 해야 옳았다. 가령 히잡이니, 칸두라니 하는 이슬람식 의상만 해도 그러했다. 우리도 자랑스러운 전통 한복을 갖고 있지만, 명절이나 혼사 같은 특별한 때가 아니면 입지 않는 것이 일반적인 관례 아니던가. 물론 치렁치렁 늘어진 옷고름 하며, 펄럭이는 치맛자락, 두루마기 자락 따위가 얼마나 일상적인 활동을 제한하게 하는가. 그런 거추장스러움 때문에 우리 옷이 아니지만, 양복과 양장을 찾고, 편리한 작업복을 아무렇지도 않게 즐겨 입는 것이다.
 한데, 중동 사람들은 왜 하나같이 양복을 입지 않는 것일까. 여자고 남자고, 쌀자루 같은 치마만 고집하고 있는 것일까.
 내가 중동식 의상을 처음 접한 것이 유년주일학교 시절이니까, 초등학교 저학년 때가 아닌가 싶다. 일주일에 한 번씩 모이는 교회학교였다. 그때만 해도 흔치 않았던 총천연색 엽서를 한 장씩 나누어 주었다. 예수님 그림이었다.
 귀엽게 생긴 어린 양을 가슴에 안고 있는 모습이었다. 예수님도 쌀자루 같은 통짜 옷인 칸두라를 입고 계셨다. 예수님 주변에 서 있는 제자들도 마찬가지였다. 여자 아닌 남자인데도 머리에 무늬 헝겊으로 똘똘 말아 올린 케피야를 쓰고 칸두라 통짜 치마를 입었는데,

그것이 얼마나 길었는지, 땅바닥을 쓸고 다닐 정도였다.

나는 그때 생각했다. 예수님은 왜 저런 거추장스러운 것을 걸치고 있는 것일까. 얼굴 윤곽은 서양인이 분명한데, 왜 아시아에서 태어나셨다고 하는 것일까.

궁금해서 못 견딜 지경이었지만, 나는 누구 앞에서도 입 한번 벙긋하지 못했다. 지나치게 내성적인 성격 탓이었다.

어른이 되어서도 크게 바뀌지 않았지만, 나에게 있어서 많은 사람 앞에 서는 일처럼 무섭고 떨리는 대상이 없었다. 일대일일 때는 그토록 열변을 토하다가도 다섯 여섯 명이 모이고, 그 앞에 내세워졌다 하면 갑자기 눈앞이 캄캄해지고, 머릿속이 온통 하얗게 바래버리곤 하는 것이었다.

어쨌거나 대중 무섬증에다, 세상사 흐름을 파악할 수 있는 일반 지식을 겸비하지 못한 무식 증세까지 앓고 있던 내가 느닷없이 중동 땅 중심 지역인 룹알할리사막 작은 도시에 내던져졌으니, 그에 따른 혼돈을 어찌 몇 마디 말로 표현할 수 있단 말인가.

시쳇말로 나는 보수 골통 기독교 추종자였다. 그것이 어느 정도냐 하면, 너는 내 앞에서 다른 어떤 신도 없게 하라고 말씀하신 하나님을 미련스럽게 끙끙거리고 믿었으며, 하늘이나 땅이나 물속이나, 그 어디에 있는 것이라도 우상을 만들지 말고, 그것들에 절하거나 예배하지 말라고 명령했으므로, 상갓집은 물론이고 국가를 위해 목숨 바친 호국영령기념탑 같은 데서 남들 다 엎드려 절하는 데도 유독 나 혼자 우뚝 서서 묵념 자세를 끝까지 고집해 마지않았던 것이다.

그런 나에게 모슬렘은 도저히 이해될 수 없는 깎아지른 절벽 같은 대상이었다. 삽시에 온데간데없어지고, 너무도 엉뚱하고 너무도 이질적인, 마치 하나님의 뜻과 위배되는, 그래서 한 발자국도 접근하면 안 되는 이방신의 모습으로 내 앞에 보란 듯이 활짝 펼쳐졌으니, 어찌 혼돈하지 않을 수 있으며, 잘못 삼킨 이물질임을 알면서도 모른 척 은근슬쩍 다시 삼켜 넣을 수 있단 말인가.

모슬렘은 충분히 그러고도 남는 종교였다. 내가 모태에서부터 훈련 받고 교습 받고, 조종 받아 온 기독교 문화와 관습과는 전혀 다른, 또 다른 꽉 막힌 사회…… 아, 이런 생경한 사람들도 존재할 수 있구나.

예수그리스도께서 그토록 질시하던 반대 개념의 다른 신이 저토록 활보할 수 있구나, 나는 새삼 놀라다 못해 뒤로 벌렁 넘어지는 시늉을 마다하지 않았다.

확실히 그들은 특별했다. 우리들 보기에는 별종이었다. 같은 아시아권인데도 어떤 점에서도 동질감을 찾을 수가 없었다. 세상에서 그들 자신보다 더 우수한 인종은 없다는 식이었다. 뒤늦게 팔레스타인 땅을 차지하고 거드름을 피우는 유대인 뺨치게 그들의 시건방짐은 과히 하늘을 찌를 정도였다.

바닷가 모래알처럼 많고 많은 인종 중에 특별히 알라의 택함을 받은 으뜸 선민이 곧 그들 자신이라는 것이다. 그래서 쇠꼬챙이로 찌르기만 해도 검은 기름이 펑펑 쏟아지는 황금 땅을 주었고, 세상의 수많은 사람들이 그들 발아래 엎드려, 석유 좀 주십시오, 제발 좀 주십쇼 하소연 하도록 섭리해 주었다고, 그들은 한껏 거드름을 피워 마지않는 것이었다.

어쩌다 부의 세습을 누리는 기득권층을 만나면 숫제 눈도 제대로 마주쳐 주지 않는다. 안 그래도 키도 작고, 눈도 작고…… 필요 없이 얼굴만 큰 우리 같은 황색인종들은 더더구나 사람 취급을 제대로 하는 것 같지 않다.

실제로 나는 그 현장에 있었고, 그들이 휘두르는 어이없는 폭력에 나가떨어졌던 사람이다. 피투성이가 되었지만 항의 한번 못 하고, 되레 미안하다고, 고개 주억거리며 부끄럽게 현장을 빠져 나왔던 그 치욕적인 순간들…….

그날 우리는 리야드에서 제다로 가는 사우디 국내선 비행기에 앉아 이륙을 기다리고 있었다. 비행기는 만석이었다. 모래바람 때문에 일주일 내내 운항하지 못 하다가, 처음 뜨는 비행기라 더 그러했다. 우리에게는 그날 제다에 도착하지 않으면 안 되는 긴급한 사안이 있었다. 공사 입찰 서류 제출 때문이었다.

다행히 비행기가 움직이기 시작하여, 활주로를 반쯤 달렸는데, 느닷없이 흰색 리무진이 한 대 우리 쪽을 향해 달려왔고, 비행기가 멈춰 섰다. 키가 멀대처럼 큰 남자 승무원이 우리 쪽을 향해 손가락질을 했다.

설마 우리를 겨냥했을까. 뒤를 돌아보았지만 모두가 사우디 사람들이었고, 황색 인종은 우리 셋뿐이었다.

"우리 말인가요?"

"그래, 맞아. 당신들 셋 이리 나와."

"아니, 왜요?"

"글세, 나오라니까!"

"무슨 일인데요? 뭐가 잘못됐길래……."

"휴대품 다 챙겨갖고 나와. 어서!"

우리는 비행기에서 내팽개쳐졌고, 대신 리무진에 탔던 알라의 택함 받은 귀한 사우디 사람 세 명이 올라 왔으며, 우리는 기약도 없이 다음 비행기를 기다리지 않으면 안 되었다.

5

그런 일을 당한 뒤로 나는 어떻게 하면 그들에게 보복할 수 있을까 궁리에 궁리를 보탰지만, 뾰족한 묘수가 따로 있을 리 만무했다. 내가 할 수 있는 유일한 행동은 한 가지뿐이었다. 그들의 반대 개념인 예수님께 충성하는 일이 바로 그것이었다.

너무 지나치다 할지 모르지만, 내놓을 만한 것이라고는 예수님에 대한 믿음밖에 없다고 생각하는 내가, 섬기던 교회며, 맡았던 직분이며, 다 내팽개치고 하필이면 예수그리스도와 척을 지고 으르렁거리는 모슬렘 꼴통의 나라 사우디아라비아에 와 있다는 자체가 하나님의 뜻을 어기는 행위가 아닌가 싶을 정도였다.

그래서 더욱 긴장하고, 더욱 조심스러워했는지도 몰랐다. 내가 현장에 배치되자마자 기능공은 물론이고, 몇 안 되는 사무직까지 망라한 기독교 신자회 모임을 주선했던 것도, 현장 소장의 극구 만류에도 불구하고 주일 오전 10시에 모여 예배를 강행했던 것도 모두 그런 맥락에서 비롯된 일이다.

기능공들에게 있어서 일요일만큼 기다려지는 것도 없다. 흡사 가뭄에 만난 비 소식과도 같았다. 외출할 곳도 마땅찮은, 중동 현장에서 일요일이 없었다면, 그 지루한 노동을 어떻게 견디어 내며, 매일매일 떠지지 않는 눈을 뜨고 새벽 4시에 일어나야 하는, 그 모자란 잠을 어떻게 보충할 수 있단 말인가.

그런 황금 같은 일요일 오전을 깡그리 따분한 예배로 소진해야 했으니, 아무리 기독교 신자라고 해도 머뭇머뭇 망설이지 않을 수 없다. 그런저런 이유 탓에 고작 열 명도 안 되는 수효밖에 모이지 않았지만, 나는 열정을 다해 예배를 인도하고, 찬송을 불렀으며, 성경을 읽고, 큰소리로 모슬렘 나라이기 때문에 더욱 하나님 뜻을 높이는

데 게으르지 말자고 기염을 토하는 것이었다.

현장 소장은 우리의 찬송 소리가, 기도 소리가 밖으로 새어나가 모슬렘 사람들이 신고라도 해 버리면 어쩌나 전전긍긍 했지만, 다행히 마을과 많이 떨어진 곳에 캠프가 설치되어 있었으므로 그런 불행한 사태는 일어나지 않았다.

모슬렘 사람들, 특히 메인 캠프 주변 오아시스 소읍에 사는 서민들의 모습은 의외로 단순하고 소박했다. 마을 한가운데 자리 잡은 규모 작은 이슬람 사원 건물에 우뚝 탑이 서 있었고, 탑 꼭대기에 달린 스피커에서 온종일 코란 암송 소리가, 마치 우리나라 판소리같이 느릿느릿, 그것도 노인네의 걸쭉한 목소리로 울려 퍼졌으며, 때로는 당나귀에 앉아 꾸벅꾸벅 졸다가도, 낙타에 짐을 가득 매달고, 종려나무 가로수 길을 지나가다가도, 갑자기 길바닥에 주저앉아 때묻은 담요를 깔고 큰절을 수없이 올리고 또 올리는 것이었다.

우리들이야 세배 드리랴, 제사 지내랴, 바닥에 납작 엎드려 턱이 땅에 닿게 예의를 표하는 행동에 능숙하지만, 서양 사람들에게는 매우 어색하고 생경한 모습일 수밖에 없다. 그러고 보면 사우디아라비아에 사는 사람들이 생긴 것만 입체적인 서구식 얼굴일 뿐 우리와 똑같은 아시아 인종인 게 틀림없는 것 같다. 그래서 흰색을 그렇게 선호하고, 통짜 자루옷을 그처럼 고집하는지도 모르겠다.

중동 현장에 배치되었을 때, 우리는 땅에 질질 끌리는 통짜 자루옷을 입은 남자들이 공중 화장실로 들어가는 모습을 보고, 저들이 남성용 소변기를 어떻게 사용할 것인가 매우 궁금하게 생각한 적이 있었다.

나의 후견인이 된 사무 보조원 직책의 김양기는 오줌이 빵빵하게 찬 물건을 꺼낼 수 있는 지점까지 치마를 걷어 올린 뒤 시원하게 처리할 것이라고 주장했고, 내 경우는 남자라고 해서 꼭 꼿꼿이 서라는 법이 없으므로 여자처럼 양변기에 앉아 편안하게 일을 볼 것이라고 우겼는데, 정답의 차지는 김양기가 아니라 바로 나 자신이었다.

실제로 우리는 승용차를 타고 지나가다 양치기 목동이며, 낙타몰이꾼 모슬렘 남자들이 사방이 펑 터진 사막 가운데서 소변 해결하는 모습을 심심찮게 목격할 수 있었는데, 김양기 주장대로 치마를 둘둘 걷어 올린 어정쩡한 모양새가 아닌, 여자들처럼 땅바닥에 쪼그리고 앉아 일을 끝낸 다음 치마를 탈탈 털고 일어서곤 했다.

그렇다고 나는 쾌재를 부르지 않았다. 어떤 경우에도 지기 싫어하는 데다, 매사가 예민하고 깔끔한 완벽주의 성품인 김양기가 그런 사소한 일로도 금세 얼굴색이 굳어지기 때문이었다. 김양기는 내 현장 조수 역할을 충실하게 그리고 깔끔하게 잘 처리하고 있지만, 원래는 정식 직원이 아닌 기능공 자격으로 파견된 친구였다.

실제로 김양기는 특별한 기능 자격증도, 어떤 기술도 소지하지 못한 말 그대로 어중떼기 잡역부 출신일 뿐이었다. 아는 사람은 다 알지만, 건설 현장에서의 잡역부는 어디서고 대접을 받지 못하는 따라지 직종이다. 햇빛 쨍쨍한 난장에서 자재를 나르거나, 삽질을 하거나, 구덩이를 파거나 하는 힘이 많이 드는 중노동에 동원되는데도 시급이 그중 낮아서, 실내 그늘 속에서 비교적 편하게 일하는 씀이나 미장이나 배관공의 절반에도 미치지 못하는 경우가 다반사다.

그런 대접을 받아도 항의 한번 할 수가 없다. 계약서에 본인의 필체로 그렇게 사인을 하고 출국한 까닭이다. 김양기라고 해서 예외일 수 없다.

그러니까 김양기는 원래 노동자로 잔뼈가 굵은 사람이 아니다. 노동은커녕, 삽자루 한번 제대로 잡아본 적이 없는 생짜 중의 생짜인 셈이다. 기왕 열사의 현장 중동까지 나오면서 시급 빵빵한 기술 자격증 하나쯤 따지 않은 사람이 어디 있을까만, 김양기는 정말 그런 준비 없이, 마치 정처 없는 나그네처럼 바람 따라 날라리 모습 그대로 떠밀려 온 철부지 사내인 것이다.

그런 그를 현장 캠프 사무실 임시 요원으로 발탁하게 된 것은 내가 가진 권한으로 이뤄진 것이 아니다. 어디까지나 본사의 특별 지시에 의해 처해진 정식 인사 발령이었다. 본사 재정부 아무개 상무가 김양기의 후견인이라는 소문이 자자했지만, 누구도 확인한 바는 없었다.

다만 기능 사원 송출 인솔자 자격으로 김포공항에 모인 탑승자 인원을 점검하고 있는데, 아주 수려하고 차분한 이십대 초반 여인이 나를 지목하고 면회를 요청하는 것이었다.

"강재철 대리님이시죠?"

"아니, 어떻게……."

"안 그래도 공항에서 대리님을 찾아뵈라고 귀띔해 주셔서……."

"누가, 그런 귀띔을?"

"본사 재정부에 계시는 분인데…… 굳이 밝히지 말라고 당부하셨기 때문에…… 오늘 제 남편도 대리님 인솔로 비행기를 타거든요."

"아, 그래요?"

"한데, 아직 도착하지 않았네요. 비행기 수속 절차 때문에 일찍 나서야 한다고 집에서는 새벽에 나갔는데……."

"이름이 어떻게 되죠?"

"김양기예요."

나는 서류 대조를 끝내고, 그녀를 다시 찬찬히 훑었다. 유난히 흰 살빛으로나, 초롱초롱한 눈빛으로나, 철없이 잘못 얽혀 고생하는 노동자 부인 같지 않았다. 내가 말했다.

"정말 여권을 아직 찾아가지 않았군요."

"어쩌죠? 어쩌면 좋죠? 오늘도 안 나가고 뻗댈 요량인가 봐요. 지난번에도 그렇게 도망쳐 버려서…… 다시 신청하고 허가 받느라고 애를 먹었는데…… 혹시 이번 비행기 못 타면, 다음 비행기는 안 되나요?"

그녀도 시간을 보았고, 나도 시간을 보았다. 정확히 한 시간 전이었다. 30분 전에 비행기 탑승구 앞에 도착해야 하므로 이제 들어가야 할 시간이었다. 그녀가 발을 동동 구르며,

"죄송하지만, 어떻게 안 될까요? 네, 대리님?"

애원의 눈빛을 보냈다.

"글쎄요. 지금이라도 도착하면 몰라도…… 어떻든 일행부터 들여보내고…… 조금 더 기다려 보죠."

나는 비행기에 오를 근로자 50여 명을 모두 수속대로 향하게 하고, 김양기 여권만 달랑 들고, 그녀와 단둘이, 행여나 행여나 헐레벌떡 뛰어들어올 사내의 모습만 찾고, 또 찾았다. 그런 내가 면목 없고, 고맙고, 미안했는지, 그녀가 두서없는 하소연을 마구잡이로 쏟아놓았다.

"남편이라서가 아니라…… 정말 나무랄 데 없는 사람인데, 운이 나빠서, 아니 친구들을 잘못 사귀어서 술 마시고 사고 치다가 교도소에도 한 번 다녀오고 나서부터, 아무 일도 하지 않고 백수로만 지내는 거예요. 오죽했으면 친척 어른들이 모여 앉아 중동 땅에라도 보내서, 술도 끊게 하고 사람 만들게 하자고 중의를 모았겠어요?"

6

기능공 잡역부 자격의 김양기가 사무실 보조원으로 정식 발탁되어 내 밑에 들어왔던 날, 나는 캠프 식당에서 콜라 잔을 앞에 두고 그와 마주 앉았다.

"혹시 종교 갖고 있어?"

내가 물었다.

"종교요? …… 없습니다."

"나는 기독교인데, 혹시 기독교에 관심 가진 적은 없나?"

"관심이라기보다…… 우리 어머니가 독실한 권사님이라서…… 고등학교 때까지 억지로 교회에 끌려 나댕겼지만,…… 이젠 발을 끊었습니다."

"아니, 왜 발을 끊어?"

"교회가 썩었거든요."

"그게 무슨 소리야? 썩다니?"

"목사는 교인 장사하기 바쁘고, 장로는 교회를 사업 수단으로 이용하기 바쁘고…… 교파끼리도 서로 자기주장이 옳다고 다른 쪽 사정을 아예 들어볼 생각도 하지 않고, 만났다 하면 싸움질이고…… 그래서 교회하고 담쌓아 버렸습니다."

"물론, 그런 경우도 더러 있을 수 있겠지. 하지만, 그렇다고 교회와 담을 쌓고, 신앙을 버리는 것은……."

"대리님도 아시고 계시죠? 한국 교회가 이렇게 가서는 안 된다는 거. 절대로 한국 교회의 미래는 없습니다. 어쩌면 더 썩어 문드러져 아예 없어지고, 다시 시작하면 몰라도……."

누구에게 사주를 받았는지 그토록 한국 교회를 저주하던 김양기가 나의 요청을 순순히 받아들여 주일 예배에 참석하는 첫 번째 전도 열매자가 되어주었다. 아니, 전도 열매자 역할만이 아니었다. 내가 몰래 가방 깊숙이 숨겨온 성경 찬송가를 컴퓨터에 입력, 예배 자료를 출력하는 일이며, 장소와 일시를 알리는 공고문 붙이는 일이며, 예배를 끝내고 입가심할 콜라며, 바나나며, 과자 부스러기 따위를 준비하는 일에도 열의를 보여주는 것이었다.

김양기에 대한 나의 신뢰는 그 일 하나로 충분했다. 나는 모든 일을 그와 의논했고, 그의 판단을 존중했으며, 웬만하면 그의 의견을 살리는데 최선을 다하곤 했다.

그런 식으로 김양기와 내가 결정적으로 가까워지게 된 동기는 여럿 있었지만, 그중에서도 결정적인 것이 일주일 간격으로 가정적인 불상사가 동시에 찾아왔다는 사실이었다.

내 경우는 아내가 대형 교통사고를 내어 불귀의 객이 되었다는 어이없는 통보를 받고, 부랴부랴 귀국을 서둘렀는데, 김양기가 한밤중에 제 숙소 주변 근로자들을 독려, 구겨진 1달러짜리 조의금을 한 움큼 거두어, 그 대표로 내 방문을 노크한 것이었다.

"대리님, 뭐라고 위로 말씀을 드려야 할지……"

"고마워. 정말…… 이렇게까지 신경 쓰지 않아도 되는데……"

"아닙니다. 잘 다녀 오시구요.…… 대신 부탁이 있습니다."

"뭔데?"

"제 어머니가 입원하고 있는 병원에 한번 들러주실 수 없을는지요?"

"어머니? 권사님 말인가?"

"하나님께 기도만 하면 나을 거라고 그렇게 매달리시는데도 어림없더라구요."

"어디가 아프신데?"

"심장이 약하셔서요."

"그렇구만…… 어느 병원이야?"

"병원하고 병동 호실은 여기 적어 놓았습니다."

김양기는 약병을 내놓으며,

"여기 캠프 의무실에 부탁해서 용케 독일 약을 구입했는데요…… 전해주셨으면 고맙겠습니다. 서울에서 이 약을 백방으로 수소문했는데, 구하지 못했거든요."

"그래, 그래. 꼭 전해서 드시게 할 테니까, 걱정하지 말라구."

나는 아내의 장례를 다 치르고, 약속대로 김양기 어머니가 입원하고 있는 병원을 찾았는데, 어랍쇼, 김양기의 어머니도 그날로 운명해 버려서 아들이 보낸 독일 약을 한 알도 먹어보지 못한 것이었다.

대신 나는 소복 입은 김양기의 젊은 부인과 또 한 차례 마주 앉았고, 김양기의 소식과 약병을 전했으며, 손수건으로 눈물을 찍으며, 하염없이 흐느끼는 그녀를 위로하느라 애를 먹었다.

한데, 사고가 터졌다. 김양기가 캠프 숙소에서 술을 마신 것이었다. 성경책 소지도 불허하는 마당에 더욱이나 술은 반입될 수 없는 으뜸 품목이었다. 그러니까 술병을 몰래 사들고 온 것이 아니라 기능공들이 밀주를 만들어 몰래몰래 음주를 했는데, 근처에 있던 김양기도 두 잔인가 얻어 마셨다가, 그만 발목이 잡히고 만 케이스였다.

나는 본체만체할 수 없었다. 분연히 일어나 결사적으로 맞섰다. 현장 소장을 독대하고, 담당 노무과 직원들과 수차례 담판을 벌여, 김양기를 밀주 음주 혐의자 명단에서 제외시키는 데 성공했다.

그 사건 전말은 캠프 숙소 입구에 대자보처럼 나붙은 공고문에 대충 설명되고 있었는데, 그 내용은 다음과 같다.

공고 44호

제목 : 중도 해약 귀국

　평소 근무 태만과 부주의로 업무 수행에 중대한 지장을 초래케 하여 아래와 같이 중도 귀국함을 알림.

계약 번호 : 9657

직　　종 : 도장공 조상귀

계약 번호 : 9698

직　　종 : 크레인 기사 박만술

귀국 일자 : 97. 6. 21

　징계 사유 : 상기 도장공 조상귀와 크레인 기사 김만술은 97년 5월 7일 술을 담그기 위해 현지 시장에서 설탕을 구입하고, 식당에서 매일 배식 때마다 지급하는 귤을 모아 두었다가 계획적으로 밀조주 했으며, 또한 5월 15일 17시경 밀조한 술을 동료 김만술과 함께 음주하고 캠프 내를 비틀거리는 걸음으로 배회하다가, 발주처인 공항 활주로 공사 직원에게 인지되어 강력한 조치를 요구한 바, 만약 조치를 취하지 않을 경우 현지법에 의거 경찰에 고발하겠다고 하는 사태로까지 발전하였음.

　이런 풍기 문제로 직장 규율을 문란케 하여 건전한 캠프 생활을 저해하였을 뿐 아니라, 취업지 법률에 위배되는 행위로써 대외적인 문제를 야기시켰으므로 중도 귀국 조처함은 물론, 조기 귀국에 따른 비행기 요금 등 제반 비용을 본인 부담으로 처리함을 알림.

　　　　　　　　　　　　　　　　　현장 소장

　김양기는 밀주 주조에 직접 참여하지는 않았지만, 음주한 것은 사실이므로, 당연히 공고문 명단에 들었어야 옳았다. 정말 나의 발 빠른 대처가 따르지 않았다면 어림 반 푼어치도 없는 일이었다. 있는 친척, 없는 친척, 다 동원하여 어렵게 어렵게 성사시킨 사우디 취업이 3개월도 안 되어 물거품이 될 뻔한 것이었다.

김양기는 그것을 잘 알고 있었다. 그래서 나에게 그처럼 충성을 다하는지도 몰랐다.

"면목 없습니다. 그리고 정말 고맙습니다."

밀주 담그다가 출국 조처 당한 동료 기능공들과 작별 인사를 마친 김양기가 나에게 새삼 감사의 뜻을 표했다.

"그 귤주, 술맛은 괜찮았어?"

"……그냥, 주스 수준이었습니다."

"누가 권하면, 또 마실 거야?"

"아닙니다, 절대로……"

"딸이 있다는 소리 들었는데?"

"네, 하나 있습니다. 두 살짜리……"

"기왕 나왔으니까, 정신 바짝 차리고, 자랑스러운 아버지가 돼야지, 안 그래?"

"맞습니다. 그렇게 하겠습니다."

7

사막 임시 캠프에서 나와 김양기가 맡은 업무는 땅속에 박힌 돌을 캐내는 현장을 관리하는 일이었다. 사우디아라비아 룹알할리 사막이 아니라면, 당연히 산을 허물어 돌을 취했겠지만, 멋대가리 없이 휑하게 넓기만 한 사막에는 산이 존재하지 않을뿐더러 지하에 돌을 품고 있는 지형 찾기도 하늘의 별따기인 터라서 모래밭을 20미터 이상 파고 들어가서야 간신히 만나는 돌을 그것도 조심조심 굴삭기로 떠내야 하는 형편이었다.

그러니까 돌을 필요로 하는 자하르 공항 활주로 공사 현장에서 무려 80킬로가 넘는 곳에 돌 공장이 있는 셈이었다. 얼핏 너무 먼 거리 같지만, 천만의 말씀이다. 룹알할리 사막에서 80킬로면 호조건에 속하는 행운의 거리라고 해도 과언이 아니다. 그만큼 돌이 귀하기 때문이다.

그것이 어느 정도냐 하면, 가령 독일 지멘스에서 하청 받아 항만 공사에 뛰어든 경쟁사인 삼아건설의 경우는 사방 2백 킬로 변방을 샅샅이 뒤져도 돌이 나오지 않아 어쩔 수 없이 인도 쪽에서 수입해서 써야 할 형편이다. 다른 자재도 아니고 세상 어디에나 굴러다니는 게 돌인데, 그런 하찮은 돌을 전량 수입해서 사용해야 하다니…….

공사 대차대조표를 이 잡듯 분석해야 하는 본사 입장에서 면밀히 따지자면, 나와 김양기가 속해 있는 오성건설이라고 해서 마냥 발 뻗고, 하품하고 있을 상황이 아니었다. 아무리 사막 가운데서 돌 광산을 찾았다고 해도 그것을 캐내어 현장까지 운반하는 일이 장난이 아닌 탓이었다.

80킬로나 되는 거리도 거리지만, 거기에 소요되는 비용이 까딱 잘못하면 수입가에 육박할 지경이었다. 어떤 방안을 모색해서라도 여하히 운반 비용을 줄이느냐, 그것이 관건이었는데, 오랜 숙고 끝에 본사가 결정한 해결책이 공기 단축이었다.

실제가 그러했다. 워낙 열악한 환경이기도 하고 중동 건설 경륜이 짧기도 해서 공사 기간을 획기적으로 앞당기지 않고서는 수익 맞추기가 불가능한 것은 사실이었다. 현장 소장을 위시한 간부들이 '공기 단축'과 '두 배 일하기'를 다반사로 떠벌리게 된 것도 그런 이유 때문이었다.

보통 트럭이 5톤인데, 10톤짜리를 특별 주문, 현장에 투입한 것도 그러하고, 공사를 발주한 사우디 교통 관청이 정한 규정인 90킬로 제한 속도를 두 배로 올려 비공식 운행하게 한 조처 또한 그러했다. 하긴 오지 중의 오지인 룹알할리 사막 후푸프 지역에는 거의 자동차가 다니지 않는 것은 물론이고, 단속하는 기관도, 차량도 없었으므로 애당초 속도 제한 규정이 제대로 지켜지는 것도 아니었다.

기실 나라 이름만 사우디아라비아지, 적어도 공사 기간 중에는 오로지 한국 근로자들만 들끓는 전용 땅이었다. 정말 하루 온종일 사우디 사람은 눈을 씻고 봐도 찾기 힘들었다. 그래서 도로변에 세운 표시판도 우리 것이 대부분이었고, 그 안에 쓰인 글씨도 한글이었으며, 내용 역시 '공기 단축', '두 배 일하기'였다.

말 그대로 떡칠이었다. 2킬로 지점마다 다닥다닥 붙어 있었다. 돌이 필요한 공사 현장에서 돌 공장까지 편도가 80킬로니까, 왕복 1백 60킬로를 달리면서 눈이 짓무르도록 봐야 하는 것이 공기 단축이고, 두 배 일하기인 셈이었다.

하긴 도로변에는 어디까지나 안전 문제, 이른바 졸음운전 방지라든가 속도위반이라든가, 운전 부주의로 생길 수 있는 인명 피해를 줄이는 캠페인용 표시판을 세우는 게 상식임에도 불구하고, 오로지 '공기 단축'과 '두 배 일하기'만 강조할 뿐이었으니, 오죽하면 그럴까 식의 회사의 고달픈 입장도 대충 이해할 만도 했다.

실제로 그 무렵 10톤짜리 트럭 운전대를 잡은 근로자들의 눈은 예사롭지 않았다. 야밤 트럭의 라이트 같은 쌍불을 켜고 있었다. 발주처가 정한 매뉴얼대로라면 하루 2회 왕복으로 끽이었지만, 회사가 내놓은 특별 조건은 달랐다.

돌 운반조에 한해, 시급제가 아니라 차페기로 수당을 계산한다는 것이었다. 한 탕에 20달러씩이니까, 원래는 40달러 일당을 마감해야 하지만, 차떼기라면 계산이 달라진다. 왕복 1백 60킬로를 쉬지 않고 두 배 속도로 냅다 밟는 무리수를 쓴다면 하루 5회도 가능해진다는 결론이다.

거기다 평소보다 한 시간 일찍 일어나고, 한 시간 늦게 잠자리에 들 요량을 한다면 6회까지도 늘릴 수 있고, 수당은 도합 1백 20달러로 껑충 뛰어오른다. 말 그대로 움직이기만 하면 그만큼 현찰이 들어온다는 계산이다. 어차피 돈 벌겠다고 나선 마당에, 게다가 갖고 있다는 게 정정한 육신 하나뿐인데 조금 무리하면 어떻단 말인가. 목돈 만들 수 있는 유일한 기회를 어찌 제 발로 차 버리고 늦잠 한 숨 더 자겠다고 허리를 웅크릴 수 있으며, 휴식 취하겠다고 일찍 작파하고, 기다리는 사람도 없는 썰렁한 숙소를 기어들어갈 수 있겠는가.

사람들은 아무도 깨우지 않는데도 하나같이 컴컴한 새벽에 벌떡벌떡 일어났고, 칫솔을 물고 세면장으로 몰려들었다.

사람 키보다 더 큰 10톤 트럭 문을 열고 들어앉으면 근로자들은 야수가 되었다. 기실 5회 내지 6회를 뛰려면, 오줌 누는 시간도 줄여야 했다. 줄곧 액셀만 밟아대야 했다.

아직 아스팔트 포장도 하지 않은 모랫길이었으므로, 2차선이나 4차선 개념이 있을 리 만무했다. 그냥 달리면 그만이었다. 숫제 전쟁이고, 전투였다. 차바퀴에서 일어나는 먼지가 중동 지방 특유의 하르마탄 모래바람 수준이었다. 앞이 보이지 않았다. 그래도 속력을 늦추는 사람이 없었다. 한 회차라도 더 뛰어야하는 숨 가쁜 경쟁이 안 그래도 뜨거운 열기의 사막을 더 뜨겁게 달궈놓고 있었다.

꼭 '공기 단축', '두 배 일하기' 팻말이 다닥다닥 붙은 사막 길뿐이 아니었다. 불꽃 튀기는 경쟁은 돌을 실어야 하는 채취장에서도 마찬가지였다. 현장에 돌을 풀어놓기 무겁게 또 내달려, 가능하면 한 사람이라도 젖히고 먼저 싣는 것이 능사였으므로, 돌 실어주는 파트에 담배며, 일회용 라이터며, 비타민 통 같은 뇌물을 써 가며 수작을 부리다가 발각되기라도 하면 너 죽고 나 죽자 식의 멱살잡이가 다반사로 일어나곤 했다.

그럴 수밖에 없는 것이 돌을 굴삭기로 떠내야 하는 공법 탓에 제때 돌 싣기가 바빴다. 돌보다 먼저 차가 당도하는 식이었다. 대낮처럼 불을 켜놓고 밤새워 일하는데도 수량을 늘릴 방도가 막연했다. 대량 생산을 위해서 부득불 폭약을 사용해야 하는데, 발주처의 매뉴얼에 굴삭기로 떠내야 한다고 적시되어 있으므로, 이러지도 저러지도 못하는 형편이었다.

현장을 책임지고 있는 나로서는 참으로 안타까운 일이었다. 메인캠프의 현장 소장을 비롯한 간부들의 열화 같은 압력도 압력이지만, 돌을 제 시간에 싣지 못한 쌍불 켠 근로자들의 멱살잡이도 여간 신경 쓰이는 일이 아니었다. 뭔가 획기적인 방법을 찾지 않으면 매일 싸움판 말리다가 하루해를 다 보낼 지경이었다.

바로 그때 해결사처럼 나서 준 사람이 김양기였다. 김양기는 참으로 특별했다. 한마디로 수년간 핀잔 받으며 백수로 지낸 알코올 중독자 같지 않았다. 마치 중동 현장에 적응하기 위해 그처럼 긴 휴식을 취했던 사람처럼 그의 활약상은 타의 추종을 불허하고도 남았다.

우선 아랍말을 터득하는 센스가 그러했다. 현지인과 일대일로 부딪치지 않으면 안 되는 주유소에서도, 마트에서도 관청에서도 김양기 모양, 우물우물 물러서지 않고 당차게 나서서 뭔가 소통하려고 애쓰는 사람이 없었다. 그것도 서투른 영어가 아니라 그야말로 바위에 계란 치기나 다름없는 아랍어를 겁도 없이 들고 나섰으니, 상대하는 쪽이 되레 재미있어 할 정도였다.

그도 그럴 것이 김양기는 원주민 못지않게 키도 컸고, 이목구비도 반듯해서, 피부만 다를 뿐 생김생김이 그들에 비해 전혀 빠지지 않는 수려한 모습이었다. 게다가 그는 수염을 기르고 있었다. 원주민 모습에 가까워지기 위해서였다. 수염도 많은 편이어서 전혀 어색하지 않았다. 그런 노력 탓이었을까. 벌써 현지인 친구가 생겼다면, 누가 믿을까만, 그것은 사실이었다. 읍내 잡화점 점원 청년이었다. 압둘라고 했다. 실제로 공식적인 휴일 같은 때, 김양기를 태우러 돌공장까지 차를 몰고 왔으며, 저녁 무렵 또 친절하게 현장에 내려놓고 돌아가는 것이었다.

압둘라는 한국말을 한마디 못하고, 김양기 역시 아랍말이 완전 먹통인데도 어떻게 각별한 친구가 될 수 있었을까. 물론 메인 캠프에서 채용한 사우디 현지인 직원이 없는 것은 아니었다. 사우디 당국이 권장한 의무 사항이기도 하지만, 관청 업무를 위해서는 부득불 필요한 요원이어서, 늘 바쁘게 동당걸음을 치는 통에 관련 없는 직원은 얼굴 대하기조차 힘든 형편이다. 그런 판국에 어찌 아랍말을 익히겠다고 접근해서, 딴죽을 걸 수 있겠는가. 그것도 정통 사우디아라비아 혈통도 아닌 아프리카 잡종 현지인이다. 흑인에 가까운 갈색 피부를 갖고 있어서인지 사우디아라비아 사회에서도 별로 대접받지 못하는 부류다.

한데 김양기가 개인적으로 사귄 압둘라는 생김생김이 여간 귀티나지 않는 사우디 전통 혈통이 분명했다. 차림새도 그러했지만, 녀석이 타고 다니는 자동차 또한 놀랍게도 대형 뷰익(Buick)이었다. 잡화

점 점원 주제에 어떻게 현장 소장도 함부로 탈 수 없는 고급 승용차를 몰고 다니는지, 그저 놀라울 따름이었다.

8

어쨌거나 김양기는 단숨에 돌 채취장의 어려움을 해결해내는 기염을 토해냈다. 압둘라를 앞세워 읍내 경찰서를 찾아가 담당자를 어떻게 구워삶았는지, 폭약 사용 허가증을 받아 왔고, 발주처의 매뉴얼과는 배치되는 일이었지만, 꽝꽝 폭약이 터트려졌고, 돌이 쏟아졌으며, 양껏 양껏 돌을 실어냈던 것이었다. 공기 단축이 제대로 이뤄진 것이었다.

그러나 김양기는 폭약 사용 허가증으로 돌만 잔뜩 생산하는 것이 아니었다. 돌을 싣는 순서도 김양기의 영향 아래 이뤄지도록, 막강한 권한을 행사하는 것이었다. 그것도 자질구레한 담배며, 일회용 라이터가 아니라 현찰 박치기였다. 기본이 2달러였다. 그러니까 뇌물의 액수에 따라 돌 싣는 순번이 정해지는 셈인데, 그런 공공연한 불법이 단 한 번도 도마 위에 올려 진 적이 없었다.

직계 상사인 나 역시 그러했지만, 현장 소장 또한 김양기에 의해 공사가 그만큼 단축되는 공로가 세워졌으므로 그 정도 불법쯤은 눈감아 줄 수 있다고 판단된 까닭이었다.

그런 와중에 웃지 못할 황당한 사건이 또 여럿 있었는데, 그중의 대표적인 것이 '낙타 눈깔 태풍'이었다. 돌을 양껏 싣고 패튼 전차대 진군처럼 먼지를 일으키며, 죽기 아니면 살기로 내달리는 우리 10톤 트럭 군단을 간간이 방해했던 대상은 다름 아닌 룹알할리 사막에 흩어져 사는 야생 낙타였다.

80년 초 대학 정문 앞에 터트린 최루탄 운무 같은 자욱한 흙먼지

안개가 어떤 물체에 의해 언듯언듯 거쳤다 하면, 그것은 틀림없는 낙타였다. 미처 브레이크를 밟을 겨를도 없었다. 어어! 하는 순간 쾅! 파열음이 일어났고, 엄청나게 커 보이는 짐승이 저만큼 풀썩 나가떨어졌으며, 그 반동으로 10톤 탱크 같은 트럭도 결정적인 상처를 입었다는 듯이 끄렁끄렁 경련을 일으켜 마지않는 것이었다.

살집 좋은 짐승이야 당연히 즉사 당하여 뻐들뻐들 마지막 사지를 떨고 있어야 마땅하지만, 왜 멀쩡해야 할 트럭이, 해머 같은 것으로 무지막지 얻어맞은 것처럼 움푹 찌그러져 버린 것인가. 에이 십 헐! 재수에 옴 붙었네. 사막에 내려, 트럭에 생긴 생채기며, 낙타의 주검을 확인하다 말고, 어딘가에 눈이 번쩍 뜨인 우리 근로자, 아싸라비아! 손뼉을 탁 치며 으흐흐 엉큼한 미소를 흘려 마지않는다.

바로 낙타 눈깔 때문이다. 낙타 눈깔을 착용하고 잠자리에 들면, 상대 여자가 자지러지다 못해 요절해 버린다는 음담패설 수준의 얘기를 익히 들어온 터다. 말하자면 요지경 비밀 무기다. 으슥한 서울 뒷골목에서 콘돔과 더불어 비싼 값으로 팔리는데 그것도 대부분 돼지털로 얼기설기 엮어 만든 유사품인 탓에 제 구실을 못하는 터라, 진짜 아라비아 낙타에서 채집한 오리지널 제품이라면, 부르는 게 값이고, 없어서 못 파는 희귀 물건일 게 뻔하다.

실제로 중동 사막에 막 도착한 신참에게, 3년 계약 근무를 마치고 의기양양 귀국하는 선배들이 무용담인 양 들려주는 얘기 속에 거의 빠지지 않는 것이 예의 그 낙타 눈깔이다.

"당신들도 귀국할 때, 건패스럽게 일본 전기 제품 같은 거 주렁주렁 달고 가지 말고, 낙타 눈깔이나 서너 개 지갑 속에 끼워 가라구. 돈도 좋지만 3년씩이나 독수공방한 마누라한테도 보답 차원으로다가…… 그거 맛 한번 봤다 하면 평생 산해진미로 차려내다 못해 상다리 부러진다는 거 아냐? 오죽하면 코뿔소 외뿔이나 코끼리 상아에 버금가는 것이 낙타 눈깔이라고 하겠어? 그거 구하기가 하늘의 별 따기지만, 일단 손안에 넣었다 하면, 그야말로 횡재하는 거라구!"

그래, 뿔 하나 잘라내기 위해 코뿔소도 밀도살하는 판에 이건 순전히 사고로 죽어 나자빠졌는데, 왜 그냥 지나 가느냐구. 암, 절대로 그냥 갈 수 없지. 으흐흐…… 찢어진 입술 끝이 귀밑에 가 붙은 근로자, 음흉하게 두리번두리번 죽은 낙타에 접근하여, 예리한 면도날로 눈깔 주변을 도려 파내버리는 것이다.

그래서 죽어 나자빠진 낙타들은 거개가 눈꺼풀이 없다. 흉하기 짝이 없는, 낙타 귀신 얼굴이다. 어느새 파리들이 시꺼멓게 들어붙어 있다. 그러나 죽은 낙타들이 늘 그 자세로 누워있는 것이 아니다. 수시로 왼쪽으로 뒤집어졌다가 오른쪽으로 뒤집어졌다가, 하루에도 수십 번 자세를 바꿔 눕지 않으면 안 된다.

지나가는 10톤 트럭들이 저마다 차에서 뛰어내려 혹시나 하는 요행을 바라고 아직 도려내지 않은 다른 쪽 눈깔을 찾기 위해 무거운 사체를 끙끙거리고 뒤집었다가,

"에잇, 십 헐! 더러운 새끼!"

다짜고짜 욕설을 퍼부으며, 안 그래도 땀이 나서 견디기 힘든 판에 끙끙 용쓰게 만든 장본인이 낙타라도 되는 듯이 퍽퍽 발길질을 하고 또 하며, 온갖 분풀이를 다하는 것이었다.

전해진 바에 의하면 그런 낙타 눈깔을 공업용 알코올에 담갔다가, 바람 잘 통하는 그늘에 말려 물건을 만드는데, 잘 만들어진 것은 말 그대로 부르는 게 값이라는 것이다. 대충 현장 도매가격이 구백 달러쯤인데, 그중에 김양기 수중에 들어간 낙타 눈깔이 열다섯 개가 넘는다는 미확인 소문이 꼬리에 꼬리를 물었다.

한데, 막상 뚜껑을 열어보니, 그게 아니었다. 밤낮없이 돌조각 실어 나르는 작전에 돌입하고 3개월 동안 열 마리가 넘는 야생 낙타가 희생되었는데, 문제는 희생된 낙타의 숫자가 아니라 흉하게 도려 파인 눈이었고, 우연히 그런 광경을 목격하게 된 현지 소년이 신고를 했고, 읍내 경찰이 출동을 하게 된 것이었다.

마트 점원 압둘라의 친구인 경찰에게 그런 정보를 사전에 입수하게 된 김양기가 야밤중에 포클레인을 동원하여 썩어가는 낙타 사체를 깡그리 모래 속에 파묻고, 은밀히 낙타 눈깔을 수거했는데, 고액을 호가함에도 불구하고 그것을 내놓지 않고 버티는 근로자가 없었다는 것이다.

왜 그랬을까. 무슨 이유로 돈을 주고 구매할 것도 아니고, 그렇다고 공식적인 회사 지시도 아닌, 어디까지나 임시직에 불과한, 그것도 본부 캠프도 아닌, 돌 공장에 근무처를 둔 김양기의 비공식 압수 요구를 거부하지 않고, 그 귀한 낙타 눈깔을 순순히 내놓을 수 있단 말인가.

기실 그럴 만도 했다. 10톤 트럭에 돌 싣는 순서를 조정하며, 2달러씩 뇌물을 받았던 김양기가 단 일 푼 '인 마이 포켓' 하지 않고, 밀주를 빚었다거나 근무 태만이나 업무 수행 중 지장을 초래하여 회사에 막대한 손해를 끼쳤다는 이유로 조기 귀국 조처 당한 동료들이 자비로 부담해야 할 비행기 표를 대신 사 주었다는 것이다.

그래서 근로자들 스스로 탄복하여 소리소문없이 일을 착착 잘 해치우는 김양기 말이라면 팥으로 메주를 쑨대도 믿게 되었으며, 그가 하는 일에 솔선수범, 동조하게 되었다는 것이다. 물론 낙타 눈깔의 경우는 사우디 경찰이 직접 수사를 벌여 적발이라도 당하면, 강제 귀국 정도가 아니라, 준엄한 모슬렘 법정에 세워져 몇 년을 감옥에서 썩을 줄 모른다는 위협에 지레 겁을 집어먹은 까닭이기도 했다.

9

사막 현장에서 일어날 수 있는 불상사를 미리미리 예방하기 위해, 이리 뛰고 저리 뛰었던 김양기가 되레 모슬렘 법정에 세워지게 된 어이없는 사건이 일어난 것은 바로 그 무렵이었다. 더 자세히 설명하자면 불시에 떠난 아내의 장례를 치르고 현장에 복귀한 나, 교회와 홀로 키운 외아들밖에 모르던 광신자 어머니의 사망 소식을 사막 현장에서 접한 김양기가 똑같이 1년 시점을 맞았던 어느 금요일 오후였다.

김양기가 혼자 포터를 몰고 자흐라 시내에 나갔다가 그만 사고를 낸 것이었다. 사람을 즉사시킨 것이었다. 재수 없는 놈은 뒤로 넘어져도 코가 깨진다고, 김양기가 꼭 그 짝이었다.

김양기가 모는 포터에 부딪혀, 병원에 실려 갈 겨를 없이 숨이 끊어진 장본인이 지방 유지 중의 유지여서 가해자인 김양기가 현장에서 긴급 체포, 경찰 유치장에 수감 중인 것이었다.

내 자신도, 현장 소장도, 사우디 국적의 요원으로 근무하는 현지인을 앞세워 잽싸게 자흐라 경찰서로 달려갔지만, 면회조차 허용되지 않을 정도로 김양기는 중범자용 철창에 갇힌 상태였다.

아직 정식 직원이 아닌 2년 계약직 근로자로 분류되는 신분이었지만, 현장 소장은 거사적인 차원으로 김양기를 구해야 한다는 나의 주장을 면전에서 묵살하지 않았다. 묵살은커녕, 그동안 '원가 절감', '두 배 일하기' 등 회사 방침에 기여한 김양기의 공적을 높이 사서 가능한 최선을 다하기로 하고, 수차에 걸쳐 대책 회의까지 소집한 터였다.

하나, 아무리 거사적으로 대응한다고 해도 김양기를 구할 방도가 따로 나서는 것이 아니었다. 사우디란 나라가 워낙 안갯속이긴 하지만, 그렇다고 사람을 뻔히 눈앞에 두고 이렇게 깎아지른 절벽일 줄은 몰랐다. 김양기가 수감되고 3일 동안 열불나게 쫓아다녔지만, 고작 얻었다는 게, 경찰 서장도 아니고 수사 담당 경찰을, 현지인 사원의 서투른 통역으로, 그것도 딱 한 번 마주했을 따름이었다.

물론 수사 담당 경찰에게서 그 어떤 정보도 얻지 못했으며, 기껏 들었다는 소리가,

"돌아가서 기다려라!"

정도일 뿐이었다. 혹여나 해서, 죽은 사람 장례식에라도 참석하면 정상 참작 여지가 있지 않을까 싶어 장례 절차를 수소문했지만, 웬걸 사고 난 이튿날 아침 번갯불에 콩 구워 먹듯, 장례식이 끝난 상태였다.

거물급이므로 적어도 5일장 정도는 되지 않을까 싶었지만, 정식 관도 없이 담요에 둘둘 말아 새벽같이 땅에 묻고, 손을 탈탈 털었다는 게 현지인 사원의 전언이었다. 그것이 이슬람식 전통 의식이라는 것이다.

장례 절차가 그런 식으로 싱겁게 끝나 버리긴 했어도 나는 끝까지 포기하지 않았다. 내가 솔선수범하여 현장 소장을 설득하고, 본사의 허락을 얻어, 리야드 한국 대사관에까지 협조를 요청하기에 이른 것이었다.

그처럼 외교 채널을 통해 해당 경찰서에 한국 대사관 정식 공문이 긴급 접수되었는데도, 깜깜 소식이기는 매한가지였다.

그래서 억측도 구구했다. 캠프 전체가 모여 앉았다 하면 김양기 걱정이었다.

"아무래도 영영 못 나오는 거 아냐?"

"죽은 사람이 모슬렘 거물급이라서 그럴 거야."

"종교 지도자뿐 아니라, 지하르 상권을 한손에 쥔 갑부라는데?"

"정식 부인만 4명이라는 소문도 있더라고."

"네 명씩이나? 아무리 돈이 많아도, 정력이 절륜하지 못하면 어림없을 텐데……."

"정력 좋겠다, 돈 많겠다, 있을 거 다 갖춘 사람이…… 얼마나 억울할까?"

"김양기 그 사람 운은…… 여기까지인 거 같애. 왜 하필 그런 거물을……."

"신세 조진 거지 뭐."

"사형만 안 당해도……."

"설마 사형까지야……."

"국제적인 여론도, 상식도 안 통하는 나라니까……."

"아무리 그래도 사형은 너무하고, 최악의 경우 한 3년 살지 않을까."

그런데 이게 웬일인가. 참으로 상상조차 할 수 없는 결과가 나온 것이었다. 사고가 난 지 만 일주일 만에 전격적으로 결정난 판결이었다. 세상에서 가장 중엄하고, 엄정하다는 사우디 이슬람 법정이었다. 최악의 경우, 3년이고 아주 잘 풀리면 1년 정도일 것이라고 예상했는데, 그 모든 예견들을 뒤엎고, 김양기는 그날로 석방 판결을 받은 것이었다.

그러나 그는 공사 현장으로 곧바로 복귀하지 못했다. 비록 자유의 몸이 되긴 했지만, 판결 조항 부칙에 명기된 특별 조건 때문에 고인이 된 피해자의 궁궐 같은 저택에서 한 발자국도 빠져나올 수 없는 상태에 이른 것이었다.

　도대체 판결 조항 부칙이 무엇이길래, 그 저택에서 한 발자국도 빠져나올 수 없는 것일까.

　철저한 비공개로 진행된 이날 법정에서 내린 최종 판결은 참으로 기절초풍할 내용이었다. 다름 아닌 네 명 부인들의 의견이 그러했다. 어쩌면 세상에서 가장 준엄한 이슬람 법정이므로 미망인의 생각을 그처럼 존중하는지도 몰랐다.

　하지만 미망인의 숫자가 많으면 많을수록 그 의견이 제각각이어서, 법정 판결에 반영되기 어려운 법인데, 웬걸 이번 경우는 4명의 미망인들이 만장일치로, 그것도 멀쩡한 남편을 저 세상으로 보내버린 괘씸한 범인의 모습을 범정에서 처음 대면하자마자 순발력 있게 결의하여, 보수 꼴통 이슬람 지도자인 재판관에게 전달, 순식간에 채택되게 한, 그야말로 예상을 뒤엎은 의외의 판결인 것이었다.

　다시 말해 남편을 죽게 한 장본인이므로, 남편의 모든 역할을 몸소 대신해야 한다는 형벌이 그것이었다. 그러니까 순식간에 비인간적인 대접을 받아야 하는 범인 신분에서 4명 부인의 남편이라는 귀한 신분으로 바뀌는 순간이었다. 비단 부인들의 생물학적 시중을 들어야 하는 파트너 역할뿐이 아니었다. 그동안 죽은 남편이 누렸던 경제적인 부도 그대로 인계받아 향유하는 리더 역할도 마찬가지였다. 한마디로 김양기는 2년 계약직 잡역부에서 하루아침에 아라비아 귀족이 된 것이었다.

　어떻게 그런 천지개벽이 가능할 수 있었을까. 그렇다. 이슬람이 아니라면 절대로 일어날 수 없는 일이었다. 어떤 의미에서 이슬람은 개천에서 용을 탄생시킬 수 있는 종교인 줄도 몰랐다. 기독교 문화권에서는 언감생심 상상조차 할 수 없는 극적인 변신이었다.

비록 지금은 밑바닥을 기는 하층민 신세지만, 운만 좋으면 민족도, 국경도, 혈연도, 언어도 뛰어넘어 하루아침에 지배 계급으로 수직 상승할 수 있는 제도적인 장치가 마련되어 있으므로, 비관하지 말자, 슬퍼하지 말자, 루랄라 룰랄라 즐겁게 기다리며 살자 식이라고나 할까.

어찌됐건 나는 한동안 김양기를 볼 수가 없었다. 이제 그는 대한민국 국민도 아니었고, 오성건설 소속 근로자도 아니었다. 우리의 영향권에서 멀리 멀리 벗어나 버린, 손을 벌려도 잡히지 않는 아득한 존재였다.

실제로 연락처가 따로 없었으므로 이쪽에서 먼저 손을 쓸 형편도 아니었다. 어찌 보면 서운하기도 하고, 괘씸하기도 했다. 제 놈 때문에 얼마나 노심초사하고, 고민하고, 이리저리 죽을 둥 살 둥 뛰어다녔는데, 그래, 보답 잔치는 못 베풀망정, 잘 지내고 있으니 걱정 마십쇼 인사 정도는 기본 예의 아니겠는가. 그래서 더 궁금증과 호기심이 빗발쳤는지도 몰랐다.

"네 명이나 상대하려다 보니까, 제 정신이 아니겠지 뭐."

"아랍 여자들, 늘 가리고 다니니까 몰라서 그렇지. 진짜로 세다는데……, 남자들이 한꺼번에 쑥쑥 빨려 들어가서는……."

"헐…… 나도 한번, 그런데 빠져 봤으면……."

"정신 차려! 눈 내리 깐다고, 그런 행운이 아무한테나 오는 줄 알아?"

"주접 그만 떨고, 일어서라구. 휴식 시간 끝난 지 오래야."

기실 그 무렵 자흐라 공항 활주로 공사 현장은 온통 김양기 얘기로 떡을 쳤다. 한편에서는 김양기가 아무리 젊음을 구가한다고 해도, 네 명이나 되는 아랍 여자를 상대하기는 역부족이어서 코피 쏟으며 주욱 뻗었을 거라는 비관론자가 있는가 하면, 모처럼 아랍 여자들에게 대한민국 남성의 매운 고추 맛을 단단히 확인시킬 절호의 찬스를 김양기가 놓칠 리 만무하므로, 아마 지금쯤 그 투혼을 만방에 고하고, 고릴라처럼 두 주먹으로 가슴을 때리고 있을 거라는 낙관론자 역시 만만치 않았다.

어쨌거나, 김양기의 신분 수직 상승과 모험담은 지루한 사막 현장에 있어서 한줄금 여름 한낮의 소나기였다. 그러면서 세월이 흘렀고, 나에게도 약속된 근무 계약 일정을 끝내고 귀국할 수 있는 대망의 그날이 다가왔다.

아마도 귀국을 3일쯤 남겨놓았을까. 하루 일과가 끝난 토요일 늦은 오후였다. 사전 통보도 없이, 김양기가 바람처럼 내 앞에 나타났다. 운전수가 딸린 캐딜락을 타고 있었다. 흔한 양복 차림이 아니었다. 사우디아라비아 남성들이 입는 통짜 자루옷에 금테 두른 칸두라까지 착용한 거의 완벽에 가까운 모슬렘식 근엄한 귀족이었다. 게다가 선글라스를 끼고 있는 탓에 특유의 동아시아 피부색도 눈에 띄지 않았다.

호기심 많은 근로자들이 많이들 걱정했지만, 김양기는 시달리다 못해 앙상해진 까칠한 남자가 아니라, 혈색 좋은 아주 건강한 남자로 풍채마저 중후한 모습이었다. 이젠 겉모습도 김양기가 아니라 당당한 압둘라였다.

압둘라는 현장 소장이 있는 본부 캠프에도 들르지 않고 곧바로 내가 거처하는 방문을 직접 노크했으며 귀부인들 치맛자락 잡듯 칸두라를 끌어올리며 비좁은 침대 머리맡에 조심스럽게 걸터앉았다. 그리고 두툼한 봉투를 내 앞에 내밀었다. 그가 말했다.

"과장으로 승진하신 거 축하드립니다."

"아니, 그건 어떻게?"

"변호사를 통해 회사 소식을 늘 접하거든요. 어쨌든 승진해서 본사로 가시니까, 마음 든든합니다."

"그게, 다아 누구 덕인데? 당신이 돌 공장을 획기적으로 개척하지 않았으면 어림없는 일이지, 안 그래?"

"그게, 왜 제 덕입니까? 저야 과장님 지시를 충실히 이행했을 뿐인데…… 건 그렇고…… 언제 비행깁니까?"

"화요일 오후 비행기."

"부럽습니다."

"부럽다니?"

"저는 가고 싶어도 못 가니까요."

"그렇게 매사에 개인 자유가 없는 거야?"

"자세히 설명하기가 조금…… 어쨌든 이거, 우리 집사람한테 전해 주시겠습니까?"

"이게 뭔데?"

"돈입니다. 위자료에는 못 미치는 액수지만, 일단은 그렇게 알고 받아 달라고 전해 주십시오. 아이 양육비는 그때그때 따로 보내도록 하겠다는 말씀도 함께요. 물론 이 모든 상황들이 내 뜻에 의해 선택된 것이 아니라는 사실은 대리님도 잘 알고 계실 테니까."

"위자료라면…… 이혼 수속이 다 됐다는 얘긴가?"

"아마도, 그렇게 처리되지 않았을까요? 이쪽 변호사들이 서류를 여러 장 작성해서 내 사인을 받아 갔거든요."

"부인의 반응은 어땠어? 서로 전화 통화는 시도했을 테고……"

"아닙니다. 전화도 못했습니다. 피차 운명으로 받아들이는 수밖에, 다른 방도가 없잖습니까? 빨리 포기하고 다른 좋은 사람 찾아

새 출발하라는 충고, 대리님이 내 대신 전달해 주십시오. 아주 간 곡하게…… 아마도 대리님 말이라면 일단은 신뢰하지 않을까 싶네 요."

10
기름과 물처럼, 저 혼자 딴 세상을 사는 김양기를 오죽하면 중동 현장에까지 내보내겠느냐며, 각별히 남편을 부탁하던, 그 다소곳하 던 여인네가 내 아내로 자리바꿈을 하게 된 것은 지극히 자연스러운 일이었다.

어디다 하소연 할 데 없는 황당무계한 이혼 통보와, 아직 어린 성 숙이의 양육을 위해서는 부득불 믿을 만한 파트너가 필요했고, 나 역시 상식을 뛰어넘는 강력한 대시를 시도했으므로, 그녀가 실수라 도 하는 척 은근슬쩍 넘어져 준 것이었다.

그런 그녀에게 보답이라도 하듯 나는 나름대로 최선을 다했다. 가슴에 손을 얹고 맹세컨대, 두 모녀가 나 때문에 아픔을 겪거나 고 통을 당하게 방치한 일이 없었다. 그러면서도 직장과 내가 섬기는 교회에 충실했고, 일을 미루지 않았으며, 성숙이 양육에 대해서도 꼭 나서줘야 할 때 나서 주었고, 그렇다고 내가 선호하는 방식대로 살기를 강요하는 일도 없었다.

그러나 마음먹은 대로 되지 않는 것이 세상일임을 어찌 간과할 수 있는가. 중동 건설 열기가 식고, 회사 경기가 내리막으로 치닫고, 어쩔 수 없이 권고사직을 당한 아픈 동료들을 규합, 작은 토목 회사 를 만들어, 욕심 부리지 않고, 계단 오르듯 차근차근 딛고 올라설 즈음만 해도 우리는 아쉬운 것도 없었고, 부러운 것도 없었다. 모든 일이 척척 잘도 풀리는 것 같았다. 비록 작은 회사지만, 내가 대표이

사 책임을 맡았던 이유도 나만큼 성실하다고 판단된 동료가 없었기 때문이었다.

나는 신앙생활에도 모범을 보여, 비교적 젊은 나이에 장로로 피선되었으며, 교회 재정은 말할 것도 없고, 교회를 운영하는 제반 문제에도 일일이 관여할 수 있는, 아니, 관여하기를 많은 성도들이 원하는, 이른바 명실공히 힘 있는 장로로 군림하게 된 것이었다.

그러다 보니, 교회를 대표하는 총대가 되었고, 합동, 통합, 고신, 개혁, 보수, 합신, 대신 운운하는 온 교파가 망라된 총회의 운영위원이라는 감투도 얻어 썼으며, 어느 사이 나를 정점으로 하는 진보 성향의 장로 모임까지 결성할 수 있게 된 것이었다.

기억컨대 내가 그 무렵 뇌출혈로 쓰러지게 된 것도 사업과 교회 감투에 너무 연연하여 무리한 일상을 보낸 탓이었다. 실제로 나는 밤잠을 줄여가며 잡다한 업무 처리에 눈코 뜰 새 없었고, 아무 이득 없는 사람들과 엉키어 실랑이를 벌였으며, 그렇다고 편하게 발 뻗고 쉴 수 있는 주말도 소유하지 못한 것이었다.

결과적으로 나는 쓰러졌고, 그 사고로 인해 내 의붓딸 성숙이와의 사이만 서먹서먹해지는 결과를 부른 셈이었다. 회사가 위기에 빠지고, 부도가 나고, 살던 아파트에 붉은 딱지가 붙고…… 보다 못한 아내가 나서, 김양기가 보내 주는 성숙이 통장에 손을 대게 되고……

중학생에 불과한 미성년자임에도 성숙이는 아비를 그대로 판박이 한 탓인지, 제 엄마를 닦달하여 반환 날짜를 확인했는데, 그 약속이 지켜지지 않자, 대번 불신의 화살을 나에게 겨냥하기에 이른 것이었다.

11

압둘라로 개명한 김양기가 사망했다는 통보를 받은 그달부터 성숙이 통장으로 들어오던 송금이 끊겼다. 그의 죽음이 실감되는 대목이었다. 언젠가 딸을 만나러 꼭 한번 나오겠다는 전갈을 보내고서도 결국 비행기를 타지 못하고 숨을 거둔 그의 삶이 그토록 안타깝고 애석할 수 없었다.

장례식이 거의 없다시피 한 이슬람 관례를 잘 알고 있었으므로 애당초 장례식 참석을 앞세워 현장을 방문하겠다는 의사를 전할 수도, 실제 여행 계획을 세울 수도 없었다. 그래도 이건 아니다 싶어, 시신도 없고, 죽은 날짜도 없었지만, 나름대로 걸맞은 장례 절차를 성숙이를 앞세워 가졌던 터였다.

한데 왜 갑자기 죽은 김양기가 되살아나 아이에스 지도자로 변신, 뉴스 보도용 배경 사진에까지 동원된 것일까. 혹시 내가 잘못 본 것은 아닐까. 아니, 그 비슷한 얼굴을 나름대로 편하게 해석, 김양기일 것이라고 스스로 믿고 있는 것은 아닌가. 하나 절대로 그것은 아니다. 나는 자부한다. 나만큼 김양기를 잘 아는 사람은 없다. 한때 김양기와 법적 부부이기도 했던 아내도 그가 사막 현장에 도착하자마자 수염을 기르기 시작한 사실을 알지 못한다. 현지인들에게 접근, 쉽게 아랍말을 배우기 위해서는 뭔가 유사점을 찾아야 했는데, 김양기는 그것을 수염으로 대신했던 것 같다.

어쩌면 김양기는 세상을 바꾸고 싶은, 아니 바꿀 수 있는 힘을 가진 혁명아 같은 존재인지도 모른다. 내가 믿는 한국의 기독교가 완벽하게 썩어 문드러져 다시 태어나야 한다고 포효했던 것처럼, 이슬람 세계 역시 새로운 바람의 아이에스로 변화되어야 한다고 믿는 개혁자의 한 사람으로 김양기가 우뚝 설 수도 있는 것이다.

그러나 내가 아는 김양기는 그처럼 폭력적인 아이에스와는 이미지가 맞지 않는 인물이다. 평소 다툼이나 분쟁보다 평화에 더 치중하던 김양기가 어찌 그 같은 반인륜적인 일에 개입하겠는가. 기실 말이 그럴싸해서 새로운 이슬람 국가 독립 단체지, 아이에스는 극악무도한 테러 집단으로 이미 낙인찍힌 불법 단체 아닌가. 아이에스의 전신인 알 카에다가 그러했듯 어떤 명분을 내세운다 하더라도 용납될 수 없는, 이 지구상에서 영원히 추방되고 응징되어야 할 악의 축으로 간주된 지 오래인 것이다.

한데 알 카에다보다 훨씬 조직적이고 폭력적인 아이에스 리더 중에 어떻게 김양기 얼굴이 스쳐 지나갈 수 있었던 것일까. 실제로 김양기가 그 조직의 일원에 소속되기라도 한 것일까. 그렇다면 죽었다는 통보는 또 무엇인가. 혹여, 사망 선고, 그 자체가 아이에스로의 귀의를 의미하는 것은 아닌가.

어찌 보면 실현 불가능한 상황이 아닌지도 모른다. 김양기는 충분히 그럴 수 있는 사람이다. 도무지 이뤄질 수 없는 일을 가능하게 만드는 이른바 마술사 같은 재주를 갖고 있으므로.

생각해 보라. 잡역부 주제에, 2천 명이 넘는 큰 현장의 근로자 모두를 한 손에 쥐락펴락했던, 보이지 않는 괴력이며, 토호 원주민 젊은 친구를 사귀어, 돌산을 다이너마이트로 으깨어 버린 일이며, 최하로 3년형에서 헤어나기 어려운 상황에서도, 엉뚱하게 고인이 누렸던 가장으로서의 모든 자격과 권리를 송두리째 되물림한, 그 황당한 신분 수직 상승을 형벌로 선고 받은 일이며…….

아내는 8시 뉴스 화면에서 본 김양기의 실루엣에 대한 나의 반응에 전혀 귀 기울이지 않았다. 그녀의 관심은 오로지 성숙이밖에 없었다. 성숙이가 외출하지 않는 날은 그래도 정상인데, 외출이라도 하는 날에는 몸이 달아 어찌할 바를 몰라 했다. 어느 날엔가 아내는 사람을 시켜 성숙이 뒤를 밟게 했는데, 내가 예상한대로 이태원에 위치한 카페 다마스쿠스에 들러 고만고만한 아이들과 차를 마시며 수다를 떨다가 이슬람 사원으로 곧바로 올라갔으며, 거기서 무슬림 지도자들의 휘하에 들어가 아주 자연스럽게 적응했다는 것이다.

성숙이가 잘생긴 이슬람 젊은 남자를 집으로 데리고 들어온 시기도 그 즈음이었다. 얼굴 전체가 면도 자국으로 시퍼런, 무지부루란 이름을 가진 남자는 한국말을 아주 유창하게 구사했다. 엉뚱하게 사우디아라비아도, 터키도 아닌, 방글라데시 출신이었다.

처음에는 무지부루란 청년뿐 아니라, 차도르를 쓴 시리아 소녀도 함께 찾아와 성숙이 방에서 문 잠그고 들어앉아 뭘 하는지 꼼짝 않고 두서너 시간을 훌쩍 보내곤 했다. 아내가 과일이며, 음료며, 식사를 대접했는데, 무지부루란 녀석은 김치도, 청국장도, 멸치볶음도 없어서 못 먹는다는 식으로 허겁지겁하는데다, 아무리 잘 차려내도 고양이 흉내 내던 성숙이도 덩달아 한 그릇 뚝딱 하는 바람에 은근히 무지부루의 방문을 기다리는 눈치였다.

게다가 여간 싹싹하지 않아 아내의 말동무 역할도 능수능란하게 그리고 유연하게 감당해내는 것이었다. 언제 봤다고 대번에 어머님이었다. 어머님, 밥 맛있어요. 어머님, 숭늉 좀 주시겠어요? 성숙이는 정말 좋겠어요. 음식 솜씨 좋은 어머님이랑 함께 살아서…… 식이었다.

나중에 알았지만, 무지부루는 카페 다마스쿠스 주방장 직업을 갖고 있었지만, 그보다 더 확고한 직책은 이태원 이슬람 사원의 청소년 담당 관리자였다. 우리 기독교에서는 교사 직책이지만, 그쪽 표현으로 이맘이라고 했다.

"실례지만, 결혼은 했나?"

아내가 물었을 때,

"그럼요. 아이가 둘이나 있는 유부남입니다."

무지부루가 대답했고, 그 말에 후유, 안도의 숨을 쉰 아내가 다시 질문을 던진다.

"그러니까, 청소년 가르치는 선생님이구만?"

"네, 그렇습니다. 어머님."

"이슬람 선생님이라면 뭘 가르치는 거지? 코란인가?"

"뭐, 궁금해 하는 것은 다 가르칩니다. 그러나 직접 가르치는 일보다 페이스북이나 유투브 운영을 통해 진리의 말씀을 전하는 경우가 더 많습니다. 페이스북에서 성숙이를 만났듯이 말입니다."

"우리 성숙이 같은 학생들이 몇 명이나 되는데?"

"많습니다. 2부에서 3부로 나눠야 할 정도니까요. 어머님도 구경삼아 한번 나오시지요. 우리 학생부, 일반부보다 훨씬 열성적이고 활동적이거든요."

"활동적이라니? 학생 수가 늘어난다는 얘긴가?"

"사원이 비좁을 지경입니다. 요즘 갑자기 찾아오는 학생들이 넘쳐서…… 그래서 사원을 헐고, 다시 짓기로 결정했거든요."

"사원을 헐고, 다시 짓는다구?"

"그럼요. 지금 건물은 40년이 넘은 데다가 정성을 쏟지 않고 대충 세웠던 사원이라서…… 이번에 큰 예산 들여 장엄하고 웅장한 대형 모스크로 재탄생할 겁니다."

"그런 돈을 누가 감당하는데?"

"우리 무슬림들은 돈 걱정은 안 합니다. 알라께서 다 준비해 주시니까요."

"알라께서라면…… 하늘에서 뚝 떨어진다는 얘기야, 뭐야?"

"하늘에서 떨어지기도 하고, 땅에서 불쑥 솟아나기도 하지요. 어머님, 감히 확언하건대, 향후 10년 안에 서울 시내 중심가에 황금돔 모스크가 다섯 곳도 넘게 세워질 겁니다. 압구정에도, 홍대 앞에도, 개포동에도, 테헤란로에도, 분당에도…… 시간 내서 어머님도 꼭 한번 나오세요. 제가 안내해 드리겠습니다."

낭창낭창 달라붙는 무지부루의 붙임성에 한껏 동요되어 처음 이태원을 다녀온 아내는 그야말로 상기된 얼굴이었다.

"여보, 당신도 한번 가 봐야겠어요. 이태원 이슬람 사원 말예요. 토요일 명동 거리만큼이나 사람이 북적거리더라구요. 특히 학생 아이들이 왜 그리 많이 모여요? 교회 나오던 아이들이 전부 그쪽으로 방향을 비튼 거 아녜요?"

혀를 내두르면서도 아내는 성숙이의 이슬람 사원 왕래에 대해 크게 우려하는 낯빛이 아니다. 오히려 그 반대였다. 계집아이답지 않게 총 좋아하고, 총 싸움에 시간 다 보내고, 드디어 모의 총 수집광 반열에까지 오른 성숙이어서, 그만 또래 아이들의 호기심을 부추기는 저 자극적인 아이에스 페이스북에 어찌 매료되지 않으리라 장담할 수 있겠는가.

아내는 성숙이가 아이에스 소년병 모집에 가담하기 위해 터키행 비행기에 올라타지 않는 것만으로도 퍽이나 대견해하고 고마워해 마지않았다.

"저는요, 교회 대신 이슬람 사원에 나가겠다는 것까지 막고 싶지 않아요. 무슬림도 기독교와 똑같은 믿음의 조상 아브라함의 직계들 아녜요? 이삭의 형 이스마엘의 자손들이고, 동생 야곱에게 배신당한 애서의 후손들이잖아요? 그래서 똑같이 유일신 여호와 하나님을 믿는 종교인데…… 막말로 믿다가 싫증나면 다시 기독교로 옮겨 올 수도 있고,…… 맞아요. 살 날이 구만리인데, 이것도 경험하고, 저것도 경험하는 식으로, 얼마든지 길게 길게 인생을 설계할 수 있는 거 아니겠어요?"

한데, 그게 아니었다. 자지러지는 듯한 아내의 전화가 걸려왔을 때, 나는 기독교총연합 총회에 참석 중이었다. 전국의 저명한 목사 장로가 깡그리 모여 있는 장소였다. 열기가 보통이 아니었다. 하늘을 찌를 듯했다. 아내의 전화인 줄 뻔히 알면서도 나는 받지 않았다. 아니, 받을 수가 없었다.

하필 내가 앞장서 반대하고 저지하던 장로 쪽 세가 목사 파에 밀리는 판세였기 때문이었다. 원로 목사를 비롯한 유명 대형 교회와 작은 군소 교회 목회자들이 오랜만에 한통속이 되어 정강 개정을 위한 물밑 작업을 했는데, 그 개정 내용이 세습제 허용, 목사 정년 폐지였다.

물론 장로 정년도 그만큼 늘려 주겠다는 회유책을 쓰고 있었지만, 그 속셈은 목회자 개개인의 영욕을 채우는 술책임을 모르는 사람이 없었다. 그런 내막을 뻔히 알면서도 일부 장로들이 양심을 저버리고 야합을 시도하는 바람에 그만 저지선이 무너지고, 목사 아들이 다시 당회장 목사가 되고, 마지막 숨넘어갈 때까지 유유장장 목사 자리를 지키고 앉아 교회 자금을 주물럭댈 수 있는 무소불위의 권세를 쥘 수 있게 된 것이었다.

"이건 속임수다!"

"돈 장난이다!"

"투표 무효다!"

여기저기서 고함이 터져 나왔고, 정강 개정에 성공한 총회장 목사

가 단상에 오르려는 찰나, 한 떼의 무리가 튀어 나와 진로를 막았고,

"이게 무슨 짓이야! 이런 개뼈다귀 같은 놈들!"

"뭐, 개뼈다귀? 우리가 개뼈다귀면 돈 선거한 네놈들은, 예수 팔아먹은 가롯 유다보다 못한 사탄 중의 사탄이다, 이놈들아!"

"뭐라구!"

기어코 멱살을 잡았고, 흔들었고, 단상 아래로 굴러떨어졌고…… 나는 복도로 나와 계속 울리는 아내의 전화를 받았다.

"여보, 어쩌면 좋아? 어쩌면……."

"뭔데 그래?"

"우리 성숙이가……."

"성숙이가 왜?"

"내 딸 성숙이가 글쎄, 임신 3개월이래요."

나는 그 어떤 반응도 나타내지 못했다. 망치 같은 것으로 뒷머리를 강타당한 느낌이었다. 멍했다. 기가 막혔다.

"당신 자식이 아니라서, 그렇게 덤덤해요? 그런 거예요?"

나는 아내의 엉뚱한 비아냥에는 아랑곳하지 않고, 실성기 들린 사람처럼 으흐흐 웃으며 입을 열었다.

"상대가 그 자식이지? 무지부룬지, 방글라데신지?"

아내는 내 질문에 대한 답이라기보다 흡사 녹음테이프 버튼 눌렀을 때 삐져나오는 소리인 양 말하는 것이었다.

"저희들끼리 결혼식을 올린대요. 무슬림식으로, 오늘 밤에."

청량리역

송 하 춘

· 1944년 전라북도 김제 출생
· 고려대학교 국어국문학과와 같은 대학 대학원 석사 및 박사(문학박사).
· 고려대 국문과 교수 및 문과대학장을 역임
· 1972년 조선일보 신춘문예 당선되며 작가 활동.
· 창작집 『한번 그렇게 보낸 가을』(금화사, 1979년), 『은장도와 트럼펫』(나남, 1987년), 『하백의 딸들』(문학과지성사, 1994년), 『꿈꾸는 공룡』(나남 1998년), 『스핑크스도 모른다』(현대문학사, 2012년), 연구서 『1920년대 한국소설 연구』(고려대 민족문화연구소 출판부, 1985년), 『발견으로서의 소설기법』(고려대 출판부, 1993년), 『탐구로서의 소설독법』(고려대 출판부, 1996년), 『한국현대장편소설사전』(고려대 출판부, 2013년), 『한국근대소설사전』(고려대 출판부, 2015년), 산문집 『판전의 글씨』(작가, 2006년), 『왜 나는 소리가 나지 않느냐』(천년의시작, 2021년) 등
· 서울시 문화상(문학 부문), 채만식 문학상을 수상. 현 고려대 명예교수

청량리역

역파_{驛派}는 보이지 않았다.

역사_{驛舍}의 왼편, 나오는 문 안쪽으로 '청량리 경찰서 보안 근무소' 간판이 걸려 있긴 하지만, 거기는 문이 닫혀 있었다. 로터리 건너편에도 파출소가 하나 있기는 하다. 그러나 구역이 다르니까 거기서도 이곳 청량리역을 직접 관할하지는 않을 것이다.

대합실 안이고 밖이고 할 것 없이, 그러나 경찰들은 어디고 쫙 깔려 있었다. 하긴, 역파가 따로 필요 없는 것인지도 모른다. 어디선가 무더기로 대기하고 있다가 시간이 되면 와서 교대 근무를 하는 것일 테니까, 파출소보다는 아마 더 큰 경찰서가 어딘가에 있을 것이다.

대합실 안에서는 적어도 네 명쯤의 제복 차림이 서성거리고 있었다. 현관 입구 쪽에 둘, 화장실로 통하는 후미진 구석 쪽에 하나, 그들은 모두 의무경찰들인 것 같다. 그리고 아, 오늘은 잎사귀 세 개짜리가 떴구나. 의경 셋에 경장이 하나, 경장은 아마 이번 근무조의 조장일 것이다. 조장답게, 그는 의경들과 섞이지 않고, 사람들이 서 있거나 쭈구려 앉아 있는 바닥의 긴 나무 걸상들 틈새를 혼자서 오락가락하고 있었다.

열차가 출발할 시간이다.

이번에 떠날 차는 열 시 십오 분 발 태백선 비둘기호다. 방금 전에 춘천행 통일호가 떠났고, 그리고는 약 사십 분쯤 시간을 띄웠다가 아마 경주행 차례가 될 것이다. 승객들이 밀리는데도 이처럼 출발 시간이 고르지 못한 까닭은 그 안에 도착해야 할 차들이 여럿 있기 때문이다. 들어오는 차와 나가는 차들이 최소한 간이역에서 충돌하는 일은 생기지 말아야 할 것이다. 철길 쪽에서 한두 차례 기적 소리가 울렸을 법도 하건만, 대합실 안에서는 아무도 그 소리를 들은 것 같지 않았다. 바깥 소리를 듣기에는 이곳 대합실 안의 소음이 너무 컸다.

전광판 시계가 방금 10:00를 넘어 서고 있었다. 그러자, 사람들이 우루루 개찰구 앞으로 몰려가더니, 금새 입구까지 닿는 긴 꼬리를 이었다. 출발 시각 십 분 전쯤이면 개찰이 시작될 거라는 걸 이미 고대하고들 있었던 모양이다. 무심해 뵈던 사람들이 언제 그토록 세상 돌아가는 일에 촉각을 곤두세우고 있었던지, 세상은 참 무심하다고 탓하거나 깔볼 일만도 아닌 것 같다. 무심해 뵌다는 건 자기한테 몰두한다는 뜻일 테니까, 함부로 그 무심을 탓하다가는, 탓하는 사람만 자기 일에 몰두하지 못하는 셈이 되고 말 것이다.

경찰들은 열차가 들고 나는 일에 그다지 관심이 없었다. 사람들이 개찰구 쪽으로 몰리자 갑자기 매표 창구 앞이 한산해졌으므로, 현관 입구 쪽을 지키고 섰던 의경들은 오히려 그 앞으로 가서 자리를 잡았다.

"최 경장님한테 무슨 일 있었다며?"

그렇게 묻는 사람은 두 사람 가운데 일경이었다. 묻기 전에 그는 흘깃 최 경장 쪽을 훔쳐보았었다.

"쉬쉬하는 걸 보면 아마 좋지 않은 일인가 봅니다. 본서까지 불려 갔었다는군요."

말을 받는 사람은 이경이었다. 이경이라면 아직 훈련소 밥이 삭지도 않았을 것이다. 얼굴이 앳되어 보이고, 푸른 제복에서는 풋내가 풀풀 풍겼다.

"호송 출장소에서 근무하다 왔었거든. 인사 때도 아닌데 갑자기 이쪽으로 날려 온 걸 보면 아마 문제가 있었을 거야."

"호송이라니? 죄수들 압송하는 일 말입니까?"

"그럼. 물 먹었을 걸, 아마."

그들은 또 한 차례 최 경장 쪽을 흘깃 보았다.

잎사귀 세 개가 의경들과 함께 동초를 서기는 드문 일이었다. 동료들 이목도 이목이거니와, 홀로 심사가 산란하니까, 아마 자청해서 외근을 나와 버렸을 것이다. 그가 이곳 파출소로 전출되어 온 지는 보름 남짓밖에 되지 않는다. 아직 낯이 선 데다가, 그나마 동료들 앞에 떳떳치 못한 과거를 갖고 있는 것처럼 보이는 것이 싫었을 것이다. 들통나 봤자 별 것 아닐 테지만, 공무원이 업무와 관련된 일로 혐의를 받는다는 건 불행한 일이다.

10:04 때, 개찰구 너머 철길 쪽에서 역무원 아저씨가 나타났다. 그도 정확히 십 분 전 개찰 시각을 지키고 있음이었다. 사람들이 긴 줄을 서거나 말거나, 그것이 자신과 무관해 뵈기는 그도 마찬가지였다. 칸막이를 사이에 두고 긴 줄의 맨 앞으로 가더니, 그는 일단 근무 자세로 섰다. 표정이 꽤 밝아 보이지만, 그렇다고 오늘따라 기분이 좋아서만 그런 것 같지는 않다. 팔목을 들어 자신의 시계로 시간을 본다거나, 엿장수처럼 괜히 검표가위를 딱따거린다거나, 또한 괜스레 자신의 금테 모자를 벗었다가 다시 고쳐 쓰곤 하는 몸짓들이 어쩌면 그의 오랜 직장생활에서 생긴 일상의 자유와 방만인지도 몰랐다. 정각에서 1분을 넘긴 10:06에 그는 개찰구의 철문을 열었다. 밀린 인파의 봇물이 터지자, 긴 꼬리의 줄이 잡아먹히듯 철길 쪽으

로 빨려들어 가기 시작했다.

    나이를 헤아리기 어려운 사내 하나가 방금 대합실 안으로 뛰어들어온 것은 바로 그때였다. 흰 와이셔츠에다가 위아래 낡은 곤색 양복을 걸쳤는데, 넥타이를 매지 않아서 그런지 그는 목이 헐거워 보였다. 그러자, 그를 기다리고 있었던 듯한 여자 하나가 홍익매점 앞의 우람한 기둥 앞에서 그를 향해 번쩍 손을 들어주었다.
  "여기요."
  여자는 밤색 가디간 같은 것을 입고 있었는데, 낡고 빛이 바래서 그런지 전혀 꾸미고 나온 모습이 아니었다.
  "이제 어떻게 하지?"
  사내는 허겁지겁 여자 쪽으로 가더니 물었다. 그는 물을 때 여자를 보지 않고 자신의 발밑을 내려다보았다. 그의 발 아래 콘크리트 바닥에는 조금 전까지만 해도 집에서 함께 밥상머리를 마주했던 자신의 노모가 앉아 있었다. 노모는 늙은 폐마처럼 힘겹게 자신의 눈꺼풀을 올렸다 내렸다 하면서, 세상일과는 무관한 표정을 짓고 있었다.
  "차 떠나겠어요. 당신이나 얼른 나가세요."
  여자는 어느덧 휘헝해진 개찰구 쪽에다 대고 사내를 다그쳤다. 역무원 아저씨가 빈 가위를 들고 서서 대합실 안을 휘 둘러보았고, 그 눈길이 자기를 스치는 것 같자, 사내는 말할 수 없이 초조해졌다.
  "밤엔 추워지겠는 걸. 내의를 입혀 드릴까?"
  사내는 한 번 더 발 아래 노모를 내려다보며 말했다. 구월의 아침 햇살이 바닥의 더러운 땟국을 핥으며 대합실 안으로 기어들어 오고 싶어 했다.

"어머니가 뭘, 어린 앤가. 만 원짜리에다 천 원짜리도 몇 장 더 얹어 드렸다구요."

여자가 빨대 꽂힌 팩우유를 노모의 손에 쥐어 주면서 말했다. 노모는 표정 없이 그것을 받아 들지만, 입에 갖다 대지는 않았다. 사내가 벽시계를 한 번 흘깃 보았다. 그리고 그는 어려운 결정을 내린 듯 단호하게 말했다.

"알았어. 다녀올께."

쫓고 쫓기면서, 사내와 여자는 빈 개찰구를 향해 뛰었다.

"태준이 올 시간인데, 기다렸다가 당신이 직접 데리고 들어가지 그래?"

사내의 등 뒤에서 여자는 그 말을 들었다.

"알았어요. 가시거든 곧 연락주세요."

사내의 모습이 사라지자 그쪽에서 우렁찬 바퀴소리가 들려왔다. 노모는 아들이 사라져 간 쪽을 향해 한 차례 힘겨운 눈길을 보냈지만, 곧 다시 눈을 감아 버렸다. 기적이 울고 있는 것 같은 착각 속에 빠져 버렸기 때문이다.

여자는 사내가 떠나고 없는 그 자리에 잠시 서 있었다.

빠져나간 사람의 숫자만큼을 채우느라고 대합실 안은 다시 술렁거리기 시작했다. 소리 내어 떠들거나 웃는 사람이 없는데도 숨소리, 신발 끄는 소리, 옷깃 스치는 소리만으로 이처럼 큰 소음을 낼 수 있다는 건 끔찍한 일이 아닐 수 없다.

〈우리 역은 친절 봉사 역입니다〉가 오른쪽 벽 위에 키보다 두 배나 높게 걸려 있었다. 그 많은 사람들 가운데, 그러나 그 말을 읽거나 믿는 사람은 흔치 않았다. 그런가 하면, 그 위로 큼지막하게 다섯 개나 걸려 있는 광고판을 보는 사람은 많았다. 입구 쪽에서부터 차례대로 보일러, 밥통, 옷, 술, 그리고 나머지 한 칸은 불이 꺼져 있거니와, 내용물도 들어 있지 않았다. 광고란, 반드시 보기 좋으라고 걸어 놓은 그림이 아닌 것만은 확실한 것 같다. 눈요기로만 한다면야 하필 보일러와 밥통과 의복을 걸어 둘 필요는 없을 것이다. 그걸 모르고 깜빡 미인계에 속아 사람들이 의식주의 중요성을 잊는다면 야단이다. 의. 식. 주 다음으로 중요한 것은 역시 취하는 일인 것 같다. 그래서 옷 광고 뒤에 곧 술 광고를 걸었을 것이다. 그러고 보니, 빈 게시판도 무슨 뜻이 담겨 있는 것 같기는 하다. 그것은 휴식이래도 좋고, 잠이라도 좋다. 하여튼 그냥 공백이면 어떤가. 먹고 자고 입고 마시고, 그리고는 편안하게 잠들고 싶은 것이 인간의 욕망일 테니까.

최 경장이 기어코 다시 불려 가는 모양이었다. 교대 시간이 아직 멀었는데, 민 순경이 오더니 최 경장을 들여 보내고, 대신 자기가 근무를 서는 것이다.

"최 경장님. 소장님께서 들어오시랍니다."

민 순경은 최 경장 앞으로 가더니 짧게 보고를 마쳤다. 그러자 최 경장은 더 물을 것도 없이 대합실을 떠나 버린 것이다. 먼 빛으로만 그것을 지켜보고 섰던 의경들이 이번에는 직접 민 순경 앞으로 가서 궁금한 것들을 캐묻기 시작했다.

"민 순경님, 최 경장님한테 도대체 무슨 일이 생긴 거죠?"

"아무 일도 아냐, 임마. 호송해 가던 죄수들을 놓쳤을 뿐야."

민 순경은 최 경장을 편들고 싶어 하는 것 같았다. 모른다거나, 알아도 감추고 싶어서가 아니라, 함부로 맞먹으려고 드는 의경들과 거리를 두고 싶었을 것이다. 직업 경찰이 의무 경찰과 거리를 두고 싶어 하는 건 당연하다. 한솥밥을 먹는다고는 하지만, 임기를 마치면 그들은 곧 옷을 벗고 민간인으로 돌아갈 사람들이다. 그런가 하면 자기들은 오래 그곳을 지켜야 할 사람이니까, 어쨌든 프로의 세계를 아마추어가 엿보는 건 싫었을 것이다.

"그게 도대체 언제 적 이야깁니까? 도주를 했다면, 그때 당장 문제를 삼았어야지, 뒤늦게 이제 와서 왜 그게 문제가 된다는 거죠?"

짐작으로나마, 의경들도 그 일을 모르고 있을 리가 없었다. 더구나 그들은 민 순경 앞에 겁을 먹는 것 같지도 않았다. 아마추어는 아마추어대로 그들만이 갖는 묘한 자존심이 있어서, 잎사귀 하나쯤 아마 맞먹어도 된다고 생각했을 것이다.

"뒤늦게 그 새끼들이 붙잡혀 왔다지 뭐야. 처음에 놓쳤을 때는 그냥 단순히 근무태만 죄를 적용하고 말았었는데, 이제 잡아 놓고 보니, 그 새끼들이 또 뭔가를 새로 불었겠지."

"그게 뭐죠? 뭘, 그 새끼들이 불었다는 거죠?"

"모른다니까."

민 순경도 이번에는 약간 달아오른 것 같았다.

화장실 쪽의 통로를 지키고 섰는 의경도 함께 끼고 싶지만, 그는 근무 때문에 그럴 수 없었다. 그는 방금 실내에서 잘못 담배를 태운 잠바데기를 붙들고 시비를 벌이던 참이었다. 벽이고 기둥이고 할 것 없이 눈길 닿는 곳이면 어디고 금연 공고판이 붙어 있었다. 잠바데기는 벽 위에 높다랗게 걸린 열차 시간표를 읽느라고 아마 그것을 보지 못하였을 것이다. 웬 보따리 같은 할머니가 구두 코에 와 걸려도 걸리는지를 모른 채 녀석은 안으로 들어왔었다. 그리고 잠시 소변을 좀 볼까 하고 화장실 쪽으로 가는데 그만 의경이 그를 낚아챈 것이다. 녀석을 주목한 사람은 대합실 안에서 단 두 사람뿐이었다. 하나는 그를 붙잡은 의경이고, 또 하나는 아까 열차를 타고 떠난 사내의 여자였는데, 두 사람 다 처음부터 그를 볼래서 본 것은 아니다. 의경은 그가 아니라 그의 담배를 보았었고, 여자는 또한 그가 아니라 그의 구두코에 와 걸리는 보따리 같은 할머니를 보았었다. 그 조금 전까지만 해도 여자는 내내 그 짐보따리 때문에 개찰구 앞을 떠나지 못하고 있었다. 그러다가 녀석이 그것을 구둣발로 툭 건드리자, 더이상 가슴이 떨려서 견딜 수 없었으므로, 그만 그곳을 황급히 빠져나갔다. 여자는 될 수 있는 대로 사람들이 몰린 틈새를 비집고, 민 순경들이 섰는 기둥 뒷쪽으로만 걸어서 나갔다. 그러다가 마지막 잠바떼기 옆을 스칠 때 재빠르게 몸을 내뺐는데, 그때까지 대합실 안에서 그 여자를 주목한 사람은 아무도 없었다.

"여기서는 좀 잘못한 일이 있더라도 서로 감싸 주겠죠?"

민 순경들은 하던 잡담을 계속하고 있었다. 최 경장이 설령 잘못한 점이 있더라도, 같은 경찰들끼리니까 쉽게 풀려나지 않겠냐는 뜻일 것이다.

"그렇게는 안 된다."

민 순경은 단호했다.

"왜요? 경찰들은 피도 눈물도 없나요?"

"잘못 보아주었다가는 윗대가리가 잘리거든. 너 같으면 임마, 부하 살리겠다고 네 모가지에 칼 대겠냐?"

"최 경장님 그럼 감옥가겠네?"

"감옥 아니면 옷 벗길 걸."

"아구야."

"왜? 김 일경, 너도 무슨 죄진 일 있어?"

방금 춘천에서 오는 열차가 도착하고 있었다. 아까 그 사내가 타고 간 태백선 비둘기호 열차와는 아마 마석쯤에서 엇갈렸을 것이다.

나오는 문은 역사의 바깥 왼편에 있었다. 들어가는 문이 건물 안에 있어서, 그 안에 들어가 차표를 끊고, 기차가 올 때까지 그 안에서 기다리고, 또 들어가서 차를 타곤 하던 것과 달리, 차에서 내려 곧바로 표를 던져두고 나오면 그냥 역 광장이었다.

오늘은 예정보다 5분 늦게 도착한 셈이다. 차에서 내린 손님들은 아까 열차를 타러 나가던 사람들과는 달리 뛰거나 서두는 법이 없었다. 아마 시간을 정해 놓고 빨리 타 주기를 재촉하는 기차라거나, 아니면 노모를 버리고 허겁지겁 달아나야만 한다거나 하는 사람들이 이번에는 없었기 때문일 것이다. 물론, 마중나온 사람을 찾느라고 고개를 늘이빼고 바깥 쪽을 기웃거리는 사람이 없지 않았지만, 대개는 무거운 짐보따리를 질질 끌거나, 보따리가 없더라도 호주머니에 손을 지른 채 자기 차례가 오기를 기다리며 긴 줄의 끝을 따라가는 정도였다.

줄은 두 가닥이었다. 두 군바리가 한쪽 줄의 끝으로 따라붙으면서 아까부터 주고받던 말을 계속하고 있었다.

"문래동? 문래동, 어디?"

무슨 말을 주고받던 끝이었는지, 둘 중의 하나가 등 뒤의 병사를 향해 휙 돌아설 정도였다. 그는 육군 하사였다.

"전화국 앞입니다."

등 뒤의 군인이 대답했다. 그는 일등병이었는데, 하사와 별로 친하고 싶어 하지 않는 것 같았다. 가을 햇살이 푸른 제복에 가 닿자, 등 뒤의 다리미 자국에서는 청동의 푸르름이 반질거렸다.

"쭈욱 그 동네서만 살았더란 말야?"

하사가 앞으로 걸어가면서 물었다.

"네, 문래국민학교 때부터."

"그래애?"

역무원이 빠른 손놀림으로 그들의 줄을 축내고 있었기 때문에 두 사람은 곧 긴 꼬리의 맨 앞에 와 섰다.

"고등학교도?"

이번에 하사는 순서를 바꾸어 자기 앞으로 일등병을 끌어 세우면서 물었다. 고등학교도 문래 고등학교를 나왔냐는 뜻이다. 그 때 중년의 여자가 역 광장의 바깥쪽에 서 있는 것을 일등병은 보았다. 여자는 힘없이 고개를 떨구고 있었는데, 그녀의 낡고 빛바랜 가디간 같은 것을 보자, 그는 곧 그 여자가 자기 어머니인 것을 알았다.

"네."

일등병은 그러나 그 여자의 눈길을 피하느라고 짧게 대답했다.

"몇 횐데?"

"십삼 회."

"어! 이 새끼 나하고 동창이잖아?"

개찰구를 쓰윽 빠져나오면서 그 말을 일등병은 들었다.

둘이는 새로 악수를 나누느라고 잠시 나오는 문 앞에 서 있었다. 근데 왜 우리가 여태 몰라봤지? 놀라면서 하사가 손을 내밀었고, 일등병이 쓸쓸레 웃으면서 그 손을 받아 줘었다. 임마, 넌 알고 있었어? 물으면서 하사가 염치없는 웃음을 웃었고, 일등병이 맘모스 쪽을 넘겨다보면서 고개를 가로저었다. 커피숍 〈대왕〉에서는 지금쯤 윤희가 기다리고 있을 것이었다. 중년의 여자는 일등병이 어서 하사의 손아귀로부터 풀려나기를 기다리며, 반 발짝 옆으로 비켜 서 있었다. 가자. 가서, 우리 낮술이나 한잔 푸자. 하사가 일등병의 손을 잡아끌었고, 아냐, 만날 사람 있어, 라고 일등병은 그것을 거절했다. 누구? 애인? 하사가 주위를 두리번거리며 물었고, 아냐, 어머니. 일등병이 여자 쪽을 힐긋 보면서 대답했다. 어엉! 어머니도 이런 델 나오냐? 일등병의 시선이 가 닿는 곳에 정말이지 일등병의 어머니 같은 여자가 서 있음을 하사는 보았지만, 그러나 그는 곧 악수를 풀 수가 없었다.

"야, 미안했다. 우리, 그 일은 없었던 걸로 하자."

하사가 웃으면서 말했다. 엊그제 그 일을 그는 떠올리고 있음이었다. 일등병은 웃지 않았다. 그도 그 일을 잊지 못하고 있음이었다. 지난 주 내무반에서 있었던 일이다. 세탁물을 널어 말리는데, 겁도 없게스리 일등병 팬티가 하사님 팬티 곁에 나란히 걸려 있더라는 것이다. 이거, 어떤 새끼 거야? 그러더니, 변명을 할 새도 없이 하사는 일등병의 얼굴이고 옆구리고를 마구 주어 패던 것이다. 그런 새끼가 이제 알고 보니 고등학교 동창이라고?

하사를 따돌리고 나자, 일등병은 잽싸게 대합실 쪽으로 방향을 꺾었다. 그러자 뒤에서 받치고 섰던 여자가 일등병보다 더 잽싸게 달려가 그의 앞장을 가로막고 섰다.

"어디 가니? 애미, 여기 있지 않니?"

여자의 목 안에서는 쇳소리가 났다. 애써 절박감을 감추고 있었기 때문일 것이다. 여자는 아마 할 수만 있다면, 일등병의 어깨를 포근히 감싸 주고라도 싶어 하는 것 같았다. 그러나 일등병이 워낙 본체만체했으므로, 여자는 쉽게 접근하지 못하였다.

"알았어, 엄마. 금방 갔다 올께."

일등병은 일부러 느긋해하는 것 같았다. 그의 말꼬리는 느리고, 오히려 핀잔이 섞여 있었다. 그는 그런 식으로 늘 자기 어머니를 따돌리곤 했을 것이다. 이번에 여자는 일등병의 팔뚝을 붙들고 완강하게 버텼다.

"안 된다. 너, 또 이 애미를 따돌릴려고 그러는 거지?"

"내일 차표를 예매해야 돼요. 지금 사 두지 않으면 나, 부대에 못 들어간단 말야, 엄마. 부대에 못 들어가면 엄마 아들 어떻게 되는 줄이나 알아? 맞아 죽는단 말야."

"표는 내가 사 오마. 넌, 여기 섰거라. 아니다. 그러면 넌, 그 사이에 또 달아나겠지? 이걸 어떡허믄 좋으냐?"

일등병과 여자는 광장 한복판에 서서 잠시 겯고틀기를 계속했다. 여자는 남편이 곁에 없는 것을 애석해하는 것 같았다. 만일 남편이 곁에 있기만 하다면, 아들이 이렇게까지 말 안 듣지는 않을 것이다. 아니다. 설령, 말을 듣지 않더라도, 남편더러 아들을 붙잡아 매게 하고, 자기가 가서 표를 사 오면 될 것이었다.

"같이 가요, 엄마. 엄마랑 같이 가면 될 거 아냐?"

일등병이 마침내 잡힌 소매를 뿌리치며 반항하기 시작했다.

"안된다."

그래도 여자는 막무가내였다.

"왜, 엄마는 되고 나는 안 된다는 거죠?"

"이놈아, 너 또 그 기집애 나오랬지? 그 기집애, 너 대합실 안에 숨겨 뒀지, 그지?"

"대합실 안에 윤희가 있다구요? 내기해요, 엄마. 내 말이 거짓말이면 나, 엄마 아들 안할께."

일등병이 워낙 거세게 대들자, 여자는 한풀 꺾이는 것 같았다. 그러자 이번에는 태도를 바꾸어 곧 애원하기 시작했다.

"제발 빈다. 애미랑 그냥 집으로 들어가면 안 되겠니? 그 기집애는 정말 나쁜 아이다."

"뭐라구요? 윤희가 나쁜 아이라고? 엄마가 윤희한테 어떻게 그런 말을 할 수가 있죠?"

그러나 여자가 워낙 간절하게 빌어댔으므로, 이번에는 일등병 쪽에서 먼저 고집을 포기하는 것 같았다. 그는 잠자코 하늘을 보고 서 있더니, 문득 발길을 되돌려 시내 쪽으로 방향을 꺾었다. 여자가 일등병의 허리춤을 움켜쥐며 바싹 그의 뒤를 따라붙고 있었다.

"순진한 널 꼬여서 이렇듯 그 아이는 네 정신을 홀라당 빼앗아 가버렸잖니? 그만 만나라. 제발, 이 애미가 널 위해서 하는 소리란다."

고개를 떨군 채, 일등병은 말없이 광장을 걸어 나가고 있었다.

"시장할 텐데, 뭘 좀 먹겠니?"

광장 한복판에 시계탑이 서 있었다. 곁눈질로 시간을 읽으면서, 일등병은 훨씬 상냥해진 여자의 그 말을 들었다.

"됐어요. 이거나 놓세요."

일등병이 불퉁거리면서 허리춤의 손을 뿌리쳤고, 여자는 뒤따라 가면서 그 손을 풀었다. 시계는 십 분 전 두 시를 가리키고 있었다. 시내버스와 택시들이 줄지어 섰는 로터리 쪽에 지하도로 통하는 입구가 보였다.

"어서 가자. 해 지기 전에 노량진 시장도 다녀와야 되고, 바쁘구나."

여기서부터는 여자가 일등병을 앞질러 잰걸음을 시작하였다.

"전철 타시게요?"

"막히지 않는 건 전철밖에 없다."

지하도의 층계는 가파랐다. 일등병은 잠자코 여자를 뒤따라가면서 물었다.

"요새도 포장마차 하세요?"

"안 하면 뭘 먹고 사니? 민자 년까지 요새는 집에 와 있다는구나. 당장 집세도 올려 달라는데, 자칫 잘못했다가는 우리 네 식구 길바닥에 나가 앉을 판이다."

"민자가 와 있다니? 대학 가겠대요? 또."

층계를 내려서려다 말고, 일등병은 주춤 발걸음을 멈추었다.

"공장이 문을 닫았다는구나. 요즈음은 하루에 열 개씩도 더 망하는가 보더라."

"그 판에 여긴 뭘 하러 나와요? 윤희한테 뭐, 엄마 아들 빼앗길까 봐?"

"아버지가 삼척 가셨잖니? 현장 감독한테 가서 다시 사정해 본다더라. 어떡 허겠니? 우선 발등에 붙은 불이나 끄고, 차차 몸으로 때우는 수밖에. 아까 아침 차로 떠나셨다."

지하도 층계는 중간에 2단으로 꺾이는 데가 있었다. 그 꺾이는 곳의 시멘트 바닥에 가난한 가을 열매들을 모아 놓고 파는 노파가 하나 앉아 있었다. 일등병은 거기서 빨간 산딸기 두 접시와 다래 다섯 개를 샀다.

"왠 걸 그렇게 많이 사니?"

"할머니 드시라고요. 할머니, 산딸기 좋아하시잖아요?"

"아서라. 할머니 마석 가셨다."

여자가 펄쩍 뛰며 그것을 말렸다.

"마석이라니? 죽어서 땅에 묻히기 전에는 절대로 밖에 나가지 않겠다고 다짐했었잖아요?"

"그래도 가셨다."

여자는 상관없이 계단을 뛰어 내려가고 있었다. 일등병이 그 뒤를 바싹 따라붙으며 다그쳐 물었다.

"엄마가 그랬죠? 그렇죠? 엄마가 또 할머니를 내쫓은 거죠?"

"애미한테 못하는 소리가 없구나. 내가 가래서 가고 있으래서 있을 사람이냐, 할머니가? 민자 년하고 방 싸움하기 싫으니까, 가는가 보더라."

"그게 보낸 거 아니고 뭐예요? 못 가시게 엄마가 말렸어야지."

두 번째 계단이 끝나는 데서 매표창구가 바라다보였다. 그러나 이번에는 일등병이 여자를 앞질러 먼저 자판기 앞으로 가서 섰다. 그 철제 캐비넷 같은 상자 안에서, 일등병은 전철표를 한 장만 꺼냈다. 여자는 그것을 아무 생각 없이 바라보고 있었다.

"교회 양로당도 문 닫은 지 오래라면서, 마석엔 가면 어디로 간다는 거죠?"

일등병이 여자한테 전철표를 건네주면서 물었다.

"낸들 아니? 가니까 가는 줄 알았지."

여자는 그것을 걸어가면서 건네받았다. 사람들 틈새에 끼어 천천히 그들은 개찰구를 빠져나가고 있었다.

개찰문은 자동개폐식이었다.

"태준아? 태준이 어디 갔니?"

여자가 소스라쳐 놀란 것은 바로 그때였다. 승강장 안으로 그녀가 자기 몸뚱이를 들이밀었다가 다시 빼내는 순간, 일등병이 그만 흔적도 없이 사라져 버린 것이다. 여자는 잠시 그 자리에 넋을 잃고 서 있었다. 녀석이 윤희를 만나고 안 만나고는 문제가 아니다. 대합실이 아니기만 하다면, 차라리 녀석은 어디서고 윤희를 만나고 있는 편이 낫겠다. 만일 그렇지 않고 녀석이 정말 차표를 끊는답시고, 대합실 안으로 달려가기라도 했다면 이건 야단이다. 여자는 다시 허겁지겁 개찰구를 빠져나왔다. 그리고 정신없이 대합실을 향해 뛰었다.

 광장을 지나 대합실로 통하는 문은 두 군데가 있었다. 하나는 그 광장만큼이나 넓고 우람한 현관문이고, 또 하나는 왼편 화장실 쪽으로 난 샛문이 그것인데, 물론 용변이 아니라도 사람들은 대합실로 들어가거나, 또는 광장으로 빠져나올 때 자주 그 샛문을 이용한다. 여자는 현관의 넓은 문으로 들어가지 못하고 그 샛문 쪽을 택하였다. 샛문을 지나면 곧 통로가 나온다. 대합실로 통하는 좁다란 골목길이다. 그녀는 거기서 두려움에 떨고 서 있었다. 대합실 안에 일등병은 없었던 것 같다. 더 샅샅이 뒤져 보고 싶었지만, 그러나 안으로 들어갈 수가 없었기 때문에 여자는 일단 그 통로를 받치고 섰는 우람한 기둥 뒤로 가서 자신의 몸둥이를 가렸다. 일등병을 찾는 일보다 더 크고 무서운 일이 이미 그 안에서 벌어지고 있었기 때문이다.
 "할머니, 집이 어디세요?"
 여자는 그 말을 정확히 기둥 뒤에 숨어서 들었다. 꽤 많은 사람들이 이미 그 보따리 같은 할머니를 빙 둘러싸고 서 있었다. 그리고 그 목소리의 주인인 것 같은 경찰이 할머니를 다그치고 앉았는 모습까지도 사람들 틈바구니 사이로 보였다. 할머니는 입을 열지 않았다.
 "할머니, 여기 누구랑 같이 오셨지요?"
 또 한 차례 경찰의 것인 듯한 목소리를 여자는 들었다. 이번에도 그쪽에서는 반응이 없는 것 같았다. 쭈구려 앉았던 경찰이 불쑥 사람들 키와 같은 높이로 일어서는 것을 여자는 보았다.
 "허어, 참. 어떤 불효막심한 녀석이 또 제 에미를 하나 버렸군."
 누구한테랄 것도 없이 고개를 들어 경찰은 탄식의 소리를 내뱉고 있었다.

그 보따리 같은 할머니를 사람들이 눈여겨보기 시작한 것은 그때가 처음이 아니었다. 경찰보다 먼저 발견한 사람은 청소하는 아줌마들이었다. 논 가운데 황새처럼, 그들은 아침부터 저녁까지, 대합실 바닥을 휩쓸고 다니니까, 무엇이든 보지 않는 것이 없다.

"얼라! 이 할머니가 여기 여적 있네."

그러나 아줌마들까지도 정작 어떤 예감을 털어놓기 시작한 것은 오후 두 시가 넘어서였다. 그들은 그것이 치워야 할 물건인지, 아닌지를 놓고 한바탕 왈가왈부했었다.

"누가 몰래 버리고 갔능갑만, 얼른 치워 버려야 쓸 것인디."

그렇게 말하는 사람은 아무래도 나이가 젊은 축이었다. 그러나 약간만 늙수구레한 사람이면 그보다는 훨씬 신중한 편이었다.

"산 송장인가? 임자 있는 물건이고만 그러네."

"글메. 임자가 있응께 이만큼이나 꾸며서 내보냈 것지?"

대낮에 이런 데서 산 송장을 보는 일이란 그들에게 어려운 일이 아니었다. 그나마 오늘은 자식이 어미를 버렸기 망정이지, 어미가 자식을 버리는 일조차 요새는 심심찮게 보던 것이다.

그러나 그 청소하는 아줌마들보다 더 먼저 할머니를 본 사람은 엉뚱한 데서 나왔다. 열 두서너 살이나 됐을까, 잽싸고 당차게 생긴 계집아이 하나가 아줌마들 사이를 파고든 것은 그 때였다. 그 아이는 그 할머니를 보는 정도가 아니라, 여기 그 할머니를 버리고 간 사람까지를 보았다는 것이다.

"아줌마, 내가 봤어요. 이 할머니, 아까 어떤 아줌마가 여기다 놓고 갔어요."

아이는 놀라움으로 이마가 벌겋게 상기되어 있었다. 누군가가 여기 사람을 버렸다는 말이 아이를 그토록 놀라게 했을 것이다.

"너는 누구냐? 느이 할메냐?"

처음에 아줌마들은 도리어 그 아이를 의심했었다. 그 아이가 아니라도, 어쩌면 그 아이의 어머니나 아버지가 이 할머니를 버렸을지도 모른다는 생각이 들었기 때문이다. 그러나 아이는 아니라고 펄펄 뛰었다.

"아녜요. 어떤 아줌마가 여기다 놓고 갔다니까요."

"어디 갔지? 그 아줌마."

"몰라요. 아까 봤었는데. 저 개찰구 앞에 있었어요."

알고 보니, 그 아이는 오팔팔에서 심부름을 나온 아이였다. 그걸 알고 풀어 주었기에 망정이지, 하마터면 오래 끌려다니면서 아줌마들한테 치도곤을 당했을지도 모른다. 오팔팔이라면, 아마 그 아이도 누구한텐가 버림을 받았거나 몰래 빼내 온 물건이기가 십상일 것이다. 그런 것이 하물며 그 할머니를 버린다거나 할 수는 없는 일이었다.

민 순경들이 그 자리에 나타난 것은 그 다음다음 차례였다. 아이는 자기가 이 할머니를 버린 집안의 자식일 거라고 의심받는 것에 대하여 진혀 기분 나빠하거나 무서워하지 않았다. 다만, 그 꺼져 가는 생명을 보고도 못 본 체하는 아줌마들이 놀랍고 이상할 뿐이었다.

"아저씨, 저기, 누가 버리고 간 할머니가 있대요."

참다못해, 아이는 의경들한테 가서 그것을 일러바쳤고, 그러자 의경들이 다시 민 순경한테 가서 그 사실을 전한 것이다.

"백차 불러. 박일경, 당장 백차를 부르라구."

민 순경의 업무 처리는 단호하고도 사무적이었다. 이제 백차가 오면 곧 할머니는 구청 사회 복지과로 넘어갈 것이다. 할머니가 갖고 나온 것이라고는 작은 손가방 하나뿐이었다. 사람을 넘겨줄 때는 정확히 그 소지품도 함께 양도되어야 할 것이다. 박일경이 백차를 부르러 가고 없는 동안, 민 순경은 그 가방의 지퍼를 열었다. 물론, 사람들이 보는 앞에서, 할머니도 들으라고 그는 그 안의 것들을 꺼내면서 일부러 큰 소리로 외쳤다. 속옷이 한 벌, 구겨진 낯수건 하나, 헌 양말이 한 켤레, 만 원짜리 하나에다가 천 원짜리가 석 장, 그리고 어? 종이에 싼 알약이 있네?

"할머니, 이 약은 뭐지요?"

"수면제라오. 당췌 잠을 이루지 못해요."

노파의 그 말을 들었을 때, 여자는 더이상 그 자리에 서 있을 수가 없었다. 이제 어떻게 할까, 여자는 잠시 허둥댔다. 그녀는 지금까지 잘 버티고 섰던 크고 우람한 돌기둥을 두 팔로 힘껏 밀었다. 그리고 어떻게 화장실까지 걸어나갈 수 있었던지, 그녀는 자신을 의심하지 않을 수 없었다. 오래 변기를 타고 앉았던 기억은 난다. 그러나 실지로 방뇨가 있었던지 없었던지는 아무래도 기억을 할 수가 없었다. 그녀가 역 광장을 아주 빠져나간 것은 그리고 나서도 꽤 시간이 흐른 뒤였다.

백차는 아직 도착하지 않고 있었다. 백차도 오기 전에 민 순경은 그곳을 떠나야 할 때가 된 것 같았다. 교대 시간이 임박했기 때문이다. 이제 경찰들이 바뀌면 이 할머니는 다시 자기와는 무관한 사람이 되고 말 것이다. 민 순경은 조금 뒷맛이 개운치 않음을 느꼈다. 할머니가 입을 열어 자신의 주소나 전화번호 같은 것들을 밝히고, 그래서 다시 편안하게 집으로 들어가는 것을 보고 갔더라면 민 순경은 마음이 훨씬 홀가분했을 것이다. 새로운 근무 조가 대합실 안으로 들어서고 있었다. 의경 셋에 순경이 하나, 이번에도 의경 아닌 순경이 잎사귀 두 개짜리이기는 민 순경 때나 마찬가지였다. 교대식은 따로 필요 없었다. 다만 최 경장 건에 대한 소식을 듣느라고, 민 순경은 조금 출발이 늦어질 뿐이었다. 우선 처리할 일은 물론 할머니를 인계하는 일이었다. 그러나 새로 나온 사람들을 보자, 문득 최 경장 건이 궁금해졌으므로, 할머니 건은 깜빡 잊어먹은 셈이었다.

"결국 입건되는 모양입디다."

새로 나온 순경이 전하는 소식은 생각보다 심각한 것 같았다.

"크게 먹었던가 보죠?"

민 순경은 그를 다시 안쪽으로 끌어들이면서 물었다.

"먹기는? 걸려도 아주 더럽게 걸렸습디다."

새 친구는 누군가를 빈정거리는 표정이었다.

"더럽다니? 그게 무슨 소리요?"

민 순경이 주춤 발걸음을 세웠고, 그러는 그를 새 친구는 힐난하듯 쳐다보았다.

"바로 여기, 오팔팔에서 걸렸더구만."

"오팔팔이라니?"

민 순경은 말도 안 된다는 듯 입을 하 벌리고 서 있었다. 그러나 그는 곧 정신을 차리고 다시 캐묻기를 계속하였다.

"아니, 그게 무슨 죄란 말이오? 최 경장이 거기서 외상치기를 했던가? 아니면, 살림을 차렸었나?"

그는 마치 싸우는 사람처럼 서서 핏대를 올리기 시작했다. 그러는 민 순경이 딱하다는 듯, 새 친구는 목 안의 소리로 속삭이는 것이었다.

"그게 아니라, 교도소 가는 새끼들을 데리고, 글쎄 그게 말이나 되오?"

"아니, 최 경장님이? 함께?"

"미쳤소? 그 새끼들이 하도 사정사정 애원을 하니까, 넘어갔겠지. 그리고는 밖에 서서 망을 봐 줬대나?"

"자기는 않고? 허허허."

민 순경이 하도 기가막혀 했으므로, 그들은 한동안 말을 잇지 못하고 서 있었다.

"경찰을 우습게 봤군. 그 때 왜 최 경장이 가만 있었나? 냉정하게 딱 자르지 못하구서?"

민 순경은 최 경장을 원망하는 것 같았다. 그러자 새 친구가 또 그를 두둔하기 시작했다.

"딴은 그럴 수도 있겠지. 일단 감방에 들어갔다 하면 여자 맛이라곤 볼 수가 없거든. 감옥이 달리 감옥이겠어?"

민 순경은 다시 헤어지자고 손을 내밀었다.

"아, 참. 버려진 노모가 있소. 그 아들이 몰래 갖다 버렸을 거요."

"또 귀찮은 일이오?"

"어차피 구청으로 갈 물건이오. 백차를 불렀으니까. 자, 그럼 수고 하시오."

현관 입구 쪽에서는 민 순경이 어서 나오기를 기다리며, 의경들끼리 잡담을 늘어놓고 서 있었다.

열 두서너 살이나 됐을까, 아까 그 계집아이가 다시 장면 속을 파고든 것은 바로 그때였다.

"아저씨! 저기요, 저기."

아이는 숨을 헐떡거리며 달려오더니, 광장 밖의 로터리 쪽을 향하여 막무가내 민 순경의 팔뚝을 잡아끄는 것이었다.

"아까 그 여자였어요. 저기서 봤어요. 그 여자가 이 할머니를 여기다 버리고 갔었다구요."

"뭐라구? 네가 그 여자를 봤다구?"

놀란 것은 민 순경들 뿐이 아니었다. 할머니를 에워싸고 섰던 사람들 모두가 아이한테 달겨붙었다.

"지하도 쪽으로 가고 있었어요. 어떤 군인 아저씨랑 같이였어요."

"뭐야? 군인 아저씨라고? 그게 누구지?"

의경이고, 순경이랑이 아이를 따라 황급히 광장 밖으로 달려 나가고 있었다. 순간 그 보따리 같은 할머니한테서도 뭔가 스쳐간 만큼의 꿈틀거림이 있었는데, 아무도 그것을 주목한 사람은 없었다.

"어디야? 가 보자."

빙 둘러 서 있던 사람들도 덩달아 함께 밖으로 뛰쳐나가고 있었다.

"그래, 그런 놈은 당장 잡아다가 맞대질을 시켜야 된다구."

이번에 노파는 꽤 충동적으로 상체를 흔들었다. 뭔가가 아마 퍼뜩 머리를 스치고 갔던 것 같다. 노파는 무거운 눈길을 들어 흘깃 광장 밖을 훔쳐보았다. 그리고는 곧 오랜만에 혼자인 것 같은 깊은 외로움 속에 빠져들기 시작했다.

대합실 안에서는 또 한 차례 개찰이 시작되고 있었다. 이번에 떠날 차는 그 종착역이 어디든 밤을 향해 달려야 할 것이다. 다시 입구까지 닿는 긴 줄이 이어졌고, 또 다른 역무원 아저씨가 그 긴 줄의 맨 앞에 서서 시간을 재고 있었다. 철길 밖으로는 운행을 아주 정지해 버렸거나, 빼꼭히 화물을 실었을 것 같은 기차의 낡은 토막들이 겹겹이 시야를 가리고 있어서, 이미 반쯤은 어두워진 상태였다. 곧 떠날 차는 왼편 나오는 문 안쪽 어딘가에 대기하고 있을 테지만,

그러나 그것은 언제나 역사에 가려 보이지 않았다. 개찰구가 열리면 이제 긴 줄의 꼬리는 잡아당기듯 철길 밖으로 빨려 들어갈 것이다.

잡으러 간 여자는 광장 밖의 아무 데서도 찾을 수가 없었다. 기다리던 경찰 백차는 그 틈을 비집고 들이닥쳤다. 헛탕을 친 사람들이 다시 아무 일도 없었다는 듯 대합실 안으로 되돌아오고 있을 때였다.

"얼라! 죽었네. 이 할머니가, 죽었어!"

청소하는 아줌마들이 노파의 죽음을 발견한 것은 거의 같은 시각이었다. 노파는 바닥에 고개를 쳐박은 채 아무렇게나 고꾸라져 있었다. 사람들이 다시 우루루 노파가 있던 데로 몰려들었지만, 그러나 이번에는 가까이서 에워싸지 못하고 다만 멀리서 그것을 지켜볼 뿐이었다.

"마신 것을 다 토했어요. 우유가 상했었나 봐요."

그나마 바닥에 흘린 이물질을 들여다보기라도 한 사람은 아이 하나뿐이었다.

"아니다. 극약인가? 이 노인네가 극약을 어디서 났지?"

백차의 경관들은 그것을 들여다보지 않았다. 보지 않고도 이런 일을 쉽게 판단할 줄 아는 사람은 아마 경찰들 뿐일 것이다. 그들은 노파가 왜 죽었는지, 혹은 누가 죽였는지를 알고 싶어 하지 않았다. 더구나 그 죽음을 슬퍼하거나 애석해하는 사람은 대합실 안에 아무도 없었다. 이제 경찰이 할 일이라고는 그 죽은 노파를 차에 실어 가는 일일 것이다. 그러나 산 사람을 실러 왔다가 죽은 송장을 싣고 간다고 해서 그게 재수 없는 일이냐 하면 그건 아닌 것 같다. 그것이 산 사람이든 죽은 송장이든, 그들은 그것을 어디론가 실어다 주기만 하면 그만이다. 산 사람이면 구청 사회 복지과로 갈 것이고, 죽은 송장이면 경찰병원이나 시립병원 같은 데로 일단 갈 것이다. 노파는 죽었으니까, 아마 시립병원쯤 갈지 모른다. 시체를 차에 태우는 일은 의경들을 시켰다. 민 순경은 노파의 가방을 챙기는 일에 더 몰두하였다.

"그게 그러니까 수면제가 아니었었군."

그는 그 가방 속을 속속들이 뒤지다가 뭔가를 알아낸 것 같았다. 아까 그 수면제가 없어졌다는 것이다.

"그걸 먹어 버렸나요?"

의경 중의 하나가 쾅 뒷문을 닫고 나오면서 물었다. 문이 닫히기 전에 민 순경은 그 가방을 시체와 함께 실었다.

"아냐, 그건 내 실수였어"

민 순경은 뭔가를 크게 후회하고 있는 것 같았다.

"수면제 말입니까?"

"말하지 말았어야 하는 건데. 맞대질을 시키겠다고, 누가 말했었지?"

"연고자가 나타났을 땐 별수 없는 일이었지 않습니까?"

"아냐, 내가 서툴렀다. 자식은 아무한테나 붙지만, 부모는 절대로 붙지 않거든. 잡힐 때까지는 말하지 않는 게 좋았다."

백차는 떠난 지 오래였다.

의경 셋에 순경이 하나, 그들은 지는 해를 바라보며 천천히 청량리역 광장을 빠져나가기 시작했다. 마주 보이는 하늘이 헌 누더기를 걸친 듯 허망한 그림자를 드리우고 있었다. 동대문, 종로, 서대문, 마포, 하늘은 그 너머 어디까지고 한없이 뻗어 있을 것이다.

"최 경장님이 걸려도 아주 더럽게 걸렸더군."

민 순경이 불쑥 최 경장 소식을 허공에 띄우고 있었다. 죽은 노파를 말한다고 한 것이 그만 최 경장을 들먹거리고 말았을 것이다. 죽은 사람은 그 죽음이 슬프다가도 그 자리를 떠나면 곧 잊혀지는 법이다. 산 사람은 산 사람끼리 앞으로 살아갈 일이 더 걱정스럽기 때문일 것이다.

"최 경장님, 혼자였답니까? 호송을 그렇게도 하는 겁니까?"

산 최 경장이 궁금하기는 의경들도 마찬가지였다. 다만 다른 점이 있다면, 민 순경이 최 경장을 자기 일처럼 아파하는 것에 비하여, 그들은 그것을 남의 일 보듯 쳐다본다는 점이었다.

"그렇게는 안 된다. 죄수 하나에 호송 경찰이 둘, 그런 식으로 언제나 죄수보다는 많아야 한다. 그때는 아마 경찰이 둘이었을 것이다."

허공을 떠받치고 섰는 건물의 검은 윤곽들을 그들은 함께 걸어가면서 보았다.

"왜, 함께 막아 내지 못했을까?"

의경들이 이해할 수 없다는 듯 마주보며 뇌까리고 있었다.

"그게 문제였다. 같이 가던 사람이 고자질을 해 버렸다."

"반댈했었구나. 그 새낀 오입도 안 하나?"

성난 사과처럼, 의경들이 벌건 얼굴들을 쳐들고 흥분하기 시작하였다.

"아무리 반댈 했어도 그렇지. 개도 밥 먹을 때는 안 건드린다더라. 어떻게 그런 걸 다 일러바칠 수가 있니?"

"출세를 위해서는 그럴 수 있다. 고발하면 일 계급 승진하는 수가 있거든."

민 순경이 말했다.

"와아, 놀랍다."

"놀랍니? 난, 무섭다."

광장이 끝나는 길가에 서서 그들은 사이좋게 담배를 한 대씩 나누어 태웠다. 불을 붙이느라고 잠시 머리를 조아렸고, 그러나 곧 연기를 내뿜느라고 다시 고개를 쳐들었다.

"청량리가 문제였구나."

누군가가 역사 쪽을 향해 청량리를 원망하고 있었다.

"그렇지? 하필 청량리 역에서 호송을 할 게 뭐냐?"

또 누군가가 그 말이 맞다고 맞장구를 치고 있었다. 의경 셋에 순경이 하나, 민 순경은 서둘러 이문동 쪽으로 발길을 내딛었다. 의경은 의경들끼리 최 경장과는 아무 상관도 없는 입씨름을 이제부터 계속할 것이다.

"아니다. 청량리 아니라도 여자는 많다. 문제는 배신이다."

"죄수가 도망치고 싶은 건 인지상정이다. 그게 왜 배신이란 말인가?"

세 의경 가운데, 하나는 이경이었다. 이번에는 하나뿐인 이경이 그 대열을 이탈하고 있었다.

"도와준 사람을 망쳐 놓았으면, 그게 배신 아니고 뭐란 말이냐?"

"여자를 보면 남자는 이성을 잃는 법이다. 그게 사랑이다."

"사랑이라구? 사랑, 더럽구나."

두 일경이 문득 가던 길을 멈추었다. 역사의 뒷편 철길 쪽에선가, 기적 같은 것이 울고 있었다. 그것이 착각이 아니기를 바라며 그들은 광장 쪽을 뒤돌아보았다. 한 떼의 청량한 바람이 그 청량리 바닥을 휩쓸고 지나갔다. (《현대문학》 93. 1)

교수와 두목

이 병 렬

- 소설가, 문학박사, 동리목월문예대학 교수.
- 1978년 7월 월간 〈소설문예〉에 단편 〈영결식〉이 신인상에 당선되며 등단.
- 1993년 숭실대학교 대학원에서 문학박사 학위 취득.
- 숭실대, 명지대, 인천대, 동덕여대, 부천대, 우석대, 전주교대 등의 학부 및 대학원에 출강.
- 소설집 『장군의 꿈』, 『교수와 두목』, 『아주 특별한 하루』,
  장편소설 『새로 쓴 춘향전』, 『흐르는 강물처럼』,
  문학칼럼집 『강의실 밖 문학수업』, 연구서 『현대소설의 이해와 감상』,
  『이태준 소설 연구』, 『작품으로 읽는 현대소설사』 등 여러 권의 편저서
- 소설창작, 시창작, 시낭송 강의를 하며 디씨포엠 보급에도 힘쓰고 있음.
- lby56@hanmail.net

교수와 두목

1.

"참, 내 정신 좀 봐. 당신 편지 왔어요."

출근하려던 아내가 뒤따라 나가던 내게 불쑥 내민 말이었다. 막 구두를 신으려던 나는 구둣주걱을 찾아 손에 든 채로 아내의 다음 말을 기다렸다.

"김태현이란 사람이던데. 신발장 위에 있어요."

"누구?"

'김태현'이란 이름에 나는 움찔 놀랄 수밖에 없었다. 그 사람이 내 주소를 어떻게 알았기에. 하기야 별로 놀라운 일도 아니다. 내가 일 년에 열두 번 이사를 가고, 주소를 골백 번 옮긴다고 해도 그라면 충분히 알아낼 수 있을 테니까 말이다.

신발장 위에 놓여 있는 각종 영수증 함에 얹혀 있는 그의 편지는 꽤 두툼한 것이었다. 바쁜 출근길이라 되는 대로 편지를 집어 손에 쥔 채로, 계단을 내려가는 아내의 뒤를 따랐지만 '잘 다녀오게'라든가, '엄마, 아빠, 안녕' 하는 장모님과 아이들의 인사에 대답도 못할 정도로 나는 손에 쥔 편지에 신경을 쓰고 있었다.

아내는 벌써 차에 시동을 걸고 부릉대고 있었다. 옆자리에 내가 앉자마자 차는 출발했다. 한 손으로는 안전벨트를 잡아당기며 다른 손과 입으로는 편지의 겉봉을 뜯었다.

"당신 아직도 그 사람 만나요?"

"응? 아니, 만난 지 꽤 오래 됐는데."

김태현은 아내도 잘 아는 사람이었다. 한 번은 밤 열두 시가 다 된 시각에 집에까지 찾아온 적이 있었다. 그것도 단독 주택 2층에 세 들어 살던 때였다. 워낙 까탈스런 집주인이 아래층에 살고 있어서 꽤나 조심스러워 했던 우리 내외는 그의 밤늦은 방문에 당황하지 않을 수 없었다. 그래서 아내는 그의 이름을 더욱 또렷하게 기억하는지도 몰랐다.

"무슨 편지예요?"

"글쎄. 이거 동명이인인 것 같은데?"

"왜요?"

"선거 홍보 편진데."

"그 사람이 이번 선거에 출마한데요?"

겉봉에는 정확한 우리 아파트 주소와 함께 '황순호 님'이라 했으니 나에게 온 것임은 분명했으나, 내가 아니 아내와 내가 아는 그 '김태현'은 아닌 것 같았다. 왜냐하면 겉봉에는 단지 '김태현 올림'이라 썼지만, 안에 있는 내용물은 다가오는 지방자치 선거의 홍보물이었기 때문이다. 단순한 홍보물이 아니라 시의원에 출마한 '김태현'이란 사람의 출마의 변이었다. 그가 이번 선거에 출마한다? 말도 안 되는 소리다.

"그 사람이 출마한데요?"

"……"

아내의 묻는 말에 대답도 없이 나는 내용물을 하나하나 펼쳤다. 모두 넉 장이었다. 세 장은 인쇄물이었고 나머지 한 장은 친필로 쓴 것이었는데, 천연색으로 된 인쇄물을 펼치는 순간 나는 놀라지 않을 수 없었다. 김태현이었다. 아주, 아주 온화한 미소를 짓고 나를 비스듬히 바라보고 있는 얼굴은 틀림없는 김태현이었다. 어처구니가 없었다.

"김태현이 출마를 해? 우리나라 참으로 좋은 나라야."

"그 사람이에요?"

"응? 으, 그래."

"웃긴다, 정말."

웃기는 것이 아니라, 울리는 것이다. 이건 분명 코미디가 아니라 참담한 비극이었다. 친필로 쓴 유인물을 펼쳤다. 줄이 쳐 있는 편지지에 볼펜으로 쓴 글씨였다.

신호에 걸려 정차해 있던 아내가 넘어다 보며 자세히 살피려 했다.

"그건 편진 것 같은데, 크게 좀 읽어보세요."

나는 또박또박 읽어내려갔다.

존경하는 평화 3동 주민 여러분!

안녕하십니까?
저는 행복구 시의원에 출마한 기호 3번 김태현입니다.
6월 27일 지방자치선거에서 반드시 승리하여 지방자치가 생활자치의 초석이 되도록 할 것입니다.
신세대의 힘찬 21세기는 김태현이가 평화 3동 주민 여러분과 함께 지방자치 시대의 활기찬 아침을 열겠습니다.
평화 3동 주민 여러분께 꼭 필요한 일꾼이 되겠습니다.
감사합니다.

-행복구 시의원 후보 기호 2번 김태현 올림

"뭐라구요? 21세기가 어떻다구요?"

아내가 콧방귀를 뀌며 되물었다. 아내의 반응에 동의하며 나는 그 구절을 다시 읽었다.

"신세대의 힘찬 21세기는 김태현이가 평화 3동 주민 여러분과 함께 지방자치의 활기찬 아침을 열겠대."

"말두 안 돼. 문장두 안 되구. 주어 술어가 안 맞아요. 다시 읽어보세요."

아내는 고등학교 국어 교사였다. 이럴 때에는 다시 읽어주고 자신있게 지적을 하게 해야 한다는 것쯤은 알고 있었다. 나는 다시 한번 또박또박 읽어주었다.

"거 봐요. '신세대의 힘찬 21세기에는' 하구 부사구가 와야 한다구요. 누가 쓴 거야, 홍보하는 사람 제대로 쓰지 못하구."

"어디 직접 썼겠어?"

달필이었다. 김태현이 이것을 직접 썼을까? 내가 아는 김태현이 글씨 쓰는 것을 나는 아직 한 번도 본 적이 없다. 그렇기에 이 글씨가 그의 것인지 아닌지는 정확하게 말할 수 없으나, 내가 아는 한 그가 이렇게 달필일 리가 없었다. 자원봉사자가 썼거나 아니면 일당을 주고 몇 장씩 쓰게 한 것임이 분명했다. 인쇄술의 발달과 컴퓨터의 보급으로 모든 유인물이 깨끗하게 정리되고는 있으나 출마의 변 정도는 이렇게 친필로 쓴 것이 유권자에게 호감을 줄 수도 있을 것이다. 그러나 그 많은 편지를 본인이 직접 쓴 것으로 믿을 유권자는 몇이나 될까. 더구나 우리의 그 '김태현'이 말이다.

"근데, 그 사람이 우리 동에 살아요?"

"글쎄. 우리 동은 몰라도 우리 구에 사는 건 사실인 모양이지."

"하긴 그러니까, 우리 구에서 후보로 나왔겠죠."

내가 내려야 할 전철역까지 오면서 나는 아내의 '말두 안 돼'란 소리를 열두 번은 더 들어야 했다.

"당신은 좋겠쑤. 왜냐. 시의원이 친구니까. 아니지, 아우님이니까. 후후."

차에서 내리는 내게 아내가 한 말이었다. 아내의 말보다도 그 말 끝에 나온 웃음소리에 나는 웃지 않을 수 없었다. 차문을 닫으며 나는 열린 차창 안을 향해 이렇게 소리쳤다.

"그럼, 좋지. 시의원이면 어디야, 이런 세상에."

2.

내가 김태현을 처음 만난 것은 정확하게 7년 전 겨울, W 시에서 서울로 오는 밤기차 안에서였다. 기차에서 만났으니 왜 그 기차를 타게 되었는지를 이야기해야 할 것이고, 그 이야기를 하자면 W 시에는 무슨 일로 갔는지를 설명해야 하니 내 이야기가 좀 길어질지도 모르겠다.

기왕 이야기를 하는 것이니 좀 더 거슬러 올라가는 것이 좋을 듯하다. 나의 고교 시절 이야기이다. 지금도 매년 스승의 날이면 생각이 나는 선생님 두 분이 있다. 한 분은 고교 시절, 1학년 때의 담임 선생님이고, 다른 한 분은 미국 유학 시절 학위 지도교수였던 미국인이다.

황성수 선생님. 고교 시절 그는 나의 우상이었다. 국어 교사였던 그는 국어와 관련된 것뿐만 아니라 사회, 지리, 문화 등 인문과학의 모든 분야에 걸쳐 해박한 지식으로 우리들을 압도했다. 1학년과 3학년 때에 그에게 국어를 배운 내가 영문과에 진학하게 된 것은 순전히 그 때문이었다. 국어 선생의 영향을 받은 학생이 국문과가 아닌 영문과에 진학했다고 하니 이상하게 들릴지 모르겠으나 이것은 분명한 사실이다. 그의 영향을 받아 일문과나 한문학과에 진학한 학생이 여럿이었으니까 말이다.

사실 그는 이름이 국어 교사일 뿐 만물 박사였다. 특히 정치와 역사 그리고 사회에 대한 해박한 지식과 철저한 자주성은 한창 감수성이 예민한 고등학교 학생들에게 대단한 것이었다. 그는 역사, 그 중에서도 한국사, 그 중에서도 근세와 현대 우리나라의 역사를 이야기할 때면 침을 튀겨가며 흥분했고, 꼭 한 번씩은 교탁을 주먹으로 내려치곤 했다.

그는 역사를 이야기하건, 정치를 말하건 '조선왕조'를 가리키는 '이조李祖'란 단어를 쓰지 않았다. 당시 국어책에 실린 '국문학사' 단원에 '이조'란 단어가 나왔다. 책을 읽어가던 그는 갑자기 탁자를 쾅 치면서 소리를 질렀다.

"이런 순 개새끼들 봐!"

학생들은 혹시 선생님의 열강에도 불구하고 졸았거나 혹은 장난을 치다가 걸린 것으로 알았다. 모두들 선생님을 쳐다봤다. 숨소리 하나 없었다. 책을 탁자 위에 집어던지듯이 내려놓고는 뒷짐을 집고 교단 위를 왔다갔다 하던 그는 학생들을 향해 힘주어 얘기했다.

"이런 걸 글이라고 쓴 놈이나 이 따위 글을 교과서에 실은 놈이나 모두 한 묶음으로 묶어 똥물에 튀겨버려야 돼."

학생들은 무슨 영문인지 몰랐다. 학생들의 얼굴을 한번 휘 둘러본 그는 큰 소리로 반장을 불렀다. 반장이 '예' 대답도 우렁차게 차렷 자세로 일어섰다.

"우리나라 역사상에 '이조'라는 나라가 언제 있었는지 아냐?"

"……"

반장은 선생님의 질문이 의외의 것이라 얼른 대답을 하지 못했다.

"다시 묻겠다. 우리나라 역사상 '이조'란 나라가 있었냐?"

그 때서야 선생님의 의도를 알아차린 반장이 힘차게 대답했다.

"아니요. 없었습니다."

학생들이 모두 휴 하는 숨을 내뱉었다. 누군가가 떠들었거나 장난을 친 것이 아님이 분명했기 때문이었다. 그는 다시 한번 학생들을 휘 둘러보고는, 이번에는 탁자를 양손으로 잡고 앞으로 기대며 조용히 말했다.

"다 책을 봐라. 그래 거기, 여섯째 줄. '이조'란 단어가 나오지? 지워버려. 뒤에도 계속 나온다. 모두 지워버려."

학생들은 신이 났다. 선생님이 지우라는데 무엇을 망설이겠는가. 몰래 장난을 치던 학생들이 더 신이 나서 책장을 넘겨 가며 '이조'를 찾기에 바빴다.

"다 지웠냐? 다 지웠으면 모두 '조선'으로 바꿔. '조선'이라고 써 넣어."

이번에는 별로 신이 나지 않았다. 지우라는 것은 몰라도 다시 다른 단어를 써 넣으라는 것은 유쾌한 일이 아니었다. 그러나 그가 교실을 헤집고 다니며 일일이 확인을 했기 때문에 써넣지 않을 수 없었다.

"여기도 있잖아. 왜 안 지웠어? 빨리 지우고 써 넣어."

온 교실을 두어 바퀴 돌고 나서야 다시 교탁 앞에 선 그는 이번에는 다시 힘주어 말했다.

"조선을 '이조'라고 쓴 놈들이 누구냐! 바로 쪽발이 역사학자들이다. 우리의 조선이란 국가를 한낱 이씨 성을 가진 사람들이 집권

했던 때로 말하고자 하는 의도가 뭐냐? 바로 우리 역사를 우습게 보겠다는 뜻이지. 누구 맘대로. 근데 그것도 모르구 말야, 그 놈들에게서 배운 놈들이 계속 '이조'라고 쓰는 거야. '이조'가 우리 역사에 있었냐?"

"없었습니다."

학생들의 대답은 우렁찰 수밖에 없었다. 그 우렁찬 대답 끝에 여기저기서 웃음소리가 들렸다. 국사를 가르치는 선생님은 말끝마다 '이조'를 되뇌였기 때문이었다. 학생들은 국어 선생님의 단호한 목소리를 들으며 머리가 희끗희끗한 국사 선생을 떠올리지 않을 수 없었다. 그러한 사실을 아는지 모르는지 그는 만족한 듯이 교단으로 오르며 말했다.

"역사를 바로 알자. 선생님은 다시 공부를 한다면 역사를 공부하고 싶다. 너희들은 역사를 바로 배우도록 해라."

역사에 관한 이야기가 나오면 그는 곧잘 흥분하곤 했다. 일제 36년이란 단어도 마찬가지였다. 흔히 일제 36년이라 하지만 결코 36년이 아니라 35년이라는 사실을 그는 침을 튀겨가며 말했다. 1910년 8월 29일부터 1945년 8월 15일까지이면 만 34년 11개월 하고 며칠이라 했다. 35년에 14일이 모자라는 기간이라는 것이다. 그런데 왜 36년이냐는 것이 그의 주장이었다. 창피한 줄도 모르고 남들의 지배를 받은 기간을 늘여서 말하는 버릇은 결국 사사오입으로 이어지는 것이라며 그는 흥분했다.

그런 선생님을 우리는 존경하지 않을 수 없었다. 10월 유신이 한창이던 그 무렵, '자주정신'이란 바로 그를 두고 하는 말이었다.

내가 영문과에 진학을 한 것도 그의 말 한마디 때문이었다. 3학년 2학기의 국어 시간이었다. 대개 그 때쯤에는 교과서를 다 떼고

대입 예비고사 문제를 붙들고 있었다. 그 날도 선생님께서 해설해주시는 예상 문제집을 보고 있었다. 문제는 일제 시대의 문학에 관한 것이었다. 문제를 해설해 나가던 그는 문득 말꼬리를 역사로 돌렸다.

"역사를 바로 알기 위해 우리는 어떻게 해야 할까. 우리나라의 역사를 바로 알기 위해서 국어를 열심히 해야 할까? 아냐. 부끄럽지만 한문을 열심히 해야 돼. 왠지 알지? 고대 역사는 모두 한문으로 되어 있잖아. 일어도 잘 해야 해. 쪽바리들이 우리나라 역사를 제 멋대로 써 놨거든. 그러니까 일본어를 열심히 해서 일제 35년, 아니 그 이전부터 그들의 역사와 우리의 역사를 견주어 봐야 해. 영어도 잘 해야지. 해방 후에는 미국 군대가 와서 다스렸잖아. 미군정이라고 알지? 우리나라의 최근세사는 미국의 외교사와 맞물려 있어. 그러면 어떻게 공부하지? 영어를 해야지. 당연한 거잖아. 미국의 도서관에 일본의 도서관에 바로 우리의 현대사가 있는 거야. 알겠어?"

나는 역사를 공부하고 싶었다. 우리의 부끄러운 역사를 자랑스런 것으로 만들고 싶었다. 밝힐 것은 밝히고, 바로 잡을 것은 바로 잡고 싶었다. 그의 말대로라면 바로 잡을 부분은 광복 이후의 부분에 많이 있었다. 그래서 우선 영어를 배우려는 뜻에서 영문과를 택했다. 영어를 능통하게 한 다음 우리나라의 현대사를 공부하겠다는 것이 나의 꿈이었다. 부전공으로 사학과의 과목을 들었다. 전공으로 하는 사학과 학생들보다 더 자주 교수님과 토론을 벌였다. 나의 관심은 오로지 한국의 근세사였다. 적어도 대학 3학년 2학기를 마치고 군에 입대하기 전까지는 그랬다.

'이룩하자 유신과업'을 외치며 군에 입대한 나는 3년 후 이룩하자던 유신과업이 무너지는 소리를 들으며 제대를 했다. 복학한 학교는 학교가 아니었다. 군에서 나도 한 몫을 단단히 했던 5공이 굳건

하게 자리를 잡았고, 교수와 교직원은 학생들의 감시자가 되어 있었다. 그뿐이 아니었다. 학생들도 서로를 감시했다.

숨이 막힐 지경이었다. 철학과와 함께 반미와 극일이란 열띤 토론의 장이었던 사학과의 축제는 막걸리 축제로 바뀌어 있었다. 광주를 말하고 대머리를 흉내내던 학생이 어느 날 갑자기 군에 지원입대했다는 소리가 들려오던 때였다. 역사의식이 있어야 한다는 말까지도 용공 이적으로 몰아붙였다. 꺾이거나 굽혀야 했다. 나는 대가 약했다. 꺾이기보다는 굽혀버렸다.

교직 과목을 수강하며 교사자격증을 준비했다. 교생실습을 나가서 만난 국문과 여학생이 지금의 아내이다. 가끔 역사에 대한 나의 꿈을 말할라치면 그녀는 빙긋이 웃기만 했다. 그녀의 아버지는, 아니 장인이 될 사람은 바로 우리가 다니던 학교를 담당했던 파출소의 소장이었다. 그러기에 더 시국에 관한 의견이 많았을 그녀였지만 아버지를 걱정하는 그녀의 효성은 심청이를 능가했다. 얌전한 여학생, 공부만 하는 여학생이 그녀 앞에 붙어 있는 수식어였다. 교생실습이 끝나던 날, 연구 수업을 한 것도 그녀였다. 그녀의 능숙한 수업에 모두들 찬사를 아끼지 않았고 그 덕에 우리는 모두 실습 점수를 좋게 받을 수 있었다.

아내와 난 주로 도서관에 파묻혔다. 취직을 위한 공부를 하기 위해서였다. 졸업을 몇 달 앞두고 우연찮게 신문에 난 광고를 보고 취직한 것이 바로 고등학교 교사였다. 내가 실력이 있어서가 아니었다. 사학과를 부전공으로 한 것이 커다란 장점으로 작용했다. 사립인 그 학교에서는 영어 선생도 필요했지만 몇 시간의 국사를 담당해 줄 사람이 필요했고 나는 그러한 자격을 충분히 갖추고 있었다.

졸업과 동시에 나는 결혼을 했다. 1년 뒤, 비사범계 학생에게는 그토록 어렵다는 임용고사에 합격한 아내는 곧바로 여자고등학교 국어 교사로 발령을 받아 부부 교사가 되었다.

행복했다. 충분히 행복하다고 말할 수 있었다. 선생들만이 느낀다는 천하의 영재를 얻어 가르치는 즐거움도 있었다. 담임을 맡으면서는 학부모로부터 받은 촌지를 챙기는 기쁨도 있었다. 노골적이지 않게, 전혀 표나지 않게, 아내와 나는 누가 더 많이, 누가 더 여러 번 학부모로부터 존경을 받는가 내기를 하기도 했다. 그렇게 나는 3학년의 영어 선생이자 1학년의 국사 선생으로 만족하면서 역사의식이 있어야 된다는 나의 꿈을 이룬 것처럼 생각했다. 학생 시절 내가 그렇게 불렀던 것처럼, 나는 늙지도 않아 어느새 '꼰대'로 변해가고 있었다.

첫아이를 낳고 고등학교 동창 모임에 나가서야 나는 나의 삶을 다시 생각하게 되었다. 황성수 선생 때문이었다.

"황 선생님 요즘도 여전하시지?"

그때까지도 내 가슴속에 자리잡고 있던 선생님이었다. 동창 중의 한 녀석이 모교에 체육 교사로 있기에 내가 물었다.

"황성수 선생님? 지난 봄에 대학으로 가셨어. W 대학이라고."

"그럼 이젠 교수님이시네."

떠벌리기 잘하는 친구가 황 선생님을 위하여 건배를 제의했다.

"W 대학? 거긴 국문과가 없는데."

"아냐, 국사 담당이라고 그랬지 아마."

"국사? 사학과도 없을 텐데."

"교양학부겠지 뭐?"

대학원에 재학 중인 동창이 거들었다.

"국책과목이라고 해서 윤리하구 국사는 전문학교 이상은 어느 대학이든지 꼭 있어야 하거든"

"그 선생님이 학위를 가지고 계신가?"

"그럼 재작년엔가 석사학위를 받았잖아."

졸업 정원제라는 묘한 제도 때문에 대학의 학생 수가 불어나자, 취직도 못하고 군대는 연기해야겠고 하던, 석사학위 과정에 있는 엉터리 대학원생들이 무더기로 대학교수가 되던 때였다. 그러나 황성수 선생은 결코 엉터리가 아닐 것임이 분명했다. 40을 넘긴 나이에 역사에 대한 꿈을 버리지 못하고 대학원 사학과에 진학한 그는 당당히 석사학위를 받았다. 동창의 말을 빌면 그는 W 시에 살면서 일주일에 이틀씩이나 박사 과정 공부를 위해 서울에 온다는 것이었다. 그래. 그러면 충분히 그러고도 남을 것이다. 그래야만 하고. 나는 그렇게 믿었다. 믿을 수밖에 없었다.

집으로 돌아온 나는 얼마 정도의 취기가 있었음에도 책상 앞에 앉아 편지를 썼다. 아내가 예의 그 미소를 보내고 있었지만 나는 아무렇지도 않았다.

존경하는 황성수 선생님께.

판에 박힌 서두였지만 나는 나의 존경심과 역사에 대한 나의 꿈을 솔직하게 그리고 절절하게 그에게 전했다.

이튿날은 마침 수업이 일찍 끝나 국회 도서관에까지 가서 그의 논문을 찾아 읽었다. 신간회에 대한 그의 논문은 식민지 초기 정치 상황까지 꿰뚫는 명쾌한 것이었다. 기분이 좋았다. 뭔지 모를 환희가 있었다. 그래, 그분은 반드시 이루고야 말 거야. 지금은 고등학생에게 국사를 가르치듯 대학 1학년에게 교양 국사를 강의하겠지만 머지않아 박사가 되어 이름난 사학과 교수가 될 것이 분명했다. 그렇게 된 그의 모습이 내 눈에 선했다. 한낱 제자 중의 하나인 나의 기분이 이렇게 좋은데 선생님은 어떠실까. 나는 정말 기분이 좋았다.

그런데 그 좋은 기분이 말썽이었다.

5월이었고 1학년의 국사 시간이었다. 무슨 말끝에 나는 황성수 선생님의 이야기를 학생들에게 했다. 녹음을 해 두지 않았으니 정확하게 재생을 할 수는 없지만 주로 황 선생님의 역사 공부에 대한 집념과 '이조', 그리고 '35년'을 자랑스럽게 이야기했다. '역사의식이 있어야 한다'라든가, '올바른 역사관'이라든가 뭐 그런 이야기도 한 것으로 기억한다.

문제는 3일 후에 발생했다. 교장실에서 찾는다는 것이었다. 특별 활동으로 민속반을 맡고 있었기에 그와 관련된 특별한 지시가 있으려니 하고 들어선 교장실에는 낯선 사람이 둘이나 앉아 있었다.

"이분이 황순호 선생님입니다."

교장이 낯선 이에게 나를 소개하자 그들은 나에게 앉으라는 손짓을 했다. 교장이 다시 그들을 내게 소개했다. 경찰서 정보과장과 교육청 학무국장이라던가.

정보과장이란 사람이 물었다.

"황 선생이신가요?"

교장이 소개했으니 다시 확인하지 않아도 될 일이었다. 선생에서 님자도 빠져 있었다. 대답 대신 나는 잔기침을 했다. 다음 질문을 들어보자는 뜻이었다.

"황 선생, 기분 나쁘게 생각하지 마시고 지난 화요일 2교시 수업 시간에 학생들에게 이야기 한 내용을 자세하게 들려주시겠습니까?"

"화요일 몇 교시요?"

"2교십니다. 1학년 6반 국사 시간이었죠?"

국장이란 사람이 교장에게 확인하듯 물었다.

그 때서야 나는 사태를 짐작할 수 있었다. 1학년 6반 학생들의 학부형 중에 경찰이나 공무원이 있었을 것이다. 때는 5월이요, 5·16에, 5·17에 5·18까지 끼어 있었다. 그 판에 역사의식이니 역사관이니, 나아가 올바른 역사관을 이야기했으니. 물론 학생은 자신의 국사 담당 선생님의 자신감 있는 태도를 자랑스럽게 부모에게 전했을 것이지만, 듣는 부모 입장에서는 5월을 맞아 고등학생을 선동하는 것으로 여겼을 것이 분명했다.

말로만 듣던 것이 현실로 나타났다. 정부를 비판하는 승객을 신고한 택시 기사가 개인택시 면허를 받게 되었다는 소문이 나돌던 때였다.

목이 말랐다. 잔기침을 여러 번 해대며 목을 가다듬은 나는 기억이 나는 대로 다시 한번 황 선생님의 이야기를 했다. '이조'를 말할 때에는 목소리에 힘을 주었고, '쪽바리'란 발음은 의식적으로 강하게 했다. 그리고 황 선생의 만학에 존경을 표한다는 말을 덧붙였다.

나의 이야기를 다 듣고 난 정보과장이 음흉하게 웃었다.

"이 학교에 훌륭한 역사 선생이 있는 걸 몰랐군."

정보과장이 말하는 '훌륭한 역사 선생'이 전혀 훌륭하지 않다는 의미라는 것, 그것이 어떤 비아냥이라는 것도 알 수 있었다. 국장이란 사람이 나섰다.

"그러나, 황 선생. 감수성 예민하죠, 호기심 많고, 흥분하기 쉬운 학생들에게 아무리 좋은 이야기라도 표현이 자연스러워야 됩니다. 아시겠습니까?"

"……"

"시국이 좋지 않습니다. 국민 모두가 한마음 한 뜻으로 정의사회

구현에 힘써야 할 때에 괜한 오해를 불러일으킬 얘기를, 그것도 학생들에게 해서 별로 이로울 것이 없습니다."

그때 나는 그냥 가만히 있어야 했다. 가만히 입 다물고 있어야 할 때에 그렇지 못한 것이 탈이었다.

"그럼, 때려 잡자 김일성, 쳐부수자 공산당, 뭐 그런 얘기만 할까요?"

왜 지겹도록 외쳐댄 멸공구호가 그때 튀어나왔을까. 그들은 분명 그 구호를 때려 잡자 전두환, 쳐부수자 민정당으로 들었을 것이었다.

교장의 안색이 변했다. 국장이란 사람은 막 일어나려는 듯했다. 과장이란 사람이 탁자를 치며 소리쳤다.

"이 사람, 정신 좀 차려야겠구먼."

"왜요, 내가 못 할 소리라도 했습니까?"

"황 선생!"

교장이 나섰다.

어떻게 사태가 수습되었는지 정확하게 기억하지는 못한다. 여하튼 교감이 들어오고, 연구주임이 들어오고, 과장이라는 사람과 학교 동창이라는 학생주임이 들어오고 해서 나를 교장실 밖으로 몰아내고, 과장이란 사람의 호통이 들려오고, 덩달아서 국장이란 사람이 목청을 높이고.

정확하게 48시간 후에 나는 사직서를 냈다.

사 직 서

교사   황 순 호

> 본인은 국사를 담당한 교사로서 조국의 미래를 짊어질 학생들에게 '역사의식이 있어야 된다' 라든가, 혹은 '올바른 역사관을 갖자'는 말을 할 수 없는 교육 풍토에서는 더 이상 교사의 직을 수행할 뜻이 없어 사직서를 제출합니다.
> 198X년 5월 XX일
>
>
> 위 본 인   황 순 호
>
> ○○고등학교 교장 귀하

물론 나의 사직서는 서무과 직원에 의해 내용이 '일신상의 사정'으로 고쳐지고 1,000원짜리 목도장을 새겨 인장을 위조해서는 교육청으로 올라갔고, 나는 정확하게 한 달 보름 후에 집으로 날아온 퇴직 급여 통지서를 받았다.

오히려 잘된 일이었다. 나중에 안 사실이지만 그렇게 사직서를 내는 것만으로 끝난 것이 다행이라고들 했다. 삼청교육대는 아니더라도 고등학생들을 선동했다는 명목으로 어디론지 끌려가 곤욕을 치른 일도 있다고 했다. 그러고 보면 나는 행운이었다는 것이다. 아내의 학교에까지 여파가 미치지 않은 것도 다행이었다. 더 후에 안 사실이지만 파출소장이시던 장인의 배려가 없었다면 정말 그런 곤욕을 치렀을지도 모르는 일이었다.

그 말을 들은 아내는 웃기만 했다. 어처구니없다는 표정이었지만 오히려 잘된 일이라고 말한 것은 그녀였다.

거의 한 달 동안을 잠만 잤다. 아침에 일어나서 밥을 먹고 자고, 다시 점심 먹고 자고, 저녁 먹고 또 잤다. 간간이 딸애가 보채기도 했으나, 그것은 장모님의 일이었다. 딸을 장모님 댁에 맡겼다가 주말에 데려오곤 하던 것을 그 때에는 장모님이 아침에 우리 집으로 출근하셔서 저녁에 퇴근하셨다. 장모님 보기 민망해서라도 무슨 일이든 해야만 했다.

엎어진 김에 쉬어 간다고 공부를 하기로 했다. 대학원 사학과에 등록한 나는 2학기도 마치기 전에 미국으로 날아갔다. 정식으로 공부하기 위해서였다. 아내도 흔쾌히 찬성을 했다. 살림이야 아내의 벌이가 있으니 걱정을 안 해도 좋을 것이요, 멀리 있는 형제들보다 가까이 있는 처가 식구들의 신세를 지기로 했다.

미국에서는 꼬박 4년을 있었다. 영문학을 전공했기에 랭귀지스쿨을 건너뛰고 석사 과정과 박사 과정을 한꺼번에 해치웠다. 고생은 다 말해 무엇하겠는가. 먹는 것 입는 것은 아무것도 아니었다. 돈이 부족하면 벌면 됐다. 한국에서 고등학교 교사였다는 자존심만 잊어버린다면 무슨 일이건 어려울 것이 없었다. 그런 면에서는 미국이 좋은 나라였다. 덩치는 크지 않지만 타고난 체력은 모든 어려움을 견딜 수 있게 했다.

그러나 꼴불견들을 봐야 하는 데에는 질색이었다. 무슨 의원의 아들, 무슨 회장의 딸, 무슨 장성의 자식이라는 년놈들이 공부를 핑계대고 와서는 놀아나는 꼴을 참고 보아 넘겨야 했다. 그래도 그런 년놈들보다는 제대로 공부하고자 하는 한국 학생이 더 많다는 것이 다행이면 다행이었다.

전공은 꿈에 그리던 한국의 최근세사였다. 학위 논문으로 제출한 것은 "해방공간의 노동운동 연구"였다. 논문을 쓰기 위해 미국의 여러 도서관과 연방 정부의 자료 보관소를 뒤지면서 나는 미국이라는 나라가 얼마나 자국의 이익을 생각하는 나라인지를 절감해야만 했다. 그들의 공직자들은 하나 같이 외국에 파견될 때마다 자신의 주머니보다는 그들 나라의 이득을 생각했다는 것이 곳곳에 나타나 있었다. 그리고 조금이라도 그들에게 불리할 자료에는 모두 대출 불가라든가 아니면 열람 불가 판정이 매겨져 있었다. 이름하여 50년 후 공개하겠다는 외교 문서가 바로 그것이었다. 지금은 공개된 사실이지만 조선이 일본의 식민지가 되는 것을 미국이 묵시적으로 양해했다는 것이라든지, 한국의 분단이 극단적으로 근시안적인 미국의 자국이기주의 때문이라는 사실들은 그 때 알게 된 단편적인 지식들이었다.

그럼에도 지도교수인 헤롤드는 학자적인 양심으로 모든 자료 제공에 소홀하지 않았다. 미국에 불리한 증거가 될 자료도 나의 논문 주제와 관련되는 것이면 주저하지 않고 구해 주었다.

미국의 지한파를 대표한다는 그는 나의 노력에 격려를 아끼지 않았다. 박사학위 논문 심사가 완료되던 날, 그는 나를 자신의 집으로 초대하여 계속 공부할 것을 당부했다. 귀국하더라도 계속적으로 학문적인 교류를 갖자고 제의하기도 했다. 나는 꼭 그렇게 하겠다고 맹세했다. 헤롤드는 한국의 대학에서 자신의 제자가 자신에게서 배운 학문적 업적을 펼쳐나가게 될 것을 진심으로 기대하고 있었다.

그러한 헤롤드의 꿈과 나의 바람이 무참하게 깨어지는 데에는 1년이 채 걸리지 않았다.

귀국하여 내가 제일 먼저 찾아간 사람이 황성수 선생님이었다. 그 때까지도 W 대학의 교양학부 소속으로 부교수의 직함을 가지고 있던 그는 매우 반가워했다. 자신은 박사학위 과정을 수료만 하고 학위는 급하지 않으니 천천히 논문을 쓰겠다고 했다. 제자가 먼저 학위를 받은 것에 뿌듯한 쾌감을 느낀다며 청출어람을 말했다. 이제 곧 좋은 소식이 있지 않겠냐며 나를 추켜주었다. 그러나 그것뿐이었다. 미국에서 박사학위만 받아오면 무슨 어려움이 있겠냐고 말하던 대학원의 주임 교수는 '글쎄'만을 연발했다.

5년 동안에 모든 것이 바뀌고 말았다. 내가 미국에서 접시를 닦는 동안에 한국의 대학생들은 6월 항쟁을 통해 대통령 직선제 개헌을 이루어냈고, 졸업 정원제로 수요가 급증했던 교수 요원은 웬만큼 충당이 되었으며, 국내에서도 박사학위 소지자가 쏟아지고 있었다.

신학기가 다가오면 신문부터 살폈다. 혹시 놓칠까 싶어 대학 도서관의 신문진열대에는 매일 들르다시피 했다. 미국을 떠나면서 대학에서 여러 증빙자료를 준비했고, 귀국하여 곧바로 학술진흥재단에 학위를 등록했으나 그런 것을 쓸 일이 없었다. 기껏해야 교수초빙 광고에 이력서와 함께 보내는 것이 고작이었고, 그것도 웬만한 것은 원본만 놔두고 복사해서 첨부해야 했다. 별 볼일 없는 대학일수록 고등학교 생활기록부 사본까지 요구했다. 그들이 무슨 요구를 하건 내 쪽에서는 따르는 수밖에 없었다.

우편으로도 접수해 보고, 직접 내려가기도 했다. 지극히 사무적인 직원들. 너희들이 지금이야 이렇게 공손하게 대하지만 일단 교수만 되고 나면 교직원을 우습게 알 것이 아니냐는 투였다. 아니면 이미 내정된 사람이 있는데 너는 들러리를 서러 왔구나 하는 표정이었다.

한국에 기독교 계통의 대학이 그렇게 많다는 것을 그때에서야 알았고, 자주 왕래도 없었던 이모를 찾아가 울며 겨자 먹기로 몇 주 교회에 나가 교인 증명을 부탁해야 했다. 여하튼 교수초빙 광고에 '한국사'의 '한' 자만 봐도 가슴이 울렁거렸다.

귀국하여 6개월 만에 겨우 얻은 것이 모교의 시간 강사였다. 그것도 두 시간짜리 교양 국사 두 강좌였다. 열심히 했다. 모교에는 한국 현대사를 전공으로 한 교수가 없었기에, 비록 학부는 영문과이지만, 한때 대학원에 적을 두었고, 모교 출신이기에 기대를 할 수 있었다. 아내도 그렇게 기대를 했다. 첫술에 배부르겠느냐며 오히려 나를 위로했다. 그러나 그것뿐이었다.

다시 6개월 뒤에는 교양 국사 세 강좌에다, 대학원 주임교수의 배려로 지방 대학에 교양 국사 한 강좌와 대학원 석사 과정에 주 세 시간짜리 한국근세사 특강을 맡았다. 그 대학의 사학과에는 한국의 근세사나 현대사를 전공한 교수가 없었다. 모두가 서양사에다 한국사는 고대사를 전공한 사람이 한 사람 있을 뿐이었다. 이 사실을 알았을 때 나는 다소 흥분했었다. 왜냐하면 언젠가 근세사나 현대사를 전공으로 한 전임교수를 초빙할 것이고, 미리 인연을 맺어두면 좋을 것이기 때문이었다. 그러나 그 학교에서는 전혀 그런 계획이 없다고 했다. 그래도 나는 참고 기다렸다. 물론 나의 기다림뿐이었지만.

귀국하여 4년이 지나서였다. 내 나이 벌써 40을 바라보고 있었다. 조급해진 것은 아내였다. 아내는 주임교사였다. 몇몇이 어울려 대학입시 참고서도 만들어 자세히 밝히지는 않았지만 인세도 꽤 많이 들어온다고 했다. 아내의 걱정은 돈벌이가 아니었다. 비록 캠퍼스에서는 내가 교수 소리를 들을지 몰라도 밖에 나가면 나는 고등실업자일 수밖에 없었다. 아내는 그것이 싫었다. '아직도 시간 강사니?' 란 소리를 아내는 몹시도 듣기 싫어했다.

어디서 들었는지 대학교수 임용에 뒷돈이 거래된다는 이야기를 하며 기천만 원을 쓸 생각도 하고 있다고 했다. 물론 나도 들은 얘기였다. 그러나 아내에게서 그런 이야기를 들을 때에 나는 웃을 수밖에 없었다. 내가 역사의식을 말할 때 아내가 내게 보이던 미소를 이번에는 내가 지을 수밖에 없었다.

그렇게 하고 싶지는 않았다. 정말이지 돈을 주고 교수직을 산다는 것이 믿기지 않았고, 그런 것이 사실이라 해도 나만은 그렇게 되고 싶지 않았다. 그렇게 해서 교수가 된들 무슨 얼굴로 학생들 앞에서 역사를 말할 수 있겠는가 말이다. 하기야 돈으로 교수를 사는 사람들이 어디 그런 것을 생각이나 하겠는가. 어쨌건 나는 싫었다. 내가 평생 교수를 못하면 못했지 그렇게까지 하고 싶지는 않았다. 아내가 교직에 있어 살림살이 걱정이 없어서 그렇다고들 했다. 그래도 싫었다. 교수가 되겠다고 예수를 속여가며, 아니 내 모습이 하도 측은하여 예수가 속은 척 했겠지만, 교인 증명을 떼는 일도 다시는 하지 않았다.

그럴 즈음 황 선생에게서 연락이 왔다. 급히 내려오라는 전갈이었다. W 대학이 종합대학으로 승격하면서 인문계열의 여러 학과가 증설된다는 소문도 있었기에 나는 무척 기대를 하고 내려갔다. 아닌 게 아니라 사학과의 창설에 따른 교수 충원 문제였다.

연구실로 들어선 나의 손을 잡으며 황 선생은 퍽이나 기뻐하셨다.

"여— 황군, 이제야 숨통이 좀 트이려나 봐."

"예. 무슨 말씀이신지."

내가 먼저 아는 체를 할 수는 없었다.

"자네 모르고 있었나? 이제 곧 공고가 나갈 거야. 이력서하고 그왜 필요한 서류들 있잖아. 미리 준비 좀 하라고."

"어디 좋은 자리 있습니까?"

결코 아는 체를 해서는 안 될 것 같았다.

"이 친구 이러니까 여태 시간만 뛰지. 이번에 우리 학교가 종합대학으로 승격했어. 파격적인 조치지. 이사장이 누군가. K 의원 알지? 민정당의 도 책임자야."

"아, 예. 그렇군요. 사학과도 생기는 겁니까?"

"그러니까 자네를 불렀지. 이번에 기획실을 맡게 될 것 같아."

사립대학의 기획실장이라면 교주의 측근 핵심 세력이 아니면 앉을 수 없는 자리였다. 당연히 교무위원이 되는 것이다.

"선생님, 정말 축하드립니다."

그의 얼굴빛이 조금은 이상하게 빛났다.

"축하는 뭐, 아직 발령장도 안 받았는데. 교수 소리 그만큼 들었으면 이제 실장 소리도 들어야지."

교수 소리를 강조하는 그에게 나는 선생님이란 호칭을 쓰고 있었다. 나는 얼른 호칭을 바꿨다.

"당연하죠. 실장님. 다시 한번 승진을 축하드립니다."

그제서야 그는 만족한 웃음을 지었다.

이럴 수가. 선생님은 선생님일 뿐이다. 그가 국민학교에 있건, 중고등학교나 대학에 있건, 아니 대학원에 있다 하더라도 그는 선생님인 것이다. 적어도 나의 상식으로는 '교수'란 직위를 나타내는 이름이다. 대학의 교원들을 전임강사, 조교수, 부교수, 교수로 나누어 그 직위를 정해 놓은 것이다. 그러나 그들은 모두 학생들에게는 선생님인 것이다. 그런데 그는 교수 소리 듣기를 원했고, 이제는 실장 소리를 듣고 싶어한다.

옳고 그른 것을 떠나 사실이야 어떻건 일단은 그가 듣고 싶어하는 소리를 내는 수밖에 없었다.

"자네가 축하 받아야 될 걸. 한 턱 단단히 내라구. 우선 내년에 한국사와 서양사 한 사람씩은 있어야 되잖아. 차차 4개 학년이 차면 다른 전공도 채워야지."

"저를 뽑아 줄까요?"

"왜 안 뽑아? 내가 미는데 어떤 놈이 말려?"

고등학교 교사이던 때부터 그는 모든 말과 행동에 자신감이 넘쳐 흘렀다. 그때는 더욱 자신감이 넘쳤다.

'술이나 한 잔 하지'라는 말에 이끌려 나는 황 선생을 모시고 W시의 좋다는 술집은 다 돌아다녔다. 만약을 모른다며 아내가 넣어 준 돈이 아니었다면 나는 큰 낭패를 볼 뻔하였다.

서울로 올라온 나는 새로운 마음으로 교수초빙에 필요한 모든 서류들을 하나하나 챙겼다. 이력서, 대학 성적 증명서, 대학원 성적 증명서, 대학원 박사 과정 성적 증명서, 대학 졸업 증명서, 대학원 석사과정 졸업 증명서, 대학원 박사 과정 졸업 증명서, 학위기 사본, 경력 증명서, 연구 실적 목록, 연구 실적물. 경력 증명서만 넉 장이 되었다. 고등학교 교사 경력 증명서를 떼기 위해 시교육청에 가야했고, 대학 시간 강사 경력 증명서를 떼기 위해서는 모교를 포함하여 세 군데의 대학을 돌아야 했다. 보통의 경우 증명서를 그 자리에서 발급해 주지 않았다. 오전에 신청하면 오후에 다시 가야 했고, 오후에 신청하면 다음날 오전에 또 가야 했다.

처음 겪는 일이 아니었다. 벌써 몇 년째 각종 서류를 준비하는 데에는 이골이 난 나였기에, 더구나 이번이 이 짓도 마지막이 될 것이라는 기대감 때문에 나는 기다리라면 아무런 불평 없이 기다리고, 내일 오라면 '예'라 대답하며 내일 다시 오고, 줄을 서라면 편안한 마음으로 줄을 설 수 있었다.

황 선생은 직접 전화를 걸어 언제 공고가 나간다는 소식을 전해

주었다. 친절하게도 몇 일자 무슨 신문 몇 면에 나온다는 것까지 일러 주었다. 마침 집에서 구독하고 있던 신문이라, 날이 새기도 전에 현관문에 귀를 기울이며 신문이 오기를 기다렸다. 나는 그만큼 흥분하고 있었다.

교수 초빙 공고는 나를 위한 것이었다. 다른 것은 눈에 들어오지 않았다. 사학과, 한국사 전공 0명. 나를 염두에 두고 나온 공고라면 한국현대사 전공이라고 해야만 될 것이지만, 신설되는 학과이니 고대사면 어떻고, 중세사면 어떨까. 그것은 분명 나를 지칭하고 있는 것이나 다름이 없었다.

신문에 공고가 난 그 날 아침으로 내려갈 수도 있었지만, 너무 속보이는 것같아 나는 하루 정도 여유를 두고 이튿날 늦은 아침을 먹고서야 W 시로 내려갔다. 마침 겨울 방학 중이어서 집에 있던 아내는 또 얼마간의 용돈을 챙겨 주었다.

"외박한다고 뭐라고 그러지 않을 테니까 내려간 김에 술이라도 좀 대접하세요. 접수만 달랑 하고 오지 말구요."

나는 충분히 그러고도 남을 위인이었다. 내 상식으로는 황 선생의 언질이 없었다 하더라도 아내의 표현대로 '접수만 달랑 하고' 올라가지 다른 볼 일이 없었다. 그러나 그 날은 그러지 않았다. 교무처에 접수를 끝내고는 곧바로 기획실로 올라갔다. 황 선생은, 아니 황 실장은 자리에 없었다. 무슨 회의 중이라고 해서 기다렸다.

무려 70분을 기다려서야 황 실장은 나타났다. 소파에 앉았던 내가 일어나 인사를 해도 받는 둥 마는 둥 자신의 방으로 가 직원을 부르더니 뭐라 지시하기를 이십여 분.

"순호야, 들어와."

방에서 직원이 나오자마자 들린 황 실장의 목소리였다. '황군' 이

'순호'로 바뀌었지만 그런 것에 신경을 쓸 때가 아니었다. 고등학교 제자이기도 하고, 나이 40을 바라보는 사람에게 '순호야'라고 할 만큼 친근감이 있다는 뜻으로 받아들이기로 했다. 그런 면에서 대학원 주임교수와는 차이가 났다. 그는 큰 딸이 나와 동기동창이고 정년을 두 해 앞둔 나이이지만 언제나 나에 대한 호칭은 '황 선생'이었다.

"많이 기다렸나?"

"아뇨, 별루."

당연히 거짓말을 해야 했다.

"접수는 했어?"

"예, 덕분에 미리미리 준비를 해서요."

"접수했으면 올라가지 뭐하러."

"예? 아, 예. 그래두 뵙구 가야죠. 많이 바쁘신가 보죠?"

"바쁘긴 뭐, 바쁜 척하는 거지. 학과 증설에, 종합대학 승격에, 뭐 그래."

당연히 바쁠 것이었다. 황 실장이 없으면 W 대학의 일이 돌아가지 않을 것이니까. 그는 그처럼 모든 것을 자신이 직접 챙기는 사람이었다. 그래서 확실한 사람으로 정평이 나 있었다.

날은 어두워지고 있었다. 약속이 있다며 사양하는 것을 아내의 말을 상기하며 저녁을 같이 먹었다. 반주 삼아 술도 몇 잔 마셨다. 술잔이 두어 번 돌자 그는 꽤나 기분이 좋은 듯이 물었다.

"야, 순호야. 집사람은 아직도 선생하냐?"

집사람 걱정을 해 주는 것일까, 아니면 고등학교 선생을 비하하는 것일까. 그의 물음이 묘했다. 그러나 이 물음이 무엇을 뜻하는 것인지 나는 눈치챘어야 했다. 눈치를 챘으면 그에 상응하는 조치를 취하던가 아니면 다른 마음의 결정을 했어야 했다.

"예, 평생 한답니다."

"맞아. 너 이리로 오면 집사람도 옮겨 줄 거야. 교육공무원이잖아."

"예, 그렇게 알고 있습니다."

"그래 많이 벌었냐?"

"벌기는요. 학교 선생이 다 그렇죠, 뭐. 저야 겨우 제 용돈 벌기도 힘든데요."

10년 동안 열심히 모아 이제 겨우 전세를 면해보려는 때였다. 이곳으로 내려오기만 하면 우선은 나의 직장이 안정되니 커다란 걱정은 없었다. 집보다도 내 생각에는 늦었지만 둘째 애를 갖는 것이 교수가 되고 난 후 첫 사업이었다. 둘째 애에 관한 한, 내가 신통한 돈벌이를 못하니 아내는 적어도 3개월은 휴직해야 한다는 것을 제일 부담스럽게 생각했다.

"그래, 열심히 살아라. 열심히 하면 다 이룰 수 있잖아."

왠지 너는 열심히 해도 안 돼라고 하는 소리로 들렸다.

면접 때 다시 찾아뵙겠다는 인사를 하고는 서울로 올라왔다.

면접은 해가 바뀌고 1월 중순에 있었다. 서류 전형에 합격하였으니 면접에 응하라는 통지서도 왔다. 아내는 교수임용통지서라도 받은 양 즐거워했다. W 시의 집값을 알아보고, 현재 있는 돈으로 아파트를 산다면 몇 평을 살 수 있을까를 걱정했다.

면접은 오후 두 시부터였다. 아침 일찍 내려가면 될 것을 하루 미리 내려갔다. 아내의 말을 상기하며 황 선생의 집을 찾았고, 역시 아내가 준비한 선물꾸러미를 사모님께 전했다. 모텔에서 잠을 자고 준비해 온 새 와이셔츠를 입고 조금 일찍 학교로 갔다. 황 선생의 연구실이 아닌 기획실장실로 갔을 때 나는 이 자리가 나를 위한 자리가 아니라는 것을 알았어야 했다. 홍정현. 작년에 학위를 받은 친구. 학회에서 몇 번 만나 전공이 같다는 이유만으로 금방 친해졌고, 나의 논문을 베끼듯이 많이 인용해서 미안하다는 그의 말에 보잘 것 없는 논문 뭐 인용할 것이 있느냐고 말을 하면서도 나는 뿌듯해 했었다.

그가 기획실장실에 와 앉아 있었다. 반갑게 악수를 할 수밖에 없었다. 조금은 겸연쩍었다. 하기야 이런 일이 한두 번인가. 어느 대학이건 한국사를 전공으로 한 교수 임용 때에는 모두들 면접에서 만난다. 엊그제 학회에서 만나 좋은 소식 있느냐며 시치미를 떼던 친구를 며칠 후 면접장에서 만났을 때의 겸연쩍음. 시간 강사들이 느끼는 괴로운 순간들이었다. 그 괴로운 순간들을 얼굴에 철판을 깔고 견디어 내야만 승리자가 되는 것일까.

그러나 그때까지도 나는 이 친구가 들러리라고 생각했다. 면접 시간이 다 될 때까지 황 선생은 나타나지 않았다. 이상한 생각이 들었다. 그리고는 어렵지 않게 홍정현이란 친구가 황 선생의 대학원 후배라는 사실을 기억해 냈다. 불안했다. 그러나 불안한 기색을 내어서는 안 되었다. 그러나 멋적게 둘이 앉았다가 면접장에 와서 인원 점검을 할 때에 나는 안심할 수 있었다.

교무처 과장이라는 직원이 현황판을 들고 각 학과별로 면접 대상자 명단을 부르며 출석확인을 할 때에 분명히 사학과에서는 내가 1번이었다. 다른 취직 시험의 면접에서는 어떤지 모르지만 대학 교수 임용을 위한 면접의 경우 첫 번째로 불리는 사람이 거의 내정자나 다름이 없었다. 두 번째나 세 번째의 경우 임용될 확률이 그만큼 희박하며, 그들은 첫 번째 사람을 위한 들러리가 되는 것이다.

교무처 직원은 분명히 내 이름을 먼저 불렀다. 나는 속으로 쾌재를 불렀다. 귀국하여 이러한 면접에 여러 차례 응시했지만 첫 번째로 이름이 불리기는 그때가 처음이었다. 홍정현도 그것을 알아차렸다.

"선배님, 축하합니다."

내 쪽으로 다가온 그가 조용히 말하며 손을 내밀었다. 무슨 뜻인지를 알면서도 나는 시치미를 떼야 했다.

"축하는 무슨. 뚜껑을 열어 봐야 한다잖아."

그러면서도 나는 속으로 만세를 부르며 그가 내민 손을 잡았다. 승자의 온화함으로.

면접은 간단했다. 이사장이라는 K 의원이 나와 '훌륭하신 분들인데 모두 모시지는 못한다'고 간단히 인사말을 하고는 곧바로 면접으로 들어갔다.

이사장을 중심으로 교무위원들로 구성된 인사위원회 위원들 그리고 각 학과장이 면접관이었다. 신설되는 학과의 경우에는 학과장이 없을 뿐이었다.

국문과와 영문과 다음이 곧바로 사학과였다. 늘 앞에 서던 다른 문학계열과 철학과가 이 학교에는 아직 없었다.

질문이라는 것이 뻔했다. 어떻게 지원하게 되었느냐, 요즈음의 학원 사태를 어떻게 생각하느냐, 지방 대학인 경우 이사올 수 있겠느냐 정도였다.

"저기 앞에계신 황성수 실장님이 제 고등학교 은사가 되십니다. 당시 선생님을 존경하여 사학을 하게 되었습니다."

이상하게도 목소리가 떨리고 등줄기에서는 땀이 흘렀다.

K 의원이 인자한 미소를 지으며 황 선생을 쳐다봤다.

"그럼, 황 실장이 책임지면 되겠구만. 하하하."

"아, 예."

황 실장은 앉은 채로 차렷 자세를 취하며 K 의원에게 목례를 했다.

"W 시로 이사하셔야 될 텐데."

늙수그레한 사람이 물었다.

"당연히 이사를 해야죠."

끝이었다. 결과는 개별적으로 통보한다고 했다. 황 실장이 교무위원이어서 면접장을 떠날 수가 없다는 것을 알고 있는 나는 그의 연구실로 가서 기다렸다. 조교를 통해 기획실장실로 내가 여기서 기다린다는 것을 알려주도록 했다. 무려 세 시간 반이었지만 그다지 지루한 것은 아니었다. 황 실장의 연구실 소파에 앉아 나는 나의 연구실을 꾸밀 계획을 했다. 책장은 어디에 놓고, 집에 있는 책 중에서 어떤 것은 가져오고, 어떤 책은 더 사야 할 것이고, 소파는 이쪽 방향으로 놓고, 문을 열자마자 곧바로 얼굴이 보이는 것이 뭐하니 문 앞에는 가리개를 하나 세워 두고…… 책장에서 이것저것 책들을 빼 보며 나는 정말 지루한 줄을 몰랐다.

조교가 전화를 받으라고 했다. 황 실장이었다.

"예, 접니다."

"어이, 황순호 교수. 거기서 뭐해?"

떨렸다. 그가 분명 내 이름 뒤에 교수라는 칭호를 붙였다.

"예, 그냥, 잠시 얼굴이나 뵙고 올라가려구요."

"얼굴은 뭐, 이제 일 년 내내 마주칠 텐데."

내가 잠깐만이라도 얼굴을 뵙겠다고 아무리 말해도 그는 바쁘다고 했다. 이제 학교 안에서 계속 얼굴을 볼 것이라고 말했다. 사실은 이사장과 저녁 약속이 있어 지금 나가는 길이라고 했다. 하는 수 없었다.

  서울로 올라오고 일주일이 지났다. 통상적인 경우라면 면접이 있고 일주일 정도면 개별적인 통보가 다 될 것이었다. 괜스레 불안했다. 그렇다고 내 쪽에서 전화를 하기도 뭐했다. 하루를 더 자더라도 황 실장을 만나고 오지 그랬냐던 아내의 말이 떠오르기도 했다.

  이 주일이 지났다. 정말 불안했다. 그동안 아내는 살림살이 옮길 여러 궁리를 하고 있었다. 그녀의 친구들에게는 이미 나는 새학기 W 대학의 사학과 교수였다. 전임강사냐 아니면 조교수냐가 문제이지 교수는 분명한 것으로 알았다. 모교에서도 그렇게 알고 있었다. 어떻게 알았는지 대학원의 주임교수는 직접 전화를 걸어 축하해 주었다. 그의 말 속에는 진심으로 축하하는 마음이 배어있었다.

  그런 말을 들을 때마다 불안감이 더해갔다. 아직 발령장도 받지 않은 상태였기에 인사를 받기가 거북했다.

  드디어 연락이 왔다. 면접을 하고 올라온 지 꼭 20일 만이었다. 그런데 임용통지서가 아니라 전화였다. 그것도 교무처로부터가 아니라 황 실장으로부터였다. 만나자는 것이었다. 서울에 있으니 나오라는 것이었다. 꽤나 유명한 호텔 커피숍이었다. 득달같이 달려간 것은 당연했다.

  "자네 왜 그렇게 사회성이 부족한가?"

  그의 첫마디였다. 나는 '사회성'이란 단어의 뜻을 생각하고 있었다. 그러나 그가 말하는 '사회성'의 뜻을 제대로 파악할 수가 없었다. 시인해야 했다.

  "예, 좀 부족합니다. 많이 일러주십시오."

  "이 사람아, 일러줄 게 따로 있지. 하여튼 이번 주 중으로 내려와.

여기저기 인사도 좀 하게."

"당연히 그래야죠."

물어볼 수가 없었다. 그러나 나는 누구에게 인사를 하는 것이고, 그 인사라는 것이 어떻게 하는 것인지를 물었어야 했다.

"나 지금 내려가는 길이니까, 이번 주 중으로 와서 같이 인사 다니면 돼."

그는 또다시 '인사'라는 단어에 힘을 주었다.

나는 그 이튿날로 내려갔다. 아내는 어디서 구했는지 꽤 많은 돈을 준비해 주었다. 아무리 은사라서 잘 봐준다고 하지만 인사할 것은 인사해야 하지 않느냐고 했다. 그러나 아내는 너무나 순진했다. 그가 말하는 인사는 몇 십만 원의 술값이 아니었다. 몇 백만 원의 선물도 아니었다.

이리저리 말을 돌리던 그가 참으로 딱하다는 듯이 말했다.

"자네, 통 머리가 안 돌아가네. 그런 걸 내 입으로 꼭 말해야 알겠나?"

나는 아무런 할 말이 없었다. 그가 답답하다는 듯이 내뱉었다.

"요즘 교수되기가 그렇게 쉬운 줄 아나? 자네도 귀가 있으니 들었을 거야. 서울에서는 4년제 대학인 경우 억 단위야, 억, 이 사람아."

"……? 예, 저도 들은 적이 있습니다."

차라리 아무 말도 하지 말 것을.

"들은 적이 있다면서 그런 준비도 안 해? 내가 밀어주더라도 적어도 몇 천은 준비해야 되지 않겠나? 그거 어디 내가 먹자는 건가? 이사장이 먹는 줄 아나? 우리 이사장 돈 많아. 그런 건 푼돈이야. 종합대학으로 승격돼, 자네도 보고 있잖아. 계속 건물이 올라가고 있어. 벽돌 몇 장 얹어 놓으라는 거야. 그래야 밀고 있는 내 체면도 서잖아, 그래도 못 알아 듣겠나?"

"……"

나는 두 가지를 생각하고 있었다. 요즘 벽돌 한 장에 얼마씩 하는가, 천만 원 단위이면 벽돌이 몇 장이나 되는가가 그 하나이고, 그의 말투가 고등학교 때에는 '냐?' 였는데 지금은 '나?' 로 바뀌었다는 사실이 다른 하나였다.

그냥 알겠습니다라든가, 저는 못하겠습니다라든가 아니면 아무 말도 하지 말았어야 했다. 차라리 때려 잡자 김일성을 외치던가 말이다. 나는 그때 참으로 당돌한 질문을 했다.

"실장님, 아니 선생님, 언제 이렇게 변하셨지요?"

"변하다니? 자네 그게 무슨 말인가?"

"부끄럽지 않으십니까? 제자 앞에서 지금 무슨 말씀을 하고 계신 겁니까? 저 고등학교 때 선생님한테 그렇게 배우지 않았습니다."

"무슨 말이야, 지금?"

그냥 슬펐다. 울음이 나오려 했다. 따라 놓은 술잔을 들고 옆으로 비키지도 않은 채 단숨에 털어 넣었다. 마신 것이 아니라 목구멍에다 그냥 부었다. '자네 지금 무슨 소리를 하고 있는 거야?' 라든가, '나를 훈계하고 있는 건가?' 라든가, '이 친구 완전히 벽이군 벽.' 이라든가 그가 내뱉는 모든 소리를 평안하게 들으며 나는 술잔에 술을 따랐다. 그래도 스승인데. 아니 그는 스승이 아니었다. '이조' 를 외치고, '35년' 을 말하던 황성수 선생님이 아니었다. 지금의 그는 한낱 거간꾼에 지나지 않았다.

"선생님, 술 한 잔 받으시죠."

내 목소리가 떨렸다. 나도 모르게 떨고 있었다.

"지금 무슨 술을 마시라는 건가?"

그는 내가 따라 놓은 술잔을 상 위에 그대로 뒤집어버렸다. 내 얼굴에 버리지는 않았다. 버리려면 내가 그의 얼굴에 버려야 옳지 않은가. 그가 나가든 말든 나는 그냥 앉아 나머지 술을 다 마셨다.

밖으로 나왔다. 밤공기가 찼다. 그저 멍했다. 포장마차에 들러 소주를 두 병이나 마셨다. 전작이 있었기에 상당히 취했으나 그럴수록 정신은 맑았다. 아, 이런 것을 이상란 친구는 정신이 은화처럼 맑다고 했나. 난 참으로 잉뚱한 생각을 했다.

아내의 얼굴이 떠올랐다. 황 실장의 말에 그냥 '예, 잘못했습니다' 하고 아내에게 곧바로 연락했더라면 아내는 두말 않고 집을 내놓았을 것이다. 전세 오천에 있으니 그 정도면 충분할 것이었다. 아내가 별도로 챙겨 놓은 돈까지 합하면 이 W 시에서 어디 전세방 하나 구하지 못할까. 그리고 다시 벌면 되는 것이다. 아내가 벌고, 그리고 내가 벌고. 신혼 때처럼 두 사람 중에서 한 사람 몫은 그대로 저축하면 된다. 아직 40 전이니 늦은 것은 아니다.

그러나 그럴 수가 없었다. 내가 그렇게 할 수는 없었다. 아니 황성수 선생님이 나에게 그렇게 할 수는 없었다. 그는 나의 스승이다. 오히려 그런 학교에 교수가 되어서 무엇을 하려느냐고 꾸지람이 내려와야만 했다. 돈으로 교수를 사려는 놈이라고 회초리를 들어야 했다. 적어도 내가 아는 황성수 선생님은 그런 분이었다. 그러나 지난번 '기획실장'이 되었다고, '실장님'이 되었다고 좋아할 때부터 그는 나의 황성수 선생님이 아니었다. 그는 확실한 '황 실장'이 되어 있었다.

어디를 얼마나 쏘다녔는지를 몰랐다. 그러다가 문득 이곳이 서울이 아님을 깨달았다. 문득 아내의 얼굴이 떠올랐다. 서울로 올라가야 했다. 우선은 전화부터 했다. 아내는 계속 말을 하고 싶어 했지만 올라가서 자세한 이야기를 하자고 하고는 전화를 끊었다.

고속버스는 이미 끊어졌다. 역으로 갔다. 새벽 한 시가 넘어서야 서울에 도착하는 기차가 있었다. 한 시면 어떻고 두 시면 어떠랴. 어서 빨리 이 W 시를 벗어나고 싶었다.

기차 안에 올라 내 자리를 찾아 앉아서는 취기와 차 안의 온기에 나도 모르게 잠이 들었다. 무릎에 안고 있던 가방을 떨어뜨린 나를 깨운 것이 바로 김태현이었다.

가방을 떨어뜨린 것은 모르고 잠결에 여기가 어디며 지금이 몇 시냐고 물었던가 보다. 아직 서울에 도착하려면 한 시간은 더 가야 한다고 그가 말했다. 그렇다면 한 시간도 채 잠을 못 잔 것이다. 귀찮았다. 가방을 주워 다시 품에 안으며 다시 잠을 청하려다가 그와 눈이 마주쳤다. 묘한 눈빛이었다. 마치 내 모습이 참으로 불쌍하다는 듯한 눈빛이었다. 얼른 옷매무새며 자세를 바로 했다. 손수건을 꺼내 눈자위와 입가를 닦았다. 그런 내게 그가 컵을 내밀었다. 맥주였다. 갈증을 느끼던 터라 부어주는 대로 마셨다.

"고맙습니다."

컵을 건네며 내가 말했다. 그가 말없이 잔을 되돌려 받았고, 당연한 듯이 술병을 건넸다. 나도 그래야만 하는 것처럼 맥주를 따랐다. 맥주를 한 모금 홀짝 마신 그가 너털웃음을 지으며 물었다.

"아니, 점잖은 분 같은데 무슨 잠을 그리 험하게 자쇼?"

전라도 말투 같기도 하고 충청도 억양 같기도 했다.

"예, 좀 피곤했던 모양입니다."

조금은 부끄러웠다. 승객이 그리 많지는 않으나 대부분의 사람들이 의자에 기대어 잠을 자고 있었다. 아니 눈을 감고 있었다. 마주 앉은 그만이 혼자 창가에 술병을 얹어 놓고 마시고 있었던 모양이었다. 다시 한번 웃음을 추스려 자세를 고쳤다.

"하따, 피곤하문, 미어 가도 모르지요. 나도 잠 좀 잘라 했드만 어데 잠이 와야 말이지요."

나는 그저 빙긋이 웃기만 했다. 그도 따라 미소를 보냈다. 싫지 않은 얼굴이었다. 키는 나보다 조금 작을까, 딱 바라진 어깨에 힘이 있어 보였다.

"서울 가십니까?"

"서울 가시지라?"

둘이 거의 동시에 물었다. 다시 동시에 웃었다.

"예, 그렇습니다."

이번에는 내가 먼저 말했다. 나의 무엇이 그에게 호감을 주었을까. 나에게는 그의 당당함이 좋았다. 목덜미에서 어깨에 이르는 곡선이 옷 때문인지는 몰라도 무언가 자신감이 있어 보이는 몸이었다.

그가 문득 무슨 띠냐고 물었다. 말띠라고 했다. 흔히 낯선 사람에게는 나이를 속이는 것이 예사였다. 한 살이라도 더 늘여서 나이가 많은, 너보다는 어른임을 내세우는 것이 흔한 일이었다. 그러나 속이고 싶지 않았다. 그가 반가워했다. 그는 주민등록증까지 꺼냈다.

"하따, 갑짝이요."

생일이 내가 몇 달 빨랐다.

"하따, 그럼 성님 동상 합시다, 우리. 자 우선 성님 한 잔 더 받으소."

그는 대뜸 성님이라 불렀다. 기분 나쁠 것은 없었다.

"그럼 아우님도 한 잔 들어야지."

그가 두 손으로 잔을 들었다. 아직도 남아 있던 나의 취기가 그것을 그냥 보아 넘기지 않았다. 한 손을 치우게 했다. 그도 얼른 한 손을 치우고 한 손만으로 잔을 받았다.

서울까지 오는 동안 우리는 많은 이야기를 나눴다. 다 기억할 수도 없는, 여행 중에 낯선 사람과 흔히 나눌 수 있는 이야기들이었다. 어차피 서울역에 내리면서부터 언제 그런 이야기를 나누었느냐는 듯이 제 갈 길로 바쁘게 갈 것이지만 말이다. 술기운에 힘입어 나는 부끄럽지도 않게 대학의 시간 강사라고 나를 소개하기도 했다.

"하따, 우리 성님이 교수님이시구마."

"교수는 무슨 교수. 그냥 선생이지."

"하따, 무신 말씸이요. 대학교 선생이라문 교수지라."

그러나 저러나 내버려두었다. 그가 나를 교수로 알 건 선생으로 알 건 별 문제가 될 것은 없었다. 그는 자신을 그냥 건달, 놈팽이라고 소개했다. 그가 놈팽이건 건달이건 이 역시 문제가 될 것이 없었다. 서울까지 가는 기차 안에서 여행의 지루함을 달래기 위한 서로 간의 말장난에 불과했기 때문이었다. 그러나 그것은 순전히 나의 오산이었다.

그가 정말 건달이라는 것은 서울역에 내려서 증명이 되었다. 열차가 역에 도착하고 차에서 내려 개찰구로 향하며 이쯤에서 헤어지자는 뜻에서 악수를 청한 나에게 그는 의외의 반응을 보였다. 내민 나의 손을 두 손으로 잡으며 나를 끌었다.

"동상들이 나와 있을 거요. 오늘 한 잔 더하고 갑시다."

정말이었다. 개찰구를 빠져나오고 10미터도 못 걸어가서였다. 예닐곱 명의 건장한 청년들이 마치 도열이나 하듯 그의 앞에 늘어서며 거의 90도 각도로 허리를 굽혀 인사를 했다.

"형님, 죄송합니다. 나오신다고 조금 전에 연락을 받았습니다."

놀란 것은 나였다. 머리 하나는 더 있을 만한 커다란 키의 청년들이 죽 늘어서서 예를 표하고 있는데 그는 아무렇지도 않다는 듯이 나를 보며 웃었다.

"봐요, 동상들이 나와 있을 거라고 안했소."

그의 미소를 보며 나는 술이 확 깨는 것을 느꼈다. 괜스레 섬뜩한 기분이 들었다.

"괜찮다. 큰 성님은 잘 계시냐?"

"예, 지금 회장님 댁에 계십니다."

모두가 낯선 단어들이었다. 형님은 무엇이고 큰형님은 뭔지, 그리고 회장님은 누구인지 나로서는 종잡을 수 없는 단어들이었다.

"인사드려라. 우리 성님이시다."

그의 말이 떨어지기가 무섭게 그들은 조금 전에 그에게 인사를 했던 것처럼 나를 향해 90도 각도로 인사를 했다.

"안녕하십니까?"

"아, 예."

나는 나도 모르게 허리를 90도 각도로 꾸부정하게 구부렸다.

"이 성님은 대학교 교수님이시니까, 앞으로 만나면 잘 모셔."

그의 말은 부드러웠으나 단호했다. 그런 만큼 그들의 '예' 라는 대답도 단호했다. 어떤 결의라도 하는 듯했다.

'가자!' 라는 그의 말에 일행은 마치 기계처럼 움직였다. 검은 색 그랜저와 소형 지프 두 대가 대기하고 있었다. 그가 그랜저로 다가가자 운전기사가 기다리고 섰다가 예의 그 인사를 하며 문을 열었다.

"형님 안녕하셨습니까?"

"어, 너 많이 이뻐졌다. 요즘은 그년하구 잘 되냐?"

운전기사는 머리를 한번 긁적이더니 씽긋이 웃기만 했다. 언뜻 영화에서 보던 김두환 패거리들 속에 들어온 것같은 기분이었다.

얼떨결에 나는 그랜져의 뒷자리에 그와 함께 앉아 있었다. 미리 계획이 되어 있는 듯이 차는 미끄러지듯 자연스럽게 한강 다리를 건너 올림픽 대로를 달렸다.

그는 차 안의 전화기로 여러 곳에 전화를 했다. 그래, 나다, 이제 도착했다. 내일 보자. 형님이슈? 나요. 예. 내일 찾아갑시다. 그게 무슨 고생이라구, 너냐, 나다, 뭐 그런 말들이었다. 나의 머릿속에서는 온갖 필림들이 뒤엉킨 채로 돌아가고 있었다.

차가 도착한 곳은 어느 반듯한 빌딩 앞이었다. 그와 나는 지하층으로 안내되었다. 좁은 복도를 따라 들어가 넓직한 방에 안내되었을 때에야 나는 그가 오늘 어디에서 오는 것인지를 알아차릴 수 있었다. 십여 명은 둘러앉을 탁자 주위로 고급스런 소파들이 늘어섰고, 탁자 위에는 양주와 안주 그리고 한가운데에 생두부가 몇 모 곱게 놓여 있었다. 그는 오늘 ○○교도소에서 출옥을 한 것이었다.

"오늘은 무진장으로 기분이 좋다. 이렇게 다시 동생들을 만나서 좋고, 또 오늘 난 새루 성님 한 분을 얻었다. 대학교 교수님이시다."

어디서들 모였는지 방 안에는 이십여 명이 서 있었다. 들어서면서부터 예의 그 90도 인사로 그에게 예를 표했고, 그가 나를 소개할 때마다 그들은 한결같이 내게도 똑같이 인사를 했다. 그럴 때마다 나는 엉거주춤하니 허리를 굽혀야 했다.

그가 두부 한 모를 손으로 집어 단숨에 삼켜버리고 술이 몇 순배 돌자 그래도 서열이 조금은 높은 듯한 남자들 셋만 남고는 모두 나가버렸다. 곧이어 여자들이 들어왔다. 나는 그곳에서 확실한 사실을 알게 되었다. 미쓰 코리아보다 더 이쁘고 늘씬한 여자들이 술집에 얼마든지 있다는 사실을 말이다.

술기운이었을까. 나는 말을 막고 있었다. 야, 김태현이, 너, 이 새끼야, 여기 술 더 부어. 남아 있던 세 남자가 기분 나쁜 눈빛으로 나를 쳐다보았지만 김태현 그는 내가 무슨 말을 해도 '예, 성님'이었다.

왜 그랬을까. 나중에 그에게 들어서 안 사실은 먹물(그들은 나같이 공부하는 사람을 그렇게 불렀다)의 경우 두 가지가 있다는 것이다. 가짜 먹물과 진짜 먹물. 나는 후자였단다. 가짜 먹물을 보면 구역질이 나지만 진짜 먹물에게는 존경심을 보인다는 것이 건달이란다. 어느 학자가 깡패에게 맞았다는 얘기 들어봤느냐는 것이 그의 주장의 근거였다. 만일 그런 일이 있다면 가짜 먹물이거나 아니면 건달이 아니라 양아치라는 것이다. 듣고 보니 그도 그랬다.

세 남자가 나가고, 세 여자도 나가고, 그는 나와 단 둘이 있었다. 아니 두 여자도 같이. 내 옆에서는 최진실과 채시라의 잘난 부분만 합쳐놓은 듯한 여자가 내 팔에 안겨 아양을 떨고 있었다. 내가 그에게 무슨 말을 했던가. 그가 나에게 무슨 말을 했던가. 전혀 기억에 없다. 정확하게 기억하는 것은 아내가 준비해 준 돈 중에서 10만 원권 수표를 한 장씩 꺼내 두 여자에게 줬다는 사실이다. 술기운에서 나온 객기였을 것이었다. 돈을 기억하고 있는 것으로 보아 나는 소인배였다.

참을 수 없는 갈증에 눈을 떴을 때, 나는 푹신한 침대 위에 누워 있었다. 윗옷과 양말만 벗었고, 넥타이도 풀은 채였다. 더블 침대, 탁자, 의자, 화장대, TV, 소형 냉장고가 보였다. 벽에 달린 핑크빛 조명등이 눈에 들어왔다. 되는 대로 냉장고를 열고는 물병 채로 입을 대고 물을 마셨다.

정신이 조금 들자 침대에 누워 있는 여자가 눈에 들어왔다. 얇은 이불로 배만 덮고 있는 그녀는 분명 어제 내 옆에 앉았던 여인이었다. 그녀는 옷을 하나도 걸치지 않고 잠들어 있었다. 예뻤다. 어제 일어난 일을 다시 상기했다. 이 여자는 미쓰 코리아보다 이쁘다. 그런데 술집 여자다. 몸도 파는 모양이다. 뭐 그런 생각이었다.

의자에 앉아 탁자 위에 놓여 있는 담배를 빼어 물었다. 양말이 곱게 접혀져 다른 의자 위에 놓여 있었고, 웃옷은 넥타이를 걸치고 벽에 얌전히 걸려 있었다. 가방도 탁자 한 귀퉁이에 똑바로 서 있었다. 저 여자의 배려였으리라.

어쨌거나 집으로 가야 했다. 여섯 시가 조금 넘은 시각이었다.

대충 챙겨 걸치고 가방을 들고는 방 밖으로 나왔다. 나오다가 다시 들어가 수표 한 장을 꺼내 탁자 위 재떨이 밑에 끼워 두었다. 이번에는 객기가 아니라 미안함이었다. 그래야만 할 것 같았다.

호텔이었다. 후론트로 가려는데 뒤에서 누군가 인사를 했다.

"형님, 벌써 가시려구요.?"

안면이 있었다. 간밤에 서울역에 나와 있던 친구였다.

"아, 예……."

"이리 오십시오. 제가 모셔다 드리겠습니다."

이것도 김태현의 지시사항 중의 하나이겠거니 생각하고는 그가 시키는 대로 차를 탔다. 그랜져의 뒷좌석은 편했다. 비싼 차이니만큼 좋았다.

봉천동에 있는 집에까지 오는 동안 그는 아무 말도 안 했다. 오직 어디로 갈까요, 여기서 좌회전입니까 뭐 그런 것만을 물었다. 집 앞에 거의 다 와서 나는 차를 세웠다. 단 100미터라도 걷고 싶었다. 차가 서자 내가 직접 문을 열고 내리는데도 그는 문을 열고 나와 예의 그 90도 인사를 했다. 그 놈의 형님 소리도 낯설지가 않았다.

"형님, 안녕히 가십시오."

"그래 잘 가요. 고맙소."

그는 곧바로 차를 돌려 나가지 않았다. 차를 돌리는 것 같더니 내가 집 앞에 다 이르러서야 그는 가버렸다. 나는 개의치 않았다.

아내는 아직도 잠을 안 자고 기다리고 있었다. 아내는 아무것도 묻지 않았다. 나도 말하고 싶은 것이 없었다. 아내를 힘껏 안아 주고는 나는 열두 시간을 내리 잤다.

김태현과의 일은 잠시 별나라에 다녀온 것으로 간주했고, W 시에 갔던 일은 털어버리려 애를 썼다. 그리 힘들지 않았다. 그러나 W 시를 털어버리는 것은 쉬운 일이었으나 내 가슴속 한구석에 자리잡은 황성수 선생님을 지우는 데에는 무진 애를 써야만 했다. 한 마디 두 마디 푸념처럼 한 나의 얘기를 듣고 아내도 더 이상 묻지 않았다.

김태현과 다시 만난 것은 그로부터 일주일 정도가 지나서였다. 그와의 일을 까맣게 잊고 있던 나는 그가 우리 집으로 전화를 했을 때 깜짝 놀랐다. 그도 그럴 것이 그가 어떻게 나의 전화번호를 알았는지가 궁금했다.

"히따, 성님두, 성님이 전화하라구 그러시구. 성님 지금 술잡쉈수?"

그날 술기운에 내가 일러준 모양이었다. 첫 전화는 안부 전화였다.

두 번째는 직접 집으로 찾아왔다. 그것도 열두 시가 다 되어가는 시간이었다. 그는 운전기사에다 경호원인지 뭔지 건장한 청년까지 대동했다. 그를 위시하여 두 청년은 나의 아내에게 예의 90도 인사를 하면서 깍듯하게 '형수님'이라 불렀다. 까탈스런 집주인과 함께 단독주택 2층의 전세로 살던 관계로 그의 밤늦은 방문에 여간 신경이 쓰이는 것이 아니었다. 그것을 아는지 모르는지 그는 커다란 목소리로 아내에게 자랑을 늘어놓았다.

"하따, 우리 형수씨가 요로콤 미인인께, 우리 성님이 알토란 같은 것을 넣어 줘도 뱉어불고 내 뺐어라."

그와 만난 날 새벽에 호텔에서 도망치듯 말없이 나와 버린 것을 말하는 것이었다. 아내는 영문도 모르고 내 얼굴만을 쳐다보았다.

그는 새로 한 시까지 내 방에 앉아 감탄사를 연발하며 서가에 꽂힌 책들을 둘러보고는 맥주 두 병을 마시고 갔다. 방에서 나갈 때까지 그는 '나가 우리 성님 좋아 죽겠소'를 연발했다. 나의 무엇이 그로 하여금 그토록 좋아하게 한 것인지는 아직도 의문이다. 여하튼 그는 나가면서 하얀 봉투를 하나 아내에게 내밀었다. 아내는 당연히 거절했다. 그러자 그는 아내의 손을 부여잡고는 억지로 손에 쥐어 주었다.

"동상이 성님 공부하는디 책 좀 사 줄라꼬 그라요."

언제 가지고 올라 왔는지 큼직한 상자도 마루에 놓여 있었다.

"저건, 우리 형수씨 몸 보신 좀 하소."

갈 때에도 그들은 90도 인사를 잊지 않았다. 온 동네 사람들 잠 다 깨우고 나서야 그들은 떠났다. 그들이 떠난 골목에서 계속 '나가 성님이 좋아 죽겠소'란 그의 말이 울려나오는 듯했다.

그가 놓고 간 것은 갈비였고, 봉투에 것은 10만 원 권 수표 30장이었다. 이것을 좋아해야 하는 것인지 슬퍼해야 하는 것인지 판단이 서지 않았다. 나중에 안 사실이지만 그는 폭력과 사기 전과 6범이었고, 우리는 그런 그에게서 갈비를 얻어먹고 책값을 받은 것이었다. 그래도 그것은 유쾌한 일이었다고 할 수 있다.

그러나 두 번째 전화는 내가 생각해도 끔찍한 것이었다. 열 시가 거의 다 되어서였다. 아내가 전화를 받아서는 나를 쳐다보았다. 내가 수화기를 들자 그는 대뜸 내게 물었다.

"성님, 뉴스 보셨수?"

"뉴스라니?"

말을 놓기도 그랬고, 높이기도 그랬다. 종결어미를 생략하는 수밖에 없었다.

"하따, 성님, 난 성님이 좋아할 줄로 알았제."

무슨 말인지 이해할 수가 없었다. 송화기를 가린 채 나는 아내에게 아홉 시 뉴스를 봤느냐고 물었다. 아내는 안 봤다고 했다. 그러니 더 이해할 수가 없었다.

"거, 왜 안 있소. W 대학 기획실장이란 사람."

"아, 내가 그 얘기도 했던가?"

"하따, 성님 왜 이라요. 성님 가심에 못을 박은 놈은 내 가심에 못을 박은 놈이 안이요. 우리 동상들이 손 좀 봐 줬소."

테러? 순간적으로 나는 책에서, 영화에서 본 그들의 주먹 세계를 떠올렸다. 끔찍했다.

"아우님 지금 어디 있어? 나 좀 만납시다."

내 목소리가 다급했다. 내가 사는 동네에서 그리 멀지 않았다. 택시를 타고 급히 그가 있다는 호텔로 갔다. 그는 한가하게 호텔 지하에 있는 오락실에서 빠찡꼬를 하고 있었다. 요란한 소리와 담배 연기. 그 안에서 그는 담배를 지그시 물고 손잡이를 당기느라 정신이 없었다. 내가 다가가자 그는 대뜸 손짓으로 직원을 불러 환불을 받아서는 밖으로 나왔다. 호텔 로비 구석자리에 둘이 마주 앉았다.

그의 말은 이랬다. 그를 처음 만나던 날, 나는 술에 몹시도 취해 W 대학 얘기를 했다고 한다. 그것도 옆에 두 여자가 다 듣는 데서 말이다. 그냥 얘기만 한 것이 아니라 울기까지 했단다. 고등학교 시절 그 고상하고 높아만 보이던 스승이 한낱 협잡꾼이 되어버린 사실에 가슴 아파했다고 한다. 황 선생을 욕한 것이 아니라 측은하다고 말했다고 한다.

그때 김태현은 결심했단다. 꼭 손 좀 봐 주리라고. 마침 어제 W시 ○○교도소에 있는 동료들을 면회하러 가는 동생들이 있어 몇 마디 지시를 했단다. 동생들이 어떻게 했는지는 모르지만 바로 오늘 저녁 술집에서 함께 술을 마시던 다른 교수들이 보는 앞에서 린치를 가했다고 한다. 갈비뼈가 몇 대 부러지고, 이빨이 몇 개 부러지고, 생선회 칼로 어디를 어떻게 그었는지는 모르나 백여 바늘을 꿰메고, 하여튼 전치 6개월의 상처를 입히고 달아났다고 한다. 물론 뉴스에서는 학교 재단 운영과 관련한 이해 관계에 얽힌 보복 폭행과 술집에서의 사소한 시비 끝의 싸움 두 갈래로 수사를 하고 있다고 했다.

그는 안 해도 될 짓을 해버렸다. 한참 후의 일이지만 문민정부가 들어서고 사학의 비리가 드러나면서 ㄱ 의원과 총장 그리고 황 실장까지 구속 수감되었으니 말이다. 더구나 그 때 임용이 된 홍정현이 학생들의 사퇴 압력에 굴복하여 사표를 쓰고 말았다.

어쨌건 그때 나는 김태현의 행동을 결코 잘했다고 할 수가 없었다. 아무리 내가 한을 품고 있다고 해도 그는 나의 스승이었고, 내가 아무리 발버둥을 친다고 해 봐야 나는 그의 제자였던 것만은 사실이기 때문이다. 너무나 실망한 나머지 술기운과 분위기를 빌어 가슴속에 응어리진 것을 아우님이라는 편안한 상대에게 털어놓았을 뿐인데 그것을 이런 식으로 해결해서야 되겠느냐는 것이 나의 생각이었다. 나의 말을 들은 그는 담배 연기를 휴 하고 길게 내뿜기만 했다.

나는 그의 연락처를 알 길이 없어 주머니에 넣고 간 봉투를 내밀었다.

"이게 뭐요?"

"난 이런 것을 받을 수 없네. 진정 나를 형님으로 대한다면 이 돈도로 받게."

"하따, 성님 왜 이라요. 동상이 성님 책값 좀 보테주는데 뭐가 안 돼요?"

"어쨌건, 이 돈은 받을 수 없네. 또 보세."

"하따, 이라니 나가 성님을 좋아하제."

결국 나는 황 선생에 대한 테러에 대해 이렇다 저렇다 나무라지도 못하고 겨우 돈만 돌려주고 온 꼴이 되고 말았다. 호텔을 나서는 나의 등 뒤로 그가 다시 애원하듯이 말했다.

"그래도, 난 성님이 좋아 죽겠소."

그리고 끝이었다. 아니 전화가 한번 더 왔었다. 그냥 안부 전화였다. 예의 그 '성님이 좋아 죽겠소'를 몇 번 되뇌이고는 끊었다. 그때에는 나 역시 차분한 마음으로 여러 말을 주고받을 수 있었다.

그 이후 10년째로 접어드는 지금까지 연락이 없었다. 어느 정치인과 연루된 빠찡꼬 업계의 대부가 어떻느니 하며 호텔의 오락실이 된서리를 맞을 때 그도 구속자 명단에 포함되어 있었다. 그것이 9년 전이었다.

그런 김태현이 시의원 후보로 등장한 것이다. 이 어찌 우리나라가 좋은 나라가 아니겠는가. 선관위에서 보내온 선거 공보가 왔을 때 나는 다시 한번 김태현을 상기해야 했고, 투표일에는 투표장에 가서 기표용지에 적힌 그의 이름 바로 아래 사람의 이름 옆 칸에 동그라미 표시를 찍으며 또 한번 그를 기억해야 했다.

3.

교무실 한쪽에 켜놓은 TV에서는 저녁부터 줄곧 개표 방송을 하고 있었다. 밤 10시가 넘어서자 서울 시장에는 누가 벌써 당선이 확실시된다는 보도가 나왔고, 다른 기초 단체장의 경우에도 대다수가 당선 확정이라는 자막과 함께 잠시 동안 얼굴이 비치며 약력이 소개되고 있었다.

마지막 시간 수업 종이 울리자 나는 천천히 책을 들고 일어섰다. 서울 시장이나 부산 시장, 혹은 어느 도지사가 궁금한 것이 아니었다. 김태현이 궁금했다. 그러나 TV에서는 대부분의 시간을 서울, 부산 등 대도시와 도지사 개표 현황에 할애하고 있었지 시의회 의원이나 구의원의 경우에는 수박 겉핥기로 이름이 나열되고는 금방 지나가 버렸다. 출근해서부터 지금껏 한 번도 그의 이름이 나오지 않았다. 교무실을 나서면서도 다시 한번 TV에 귀를 기울여 보았으나 아나운서는 부산지역을 훑고 있었다.

교실은 3층이었다.

대학입시학원 중 명문이라는 이곳 노량진의 H 학원 야간 종합반의 영어 강사가 된 것은 어찌 보면 참으로 잘한 일이었다. 고등학교 교사 시절 절친했던 장 선생이 우연찮게 연락을 해 주 3일만 나와 달라던 부탁을 마치 인생을 포기하듯이 허락하면서 발을 들여놓은 입시학원은 나에게 새로운 활력을 불어넣어 주었기 때문이다. 돈 때문만은 아니었다. 물론 한 달 강사료가 그룹지도 강사료까지 포함하여 아내 봉급의 근 넉 달 치와 맞먹었다.

우선 마음이 편했다. 마음이 편하다는 것은 마음을 비웠기 때문이었다. 주 3일 오전에만 잠시 나와 한 나의 강의는 학생들에게 잘 먹혀들었다. 마침 회화 중심의 문항과 듣기 평가가 늘어났고, 이러한 변화는 미국에서 4년 동안 살아있는 영어를 했던 나에게 좋은 기회가 되었다. 학생들의 요구에 학원에서는 더 좋은 대우를 제의했고, 아내와 상의한 나는 이 길이 나의 길이라는 것을 깨달았다.

학원의 수업 시간이 늘어나면서 대학의 시간 강의 시간을 줄였다. 야간 종합반으로 옮긴 작년부터는 모교에서 꾸준히 해왔던 사학과의 전공과목 강의도 포기했다. 마흔이 넘어 시간 강사로만 강단에 서기가 어느덧 후배들에게 부끄러운 것이 되었다. 아무런 미련 없이 후배에게 시간을 넘겼다. 대학의 길을 모두 버리고 나니 그렇게 마음이 편할 수가 없었다. 이 길이 나의 길이요, 평생 '교수'가 아니라 '선생님' 소리 듣고 싶어 하던 나의 현실이었다. 아쉬움이 없는 것은 아니다. 그러나 대신 위안이 되는 것은 그간 서구의 역사학 이론서를 세 권 번역 출간한 일이다. 내가 대학 강단에 서지는 못하지만 내가 번역한 책이 대학의 강단에서 교재로 활용되고 있으니 내가 직접 서는 것만큼 보람 있는 일이었다.

그럭저럭 벌써 3년이 되었다. 미국인과 흡사한 유창한 발음이기에 학생들은 한 시간 내내 책을 읽어주기만 해도 좋아했다. 하기야 그것이 공부니까.

마지막 5교시가 끝나고 내려오면서 나는 다시 김태현이 어떻게 되었을까를 생각했다. 그러나 나는 궁금해 할 필요가 없었다. 막 교무실 문을 열고 들어서는 순간 TV 화면에는 내가 받았던 홍보물 속의 김태현이 머리 한쪽으로 꽃을 단 채 빙긋이 웃고 있었고, 아리따운 목소리의 여자 아나운서가 막 그의 약력을 소개하고 있었다.

김태현(44세)

전남 고흥 출생

D 대학 경영대학원 수료

M 물산 부회장

B 호텔 전무이사

반공연맹 서울시 행복구 지부장

〈행복구저널〉 발행인

나는 나도 모르게 들고 있던 책과 분필통을 떨어뜨리고 말았다. 그리고 입속으로 이렇게 중얼거렸다. 우리나라는 참 좋은 나라라고.

설평선

이 상 길

- 소설가
- 서정문학 소설부문 등단
- 한국인창작콘테스트 소설부문 은상
- 한국문인협회 회원
- 서울가정법원 조정위원
- 서울동부구치소 교정위원
- 도림 문예창작아카데미 원장
- 독서토론 〈팡세〉지도교수
- 저서: 『행복을 굽는 아버지』 외 1
- lsk3092@hanmail.net〉

설평선

휘히휙, 휘히휙.

휘파람 소리에 새 떼들이 몰려오고 있었다. 대나무 가지에 앉아 고개를 갸웃거리던 참새 한 마리가 손가락 끝에 앉자마자 포르릉 하고 날아가 버렸다. 먹이가 없는 빈손이라는 걸 눈치라도 챈 걸까. 음식도 장만하지 않고 아침부터 손님을 초대한다는 게 염치없지만 폭설 때문에 사흘째 외딴집에 갇혀버린 내겐 그런 체면 따위는 사치나 다름없었다.

혀끝을 최대한 둥글게 말아 휘파람 소리를 대숲으로 흘려보냈다. 또 한 마리가 나타나 손가락에 끝에 앉으려고 날개를 퍼덕거리더니 그냥 날아가 버렸다. 야생에 길들어진 새들은 먹이를 쉽게 판별할 수 있는 눈을 지녔을 수도 있겠다. 그렇다면 눈이 먼 새라도 잡아야 한다.

최대한 자세를 낮추고 엉거주춤하게 툇마루에 걸터앉아 대숲을 향해 손을 길게 내밀었지만 폼이 영 마음에 들지 않았다. 폼은 그렇다고 치자. 휘파람 소리가 더 문제였다. 등에 바짝 달라붙은 뱃가죽은 휘파람 대신 꼬르륵 소리를 냈다.

주말을 맞아 M과 함께 고향에 있는 고천호에 갔다가 외딴집에 들렀을 때는 오후 4시가 조금 지나서였다.

오랫동안 인적이 끊긴 외딴집 마당은 망초와 쑥대가 무성했다. 손수건을 꺼내 대충 먼지를 털어내고 툇마루에 걸터앉자 파란 고천호의 정경이 한눈에 펼쳐졌다. 병풍처럼 둘러쳐진 산세에 호수까지 끼고 있어 풍수지리로 말하자면 외딴집은 명당자리다.

평지를 마다하고 굳이 이 산속에다 집을 지은 것도 반풍수인 아버지 때문이었다. 이곳이 산의 정기가 흐르는 용맥龍脈의 혈穴 자리로 자손 대대로 번성할 거라며 아버지는 어머니의 반대를 무릅쓰고 이곳에 손수 집을 지었다.

그때는 호수가 아니라 강이었다. 가뭄에 대비하여 농경지 용수 목적으로 정부에서 댐을 막아 호수로 둔갑한 것이다. 호수에 담긴 풍부한 수량을 이용하면 주변에 있는 천수답이 옥토로 변해 창고가 천 개가 생긴다고 하여 고천호庫千湖로 명명했는데, 푸른 물빛 때문에 일부 사람들은 청호靑湖라고 불렀다. 댐 공사로 지대가 높은 우리 집만 남고 인접 마을은 수몰지구로 편입되어 주민들은 거처를 옮겼다. 홀로 외딴집을 지키던 어머니마저도 5년 전에 세상을 떠났다.

"어머, 눈이 와요. 선생님!"

방안 이곳저곳 어머니의 손때 묻은 물건들을 둘러보고 있는데 M의 들뜬 목소리가 들려왔다. 목화처럼 탐스러운 눈송이가 나풀거리며 지상으로 내려오고 있었다. 새하얀 눈송이를 배경으로 펼쳐진 에메랄드빛 고천호의 모습은 묘한 환상을 자아냈다. M은 연거푸 탄성을 내지르며 기다렸다는 듯이 이젤과 캔버스를 꺼냈다.

M은 내가 국어교사로 근무하고 있는 서울 H 중학교 미술 담당 교사였다. 국전에서 두 번이나 상을 받을 정도로 그림 솜씨가 뛰어난 M은, 오 헨리의 소설 "마지막 잎새"에 등장하는 베어먼 노인처

럼 목숨을 바쳐서라도 인간의 생명을 구원하는 화가가 되고 싶다고 했다.

결혼보다도 예술을 우선순위에 둔 그녀는 극한 상황에서 걸작을 남겨보겠다며 화구를 꾸려 메고 남극까지 다녀온 뼛속까지 그림쟁이였다.

지난번에 M이 시화전을 열자고 제안했다. 내 시가 자기 취향에 딱 들어맞는다는 거였다. 그러더니 내 시집에 자주 등장하는 고천호에 함께 가자고 청했다.

나는 중학교 때까지 이 외딴집에서 살았다. 대설주의보가 발령되면 산골 마을은 교통이 두절되어 학교는 휴교에 들어갔다. 숙제 검사가 있는 날은 은근히 폭설이 내리기를 기대했다.

M이 그림을 채 완성하기도 전에 외딴집에 땅거미가 깔리기 시작했다. 눈길 한번 주지 않고 붓질을 하던 M이 캔버스에 어둠이 스며들자 나를 향해 고개를 돌렸다. 부랴부랴 화구를 챙겨들고 외딴집 앞마당에 세워둔 승용차에 올라탔다. 전조등을 켜자 굵은 눈발들이 불나방처럼 날개를 퍼덕거리며 거침없이 달려들었다. 불나방 떼를 아내기에는 와이퍼도 역부족이었다. 어느새 비탈길은 눈에 뒤덮여 수로와 도로를 분간하기조차 쉽지 않았다.

산골의 밤은 점령군처럼 느닷없이 들이닥쳤고 눈발은 더욱 거세졌다. 어둠까지 삼켜버린 폭설로 시야가 흐려 더는 진행하기가 어려웠다. 비탈길을 채 빠져나가지도 못하고 나는 M에게 외딴집에서 오늘 하룻밤을 묵고 날이 밝으면 내일 떠나자고 말했다.

차를 두고 외딴집으로 향했다. 눈 더미에 발목이 푹푹 빠졌다. M이 넘어지지 않으려고 내 손을 꼭 붙잡았다. 툇마루에 앉아 잠시 숨을 고르고 아내에게 전화를 걸었다. 휴대폰 액정 화면에 "통화지역 이탈" 메시지가 떴다. 폭설이 전파마저 삼켜버린 걸까. 문자 메시지도 전송되지 않았다.

휴대폰 불빛을 비추며 이부자리를 찾아보았다. 어머니 장례식 때 이부자리와 옷가지들을 몽땅 태워버린 기억이 어렴풋이 떠올랐다. 안방 윗목에 놓인 낡은 유선 전화기가 눈에 들어왔다. 재빠르게 수화기를 들고 아내의 전화번호를 눌렀으나 불통이었다. 어머니가 돌아가시고 한 차례도 전화요금을 납부하지 않았으니 신호가 갈 리 없었다.

나는 M과 아랫목에 나란히 앉아 벽에 등을 기댔다. 방고래에 불길이 들어오지 않은 아랫목은 아무런 의미가 없었지만 아랫목으로 저절로 몸이 쏠렸다.

어릴 때 눈길에서 뛰놀다가 손발이 꽁꽁 얼어 방에 들어오면 아랫목부터 찾았다. 아랫목에 깔린 두툼한 솜이불 밑으로 손을 넣으면 금방 온몸이 따뜻해졌다. 지금 앉아있는 곳이 바로 그 아랫목이라는 생각이 들자 엉덩이에 온기가 느껴지는 것 같았다.

"내일까지 눈이 오면 어떡하죠?"

M이 휴대폰을 만지작거리며 볼멘소리를 했다.

배고픔과 추위보다 더 두려운 것은 공포심이다. 전장에서도 공포에 사로잡히면 끝장이다. 나는 그동안 경험으로 보아 더는 눈이 오지 않을 테니 걱정하지 말라고 단호하게 말했다. 최고의 예술작품은 고통 속에서 탄생하니까, 오늘밤을 잘 견뎌내고 내일 캔버스에 고천호 설정을 완성하면 M이 꿈꾸는 바로 그 걸작의 주인공이 될 거라고 추켜세웠다. M은 잠자코 내 말에 귀를 기울이더니 선생님 왜 이러시냐며 내 어깨를 툭 쳤다.

이따금 대숲이 서걱거리는 소리가 들려왔다. 눈이 소리를 빨아들여 눈 오는 밤은 더욱 고요하다는 내용을 어느 책에서 읽은 적이 있다. 눈은 모든 것을 껴안고 묻어버린다. 과학자들은 시추공으로 빙하를 뚫어 켜켜이 묵은 세월의 흔적을 끄집어내어 선사시대까지 거슬러 올라가 대기에 존재했던 물질들을 탐색해 낸다. 내가 M과 나눈 대화도 눈 속에 묻혀 빙하 상태로 존재한다면 수백 년 후에도 과학자들에 의해 생생하게 재생될 것이다.

오늘은 드라이브를 하려고 가벼운 옷차림으로 나왔기에 체온 유지가 문제였다. 굳이 과학적으로 따진다면 글래머인 M은 깡마른 나보다는 추위에 강할 수도 있겠다. 두툼한 지방질이 추위를 방어하는 역할을 할 테니까 말이다. 창문 틈으로 세찬 고추바람이 스며들어 몸이 움츠려졌다.

어느 날, 남극에 다녀온 M이 선물로 그림 한 점을 내밀었다. 황제펭귄 한 마리가 눈밭에 우뚝 서 있었다. 펭귄의 발등에 위태롭게 놓여있는 알 하나가 유난히 시선을 끌었다.

M은 이 그림은 남극에서 자신이 직접 그렸다며 암컷 펭귄은 알을 낳은 후 먹이를 구하러 바다로 가고, 수컷이 발등에 있는 주머니에 알을 품고 부화를 시킨다고 설명을 늘어놓았다. 수컷은 부화기간인 60여 일 동안 언제 돌아올지 모르는 암컷을 기다리며 눈만 먹고 괭이갈매기로부터 알을 지켜낸다고 했다. 그리고 허들링에 대해서도 말을 꺼냈다.

남극에 서식하는 펭귄들은 영하 60도를 오르내리는 극심한 한파와 칼바람이 몰아치면, 무리지어 몸을 밀착하고 바깥쪽에 있는 펭귄들과 안쪽에 있는 펭귄들이 서로 번갈아 자리를 바꾸어가며 체온을 유지하는데, 펭귄들이 혹한을 이겨내고 생존할 수 있는 방법 중의 하나가 바로 이 허들링 때문이라고 했다. 나는 M에게 허들링을 하자고 제안했다. 내가 먼저 창문 쪽으로 등을 돌렸다. 그림 속의 펭귄이 떠올랐다. 오싹 한기가 느껴졌다.

내일까지 눈이 그치지 않으면 정말 큰일이다. 아내와 아이들은 나를 기다리며 휴대폰을 붙들고 얼마나 애가 탈까. 학교에 무단으로 결근하는 사태까지 발생할 수도 있다. 나는 그렇다고 치자. M은 또 뭐람. 잡다한 상념에 사로잡혀 있는데 쌔근거리는 숨소리가 들려왔다. 나는 점퍼를 벗어 M의 상체를 덮어주었다.

으스스 한기가 들어 눈을 떴다. 동이 트고 있었다. 문을 활짝 열고 툇마루로 나갔다. 밤새 내린 눈은 세상을 온통 새하얀 동화의 나라로 만들어버렸다.

설평선雪平線! 하늘과 눈이 맞닿아 있는 광경을 설평선 말고는 달리 표현할 언어가 없었다. 아득한 설평선 위로 태양이 서서히 모습을 드러내자 설평선이 황금빛으로 반짝거리고 있었다. 휘휙 소리를 내며 불어오는 바람에 드넓은 설원 위로 황금가루가 물결처럼 밀려왔다가 되돌아갔다. 언제 일어났는지 M은 다시 캔버스에 붓질을 하기 시작했다.

나는 아침거리를 준비하려고 안방에 있는 뒤주를 열었다. 뒤주는 텅 비어 있었다. 광으로 들어갔다. 먼지가 자욱한 독 뚜껑을 열고 독을 옆으로 기울여 보았다. 곡식이 보이지 않았다. 옆에 있던 다른 독도 뒤져보았으나 마찬가지였다. 부엌 한쪽 구석에서 막소금이 들어있는 옹기를 발견했다.

툇마루 밑에서 장작을 빼들고 부엌으로 들어갔다. 불을 지펴 우선

방이라도 따뜻하게 하자. 춥고 배가 고프다는 말이 있다. 배는 고프더라도 추위만 덜하면 한결 나아질 것만 같았다. 살강이나 부뚜막을 확인해 보았으나 성냥이 없었다. 내가 담배를 끊은 게 잘못이었다.

장작더미를 뒤져 관솔을 찾아냈다. 관솔 한 개비를 발로 밟고 또 다른 관솔 한 개를 맞대고 문질렀다. 속도를 높이자 송진 냄새가 풍기며 연기가 일었다. 이번엔 또 불쏘시개가 필요했다. 부엌엔 솔가리나 검불도 없었다. 광에서 식량을 찾다가 발견한 목화송이가 떠올랐다. 관솔 밑에 목화솜을 깔고 관솔을 마찰시켰다. 불씨가 목화솜으로 떨어지며 불길이 일어났다. 불이 붙은 솜덩이를 아궁이에 밀어 넣고 그 위에 관솔을 얹자 송진이 흘러나와 피이 소리를 내며 불이 붙었다. 향긋한 송진 향기를 맡으며 나는 관솔에 불을 붙여 횃불처럼 들고 다니며 불장난을 하던 어린 시절로 빠져들고 있었다. 관솔 위로 장작 몇 개를 더 얹었다.

아궁이에 불이 타오르자 가마솥이 뜨거워졌다. 솥에 물을 부어야 했다. 눈덩이를 한 아름 안고 와 가마솥에 넣었다. M도 눈덩이를 가져왔다. 나는 M과 서로 경쟁이라도 하듯 눈덩이를 커다랗게 뭉쳐 들고 부엌을 들락거렸다. 그동안 굶주렸던 아궁이는 입을 떡 벌리고 미친 듯이 불길을 집어삼켰다.

나는 M과 아궁이 앞에 앉아 눈에 젖은 손을 말렸다. 열기가 온몸으로 퍼졌다. 아랫목이 뜨거워지자 방안에 훈기가 돌기 시작했다. M이 어디서 찾아냈는지 걸레를 가져와 방을 닦았다. 가마솥에는 물이 펄펄 끓고 온돌방은 따끈따끈하니 마치 잔칫집 같은 분위기가 들었다. 저 가마솥에 닭이라도 한 마리 푹 삶았으면.

섬돌에 신발을 나란히 벗어놓고 M과 안방에 마주앉았다. 곳간은 비었으나 부자가 된 기분이었다. M이 밖을 내다보며 근심 어린 얼굴로 오후엔 돌아갈 수 있겠냐고 물었다. 나는 새벽에 눈이 그쳤고 해가 쨍쨍거리니 오후에는 길이 뚫릴 거라고 말했다. 만약 길이 열리지 않는다면 고립된 인명을 구조하기 위해 헬기가 올 것이니 그때 구조 요청을 하면 될 거라고 낙관론을 폈다.

"눈이 또 오면 어떡하지."

M은 혼잣말처럼 중얼거렸다.

나는 고천호를 품고 있는 국사봉을 손가락으로 가리키며, 저 산봉우리에 걸려있는 하늘이 잿빛이면 눈이 오는데 푸른색을 띠고 있어 앞으로 며칠간은 눈이 오지 않을 것이다, 아버지는 이런 방법으로 강설량까지 예측했는데 한 번도 빗나간 적이 없었다며 안심시켰다.

오후가 되자 다시 눈발이 쏟아졌다. 아궁이에 불을 지피던 M이 잔뜩 겁에 질린 모습으로 눈을 바라보았다. 나는 하늘을 쳐다보며 헬기 소리가 나는지 귀를 기울였다. 헬기가 잘 보이도록 마당 한쪽에 눈을 치우고 장작을 가져와 불을 피웠다. 이제 헬기가 나타나면 옷을 흔들어 구조 신호만 보내면 된다. 만약 구조가 불가능하면 헬기에서 빵이나 우유, 라면 등 비상 식량을 뿌려주겠지. 연기를 최대한 많이 만들어내려고 불타는 장작더미에다 눈에 젖은 대나무 가지를 얹자 희뿌연 연기가 피워 올랐다.

나는 허벅지까지 쌓인 숫눈을 밟으며 산 아래로 조금씩 발길을 옮겼다. 한 발 한 발 안간힘을 다해 30여 미터를 내려가 이쪽저쪽으로 방향을 틀어가며 119와 교신을 시도했으나 통화이탈지역을 벗어나기에는 역부족이었다. 승용차는 이미 눈 속에 파묻혀 흔적조차 사라져버렸다. 눈이 가슴팍까지 차올라 더는 나아가기가 어려웠다. 뒤돌아서서 외딴집을 바라보니 집이 아니라 눈에 뒤덮인 무덤처럼 보였다. 몇 번을 넘어진 끝에 가까스로 외딴집에 다다랐다. 내가 몸을 덜덜거리며 안방으로 들어가자 M이 신발과 양말을 아궁이에 말린다며 부엌으로 가져갔다.

 헬기 한 대도 지나가지 않고 이틀째 밤이 찾아왔다. 내가 지쳐 방바닥에 드러눕자 M도 바닥에 등을 대고 누웠다. 콧물이 나고 지끈지끈 머리가 아팠다. 연거푸 재채기를 하자 M이 내 이마에 손을 얹더니 열이 너무 심하다면서 자기가 그림 욕심이 많아서 그런 거라며 말끝을 흐렸다. 나는 곧장 서울로 가지 않고 외딴집에 들른 내 잘못이 크다고 애써 M을 달랬다. 방이 따뜻하니 아랫목에서 몸을 푹 지지고 나면 괜찮을 거라고 말하자 M은 내일은 분명 구조용 헬기가 올 거라며 나를 안심시켰다.

 잠결에 부스럭거리는 소리가 들렸다. 통신마저 두절된 상황에서 살아남기 위해서는 사냥감을 확보해야 한다. 원시 시대 사내들의 직업은 사냥꾼이었다. 사내의 용기와 힘으로 짐승을 사냥하여 가족들 앞에 내놓아야 했다.

 부엌으로 통하는 창호지 문에 뚫린 쥐구멍을 발견하고 단단히 벼르고 있었는데 이 녀석 잘 걸렸다. 가만히 귀를 기울이자 뒤주 쪽에서 소리가 들려왔다. 나는 재빨리 점퍼 한쪽 소매를 묶어 자루처럼 만들었다. M에게 내가 신호를 보내면 뒤주를 발로 차라고 일러주고는 얼른 부엌으로 나갔다.

 안방 한쪽에 고구마 두대통이 있었다. 아버지는 수숫대를 이엉처럼 엮어 둥그렇게 펼쳐 세우고 그 안에다 고구마를 저장했는데 그걸 두대통이라고 불렀다. 생계가 어려운 시절, 고구마는 겨우내 식구들이 끼니를 연명할 비상 식량이었다. 고구마 두대통은 거만하게 배를 뚝 내밀고 따뜻한 아랫목까지 자리를 넘보고 있었다.

고구마는 우리 식구들만의 양식이 아니었다. 밤이 되면 쥐들이 몰려와 야금야금 고구마를 먹어치웠다. 식량을 축내는 것도 문제지만 배불리 먹고 나서는 똥오줌까지 갈겨버려 냄새가 고약하고 오물을 뒤집어쓴 고구마는 죄다 썩어버렸다.

쥐가 침입한 낌새가 있으면 아버지는 미리 준비한 마대자루를 들고 재빨리 부엌으로 나갔다. 식구들은 약속이나 한 것처럼 대나무 막대기로 두대통을 두들기면 쥐가 부엌 창구멍을 통하여 도망가다가 아버지가 받치고 있는 마대자루로 다이빙하고 만다.

아버지는 잡은 쥐를 대부분 내다버렸지만 살진 쥐는 껍질을 벗겨내고 장작불에 굽기도 했다. 아버지의 쥐 사냥은 고구마를 쥐들로부터 지켜내려는 목적도 있었지만, 한겨울 핏기 없이 초췌하게 봄을 기다리고 있는 가족들을 위해서도 필요한 것이었다.

점퍼자루를 쥐구멍에 대고 M에게 신호를 보냈다. 쥐가 뛰어들기를 기다렸으나 쥐 죽은 듯이 고요했다. 나는 방안으로 들어와 귀를 기울였다. 여전히 달그락거리는 소리가 들려왔다. 소리 나는 쪽으로 가서 휴대폰 불빛을 비췄다. 뒤주 위에 늘어진 대발 끝자락이 바람에 흔들려 뒤주와 부딪치며 만들어내는 소리였다. 먹을 것도 없는 방에 쥐가 들어올 리가 만무했다. 곡식이 없으니 쥐가 없고 쥐가 없으니 고양이도 오지 않았다. 밤은 깊어가고 눈을 계속 내렸다.

기요메는 우편 항공기를 몰고 안데스 산맥을 횡단하다가 조난을 당한다. 영하 40도를 오르내리는 험준한 설산 계곡에 비행기가 추락한 것이다. 그는 눈에 묻힌 산맥을 빠져나오려고 사투를 벌인다.

사흘째 되던 날, 그는 눈 속을 헤매다가 기진맥진해 쓰러졌다. 저쪽에서 죽음의 그림자가 손짓하며 점점 다가오고 있었다. 그때였다. 한 여인이 그림자를 막아섰다. 아내였다.

그는 다시 고개를 들었다. 우뚝 솟은 바위가 눈에 들어왔다. 그는 안간힘을 다해 바위를 향해 기어갔다. 시신이 발견되지 않으면 아내가 사망 보험금을 탈 수가 없기에 눈에 잘 띄는 곳에서 죽어야 했다. 얼마 후 그는 안데스 산맥 인접한 마을 근처에서 농부에 의해 구조되었다.

이 생존을 위한 처절한 투쟁기는 그를 구출하기 위해 직접 비행기를 몰고 수색에 나섰던 동료 비행사인 생텍쥐페리에 의해 "인간의 대지"라는 소설로 씌어졌다.

만약 우리가 이대로 죽는다면 시체 발견도 어려울 것이다. 이 외딴집을 찾아 올 사람이 아무도 없을 테니 말이다. 설사 나중에 시신이 발견된다 하더라도 각종 매체들은 '유부남과 노처녀 교사의 정사'라는 머리기사를 달고 염문을 마구 쏟아내겠지.

휘파람을 멈췄다. 벌써 점심때가 가까워지고 있었다. 먹을 것이 없으니 점심때가 아무런 의미가 없다고 느껴졌다. 사냥 방법을 바꿔야 한다. 당장 먹이가 필요했다.

눈 속에 고립된 것은 나만이 아니다. 새들도 폭설이라는 새장에 갇혀버린 것이다. 폭설에 뒤덮인 설원에서 새들은 아무것도 먹을 것이 없었다. 내가 먹잇감을 잡기 위해 새를 유혹하는 것처럼 새는 먹이 때문에 나에게 오는 것이다. 물고기도 미끼가 있어야 물지 않는

가. 뒤주에서 쌀 몇 톨이라도 찾아내리라.

안방으로 들어가 뒤주를 샅샅이 뒤졌다. 밑바닥에 붙어있는 쌀은 곰팡이가 슬고 새까맣게 변질되어 아무짝에도 쓸모가 없었다. 광으로 들어가 혹시나 하고 독 안을 들여다보았다. 흙먼지만 덕지덕지 끼어있었다.

툇마루 위쪽으로 고개를 돌렸다. 거미줄이 둘러쳐진 기둥에 매달린 옥수수가 포착됐다. 눈을 번뜩이며 가까이 다가가 살펴보니 알갱이는 쥐가 죄다 갉아먹어버리고 옥수수 뼈대만 앙상하게 녹슨 대못에 걸려있었다. 갑자기 눈앞이 샛노래지며 현기증이 일었다. M이 달려와 땅바닥에 쓰러진 나를 부축해 툇마루에 앉혔다. M이 가마솥에서 물을 한 그릇 떠 왔다.

뜨거운 물을 한 모금 삼키자 정신이 들었다. 어두워지기 전에 빨리 새를 잡아야 한다. 나는 부엌 옆에 있는 항아리에 손을 넣어 소금을 집었다. 소금 알갱이를 손바닥에 올려놓고 새를 불렀다. 대나무 가지 위에서 먹이를 노려보던 참새들이 본능적으로 날아들었다. 잡았다. 아, 이 얼마 만인가. 드디어 첫 마수를 하다니.

"문 선생님, 잡았어!"

M이 툇마루로 달려왔다. 포획한 참새 한 마리를 조심스럽게 손에 쥐어주며 우리의 비상 식량이니 꽉 붙들고 있으라고 했다. 이제 거래를 텄으니 새를 잡는 것은 시간 문제다. 죽어가던 휘파람 소리가 되살아났다. 또 한 마리가 날아들었다. 젠장. 다리도 붙잡기 전에 재빨리 소금 한 알을 낚아채 포르릉 하고 대나무 숲으로 날아가 버렸다.

이상한 일이었다. 소금을 먹은 새가 날아간 뒤로는 새들이 가지에 앉아 고개를 갸웃거리며 경계만 할 뿐 좀처럼 가까이 오지 않았다. 곡식이 아니라 소금이라는 사실을 알려주기나 한 걸까. 새들도 자기들 끼리 의사소통이 이루어지고 있을 거라는 불길한 예감이 들었다. 손을 더 길게 뻗고 배에 힘을 주어 또렷하고 맑게 휘파람 소리를 냈다.

포르릉. 갑자기 툇마루에서 참새 한 마리가 대숲으로 날아갔다. 깜짝 놀라 고개를 돌리자 M은 빈손을 비벼대며 겸연쩍은 얼굴로 내 눈빛을 바라보았다.

아버지는 소를 몰고 산에 올라가 풀밭에 소를 놓아두고 나무 등걸에 걸터앉아 새를 불렀다. 로댕의 생각하는 사람처럼 웅크리고 앉아 한쪽 팔을 쭉 뻗어 하늘을 향해 손바닥을 펴고 휘파람을 불면 신기하게도 참새들이 몰려들었다. 피에로 복장을 한 어릿광대의 모습을 보려는 구경꾼들처럼 여기저기서 참새들이 날아들어 나뭇가지 위에서 눈알을 굴리며 아버지를 내려다보고 있었다. 참새 한 마리가 손가락 끝에 내려앉아 손바닥에 있는 좁쌀을 쪼아 먹었다. 아버지가 주먹만 한번 쥐었다 펴면 마술을 부리듯 손 안에서 새가 나왔다. 어떤 때는 한꺼번에 두 마리도 걸려들었다.

아버지는 불길이 번져나가지 못하도록 돌멩이를 주워 촘촘히 성을 쌓고 그 안에 삭정이를 모아 불을 피웠다. 참새 몸통에다 나무꼬챙이를 꿰어 불에 대고 슬슬 돌리면 구수한 냄새를 풍기며 지글지글 기름기가 흘러나왔다. 그때를 놓칠세라 아버지는 주머니에서 소금을 꺼내 노릇노릇 익어가는 참새 몸통 위에 살살 뿌렸다. 아버지는 당신의 입보다 어린 아들들의 입이 먼저였다. 아버지가 입에 넣어준 참새구이 맛은 단연 최고였다. 솜사탕처럼 입안에서 사르르 녹아버렸다고나 할까.

아버지는 참새구이를 하며 이런 이야기도 했다. 참새 한 마리가 황소 등짝에 올라타서 니 고기 다 합쳐도 내 고기 한 점보다 못하다며 놀려댔다고.

아버지는 휘파람으로 새를 유혹했지만 나는 새총으로 새를 잡았다. Y자 모양의 나뭇가지를 꺾어 두꺼운 고무줄을 양쪽에 달아매면 새총이 완성되었다. 한쪽 눈을 감고 참새를 향하여 3발을 쏘면 1발은 명중되었으니 동네 개구쟁이들 축에서는 그래도 타율이 괜찮은 편이었다. 한 번은 새총으로 단발에 올빼미 머리를 쏴서 떨어뜨려 새총도사라는 별명까지 얻은 적도 있다.

내 손바닥에 있는 먹이가 소금이라는 사실이 새들에게 탄로가 났으니 이제 새총을 만들어야 한다. 나는 Y자 모양의 감나무 가지를 꺾었다. 이제 고무줄만 연결하면 새 사냥은 식은 죽 먹기다. 온 집안을 다 뒤졌으나 고무줄은 없었다. 내 팬티로 손이 갔다. 밴드 부분을 당겨보니 탄력이 너무 약했다. M의 브래지어로 생각이 미쳤다. 내가 난감한 표정을 지으며 상황을 설명하자 M은 말없이 고개를 끄떡였다. 긴네받은 베이지색 브래지어에서 끈을 분리하여 양쪽 가지 끝에 묶고 대나무 위에 앉아있는 참새를 향하여 힘껏 줄을 당겼다. 돌멩이가 절반도 나아가지 못하고 고꾸라지듯 떨어졌다.

날이 어두워지기 전에 빨리 새를 잡아야 한다. 이 대나무 숲은 황금어장이다. 새 중에서 가장 맛있는 새가 참새다. 그래서 '참' 자가 붙은 것이다. 참조기, 참치, 참깨, 참기름, 참나물, 참외. '참' 자가 붙은 것은 다 맛있고 영양이 풍부하다. 숯도 참나무로 만든 숯을 알아주지 않는가.

참새는 맛도 으뜸이고 곤줄박이나 뱁새보다도 덩치가 크다. 소금은 이미 준비해 놓았으니 참새만 잡으면 게임 끝이다. 조금만 더 힘을 내자. 이참에 M에게 기가 막힌 참새구이 맛을 보여주자.

새떼를 기다리며 휘파람을 불다가 스르르 눈을 감았다. 손에 뭔가가 걸려들었다. 참새였다. 참새를 붙들고 부엌으로 들어갔다. 장작더미 위에서 지글지글 단백질 냄새를 풍기며 참새가 익어갔다. 살살 소금을 뿌렸다. M이 다가와 참새구이를 노려보고 있었다. 참새 다리 한 개를 쭉 찢어 M의 입안에 쑥 넣어주었다. 눈 깜짝할 사이에 꿀꺽 삼킨 M은 다시 혀를 쭉 내밀었다. 내가 남은 다리 한 개를 치켜들고 입안에 넣으려는 순간 M이 다리를 낚아채 버렸다. 어, 내 참새구이. 나는 소리를 지르다가 눈을 떴다. 내가 쩝쩝 입맛을 다시자 M이 측은하게 나를 바라보며 방에 들어가서 눈을 좀 붙이라고 등을 떠밀었다.

외딴집에 사흘 째 밤이 찾아왔다. 세상을 모두 뒤덮어버리겠다는 듯 주춤했던 폭설이 더욱 거칠게 쏟아지기 시작했다. 이대로라면 내일 아침에는 눈 더미가 지붕까지 올라설 기세였다. 눈길에 막혀버린 걸까. 구조 헬기는 오지 않았다.

M은 아궁이 앞에 쭈그려 앉아 맥없이 장작을 밀어 넣었다. 불빛에 비친 파리한 얼굴을 보자 불길한 생각이 들었다. M이 일어서려다가 현기증이 난다며 비틀거렸다. 다급히 M을 부축하여 안방으로 들어갔다.

어지러울 때 민간요법으로 소금을 먹던 일이 기억났다. 나는 막소금을 가져와 M에게 건네주며 내가 알갱이 하나를 꿀꺽 삼키자 M은 소금을 입안에 머금고는 잔뜩 인상을 찌푸렸다.

설평선 위로 눈덩이 같은 달이 솟아올랐다. 툇마루에 앉아 말없이 달을 바라보던 M에게 지금 시화전을 열자고 말했다. M은 어이가 없다는 듯 나를 쳐다보더니 그림도 시도 관객도 없는데 무슨 시화전이냐며 피식 웃었다. 안방에 있는 호수 그림 여백에다 내가 시를 쓰면 되고, 관객으로 저 달을 초대했다고 말하자 역시 시인답다며 엄지를 치켜세웠다. 나도 시인으로서 베어먼 노인처럼 누군가를 위해 걸작을 남기고 싶다고 속내를 털어놓자 M의 표정이 굳어졌다.

나는 눈을 뭉쳐 만든 둥그런 케이크에다 손가락으로 "축 시화전"이라고 새겼다. 아궁이에서 불을 붙인 연필 모양의 관솔을 케이크 위에 꽂고 캔버스 옆에 조심조심 옮겨놓자 고천호의 설경(雪景)이 관솔 불빛에 희미하게 나타났다.

나는 붓에 검정 물감을 찍어 그림 여백에 "설평선"이라고 썼다. 손끝이 떨려 붓이 흔들거렸다. 길게 한번 숨을 내쉬고 호흡을 멈춘 다음 제목 아래쪽에 어렵사리 점 두 개를 찍었다.

M이 작품에 사인을 하고나서 내게 붓을 내밀었다. 이니셜 M 옆에 미완성한 반쪽짜리 하트 모양이 눈에 들어왔다. 내 손끝에서 "M ♡L"이라는 낙관이 완성되자 M의 얼굴에 잠시 화색이 돌았다.

가난한 내가
아름다운 나타샤를 사랑해서
오늘밤은 푹푹 눈이 나린다

나타샤를 사랑은 하고
눈은 푹푹 날리고
나는 혼자 쓸쓸히 앉아 소주를 마신다
소주를 마시며 생각한다
나타샤와 나는

눈이 푹푹 쌓이는 밤 흰 당나귀 타고
산골로 가자 출출이 우는 깊은 산골로 가 마가리에 살자

눈은 푹푹 나리고
나는 나타샤를 생각하고
나타샤가 아니 올 리 없다
언제 벌써 내 속에 고조곤히 와 이야기한다
산골로 가는 것은 세상한테 지는 것이 아니다
세상 같은 건 더러워 버리는 것이다

눈은 푹푹 나리고
아름다운 나타샤는 나를 사랑하고
어데서 흰 당나귀도 오늘밤이 좋아서 응앙응앙 울 것이다

  나는 시화전 기념으로 백석 시인의 '나와 나타샤와 흰 당나귀'를 낭송했다.
  관솔불이 바람에 가물거리자 캔버스 가득한 설경이 나타났다 사라졌다. 한참 동안 우두커니 서서 작품을 지켜보던 M이 쓰러지듯 나를 껴안았다. 코끝에 닿은 머릿결에서 M의 체취가 온몸으로 스며들었다.
  나는 모든 것이 다 눈 때문이라고 생각했다. 어디서부터 눈이고 또 어디까지가 하늘인지 분간하기 어려운 설평선처럼 삶과 죽음의 경계도 모호하리라고 생각하며 나는 잠속으로 빠져들었다.
  휘히휙, 휘히휙.
  휘파람 소리에 새떼들이 몰려오고 있었다.